JN234563

ゲーム理論の新展開

今井晴雄

岡田　章

【編著】

勁草書房

はしがき

　本書は，経済学，経営学，生物学，社会心理学の分野での最近のゲーム理論の研究を概説した8編の論文から構成されている．論文の執筆者はいずれも各分野の第一線で精力的に国際的な研究成果を発表していて，わが国のゲーム理論研究の推進に大きな役割を果たしている研究者である．

　ゲーム理論は，自己利益に導かれて行動する合理的な人間が作り出す社会秩序を研究するプログラムとして，その誕生時より，経済学を第1の適用分野と考えて発展してきた．とくに，70年代後半から80年代にかけて，このゲーム理論と経済学との結びつきは，より直接的なものとなり，ゲーム理論ではナッシュ均衡の理論が，ミクロ経済理論においては不確実性，情報の経済学の展開から始まった，ゲーム理論に基づく既存分野の見直しが，表裏一体となって進行した．現在では，国際的なゲーム理論の代表的な専門誌が2つ刊行されている他に，経済理論の国際的な学術誌にも，ゲーム理論の論文といえるものが占める比率は，高水準を保っている．経済学においては，基本理論の1つとして，ゲーム理論が確固たる地位を得ているのはまちがいない．

　70年代から80年代にかけてゲーム理論が経済学に与えたインパクトを，非公式ながら列挙してみると，たとえば，伝統的にゲーム理論の格好の応用分野であると認識されてきた産業組織論では，不完全競争のモデルとしてのゲームモデルに加えて，動学的なゲームモデルを用いることによって，将来の市場競争形態自身が選択対象となりうるような状況下での，企業の各種戦略決定を分析できるようになった．このような分析から，「新産業組織論」と呼ばれる分野が形成された．また，同種の分析を貿易政策決定者の問題に移し替えることによって，国際経済学には「戦略的貿易政策」と呼ばれる分野も生まれた．

　ナッシュ均衡やその派生概念である完全均衡の応用は，経済学のあらゆる分野に及び，ファイナンスからマクロ経済理論のいたるところで，ゲームモデルが，重要な一環として組み込まれたモデルが構築され，理論体系の一部となっ

ている．たとえば，マクロ経済学では，合理的期待モデルが盛んであった流れに沿って，政府行動を視野に含めたモデルとしてゲームモデルが組み込まれていった．

ゲーム理論の貢献を考えるうえで重要な視点は，応用分野の広がりよりもむしろ経済学の分析対象の拡大であり，とくに，市場を介さない活動を経済分析にとり込むことが容易にできる体系を与えることである．たとえば，政府行動決定のための投票や交渉，環境問題など外部効果をもたらす活動，自分の意思や相手が知らない事実を伝えるための行動，さらには行動の観察可能性が与える影響などを，相互依存，動学，非対称情報の下での意思決定モデルとして，統一的に表現する方法を与えた．この結果，市場取引に代わる取引形態としての組織や制度をミクロ経済学の分析対象に加えることに成功した．さらには，法律と経済学の境界領域の開拓や，日本経済の諸慣行に経済合理性を与えるといった経済学の版図拡大へとつながり，この意味で，隣接する社会科学諸分野にも経済学が進出する，いわゆる経済学帝国主義の戦力ともなった．

90年代に入って，この経済学とゲーム理論の関係は，変化している感がある．ゲーム理論の論文数はますます増加しており，量的にはなお拡大しているといってよい．他方，経済学への新しい応用が開発され，それが経済学に対してインパクトを与え，さらには，ゲーム理論に対して新しい課題が持ち込まれる，という研究のフィードバック過程の見地からは，以前に比べて，活発ではなくなってきているという感が否めない．（あまり多くはない経済学への応用上の新たな成功例としては，世界的な民営化の波とマッチしたオークション理論の再興隆があげられ，英国のゲーム理論家ビンモアのデザインした電波入札は，あまりにも成功したがゆえに，EUでのIT不況の元凶であるかのように伝えられている．）

これは，かつて多くの理論あるいはツールがそうであったように，あまりにもゲーム理論が成功したために，十分にすべての必要な成果がくみ尽くされたためであるという可能性もある．また，ゲーム理論が目指す方向と，経済学のそれとが，徐々に乖離し始めているためであるという可能性もある．さらに，ゲーム理論は新たな方向を求め経済学にも同じ方向への模索を求めているが，それが十分に経済学において受け止められていないため，という可能性もある．

このような方向を求めるうえで，むしろ，他分野からの影響の方が大きかったともいえる．

　見方を変えれば，経済学での80年代のゲーム理論の成功とされる成果の大半は，情報，不確実性，動学，といった枠組みの提供であり，経済学上の革新は，本質的には経済学の中での領域拡大の機運が実現したものであったともいえる．さらに，市場分析があくまでも経済学の本拠であるため，ゲーム理論によって伝統的な市場の理論が不要になるわけではない．(このため，たとえば，マクロ理論では，やはり，市場の理論が中心となる．)

　また，ゲーム理論からみれば，80年代の展開は，経済学が受容しやすい要素を選択的に受け入れた結果であって，非協力ゲームの枠組みやナッシュ均衡がそれにあたる．さらに，その背後には，自由意志で諸事を決定できる諸個人の自由に価値を認める米国社会の価値観が存在するといえるかもしれない．その意味で，ゲーム理論が目指すべき方向は，経済学全般が目指す方向とは異なったものとなるのは当然のことかもしれない．

　さらに付け加えれば，非協力ゲーム理論の中心的な解概念であるナッシュ均衡に対しては，かねてより，論理的な見地からの批判がゲーム理論内部でも呈されていたが，同じく90年代に盛んになった社会科学実験の結果からも，その一般的な妥当性が疑われる結果となっている．このような動機から，ゲーム理論では，合理性の仮説を変更する方向での再検討が進められており，90年代の研究の1つの特徴となっている．このような方向は，伝統的な経済学の人間像とは離れることになるかもしれないが，新古典派経済学の側にも，同じ方向を目指す研究が徐々にではあるが，進行している．このような側面では，経済学との相互作用は，なおも続くものと期待できる．しかし，これらがどの程度受け入れられるかは不確定であり，逆に，前に述べたように，経済学以外の分野でむしろ受け入れられやすいのかもしれない．

　以上の観点から，本書の役割を考えてみると，次のようになる．まず，年々発表されるゲーム理論の文献は膨大な数になる．また，その内容も高度化の一途をたどっている．これらの中から本書では，いくつかの新しくかつ重要な方向性を整理して示すという役割を果たし，手頃な俯瞰図を与えてくれるものと期待される．第2に，経済学の第一線で活躍している研究者の報告からは，現

在も継続している経済学とゲーム理論の相互関係を展望するとともに，経済学研究の最先端での現況から，ゲーム理論の可能性と限界についても知ることができるのではないかと期待する．このような意味で，経済学とゲーム理論の今後の相互関係の方向性を探るうえでも役立つ視点が得られるにちがいない．さらに，経済学以外の分野の研究者による寄稿からは，経済学以外の分野でのゲーム理論の貢献を知るとともに，ゲーム理論さらには経済学に対する（すでに進行しつつある）新たな展開の可能性について教えてくれるであろう．（また，これらのいずれの分野も，経済学帝国主義の領域の外にあることも指摘しておきたい．）以上のような点において，新しい世紀を迎えた時点でのゲーム理論の現況と今後の方向性を探るうえでの気軽な手引きとして，本書が少しでも役立てば幸いである．

　最後に，ゲーム理論の最先端の研究を解説するという本書の構想を助言して下さった，東京工業大学名誉教授鈴木光男先生と本書の企画と編集について大変にお世話になった勁草書房の宮本詳三氏に深く謝意を表します．

ナッシュの伝記映画「ビューティフルマインド」が
今年度のアカデミー賞候補になったとの報を聞きつつ
2002年3月

編者　今井　晴雄
岡田　章

目　　次

はしがき

第1章　ゲーム理論の新展開 ………………………今井晴雄・岡田　章……3
　1. ゲーム理論の新展開　3
　2. 本書の内容　6

第2章　生物進化とゲーム理論 ……………………………巖佐　庸……15
　1. はじめに　15
　2. 進化は速く生じることがある　17
　3. 遺伝学の基本　19
　4. 生物の進化のダイナミックスと合理性　21
　5. 血縁個体が協力しやすい理由　28
　6. 生物学での基本的なゲームモデル　32
　7. チョウの羽化日のゲーム　41
　8. 化学戦争をするバクテリア　48
　9. おわりに　52

第3章　社会ゲームの理論：最適反応動学と完全予見動学
　　　　………………………………………尾山大輔・松井彰彦……57
　1. はじめに　57
　2. 社会ゲーム　59
　3. 最適反応動学　62
　4. 言葉の発生と協力　66

5. オークションを通じた暗黙の合意 70
6. 完全予見動学 73
7. 期待と均衡選択 78
8. 関連研究 83

第4章 繰り返しゲームの新展開：
私的モニタリングによる暗黙の協調 ……………………松島　斉……89
1. はじめに 89
2. 繰り返しゲームの目的 90
3. モニタリングの重要性 92
4. 不完全モニタリング 95
5. 公的モニタリングと私的モニタリング 99
6. ほぼ完全な私的モニタリング 102
7. 低い精度の私的モニタリング 105
8. 条件付き独立性をみたさない状況への一般化 108
9. カルテルへの応用 110
10. まとめと今後の課題 112

第5章 共有知識と情報頑健均衡 ……………………宇井貴志・梶井厚志……115
1. はじめに 115
2. ゲームの構造に関する知識の定式化 118
3. 情報に関して頑健な均衡 127
4. p-支配行動の情報頑健性 134
5. ポテンシャル最大化行動の情報頑健性 139
6. 拡張と未解決の問題 144

第6章 規制主体分割の契約理論的基礎：
　　　 最適インセンティブ規制への競争効果 ……………伊藤秀史……153
　1. はじめに　153
　2. 規制主体分割の分析枠組み　155
　3. 規制主体分割による「競争効果」の分析　161
　4. おわりに　171

第7章 社会的ジレンマ研究の新しい動向……………………山岸俊男……175
　1. 社会的ジレンマと実験ゲーム研究　175
　2. ミニチュア模型型実験ゲーム研究の成果　177
　3. 新しい動き　181
　4. コンピュータ・シミュレーションの導入　183
　5. 選択的プレイの導入　184
　6. 利他的利己主義から利己的利他主義へ　187
　7. 裏切り者を捜せ！　188
　8. 順序付き囚人のジレンマ実験　191
　9. 最小条件集団実験　194
　10. 社会的環境と心との相互形成　199
　11. まとめ　201

第8章 グループ形成と非協力n人交渉ゲーム……………岡田　章……205
　1. はじめに　205
　2. n人交渉問題　207
　3. n人交渉問題に対する2つのアプローチ：協力ゲームと非協力ゲーム　212
　4. 提携形成の非協力交渉ゲーム：基本モデル　216
　5. 合意の遅れ　222
　6. 効率性原理　229
　7. 最近の研究動向　232
　8. おわりに　234

第9章　戦略的協力ゲームと事前交渉　　今井晴雄……241
　1. はじめに　241
　2. 戦略的協力ゲーム分析と Ray and Vohra 型の解法　242
　3. 事前交渉　253
　4. おわりに　261

索　　引 …………………………………………………………265

ゲーム理論の新展開

第1章 ゲーム理論の新展開

今井晴雄・岡田章

1. ゲーム理論の新展開

フォン・ノイマンとモルゲンシュテルンの大著『ゲームの理論と経済行動』(von Neumann and Morgenstern, 1944) の出版によってゲーム理論の体系が確立してからすでに半世紀を経ているが，過去20年間，ゲーム理論はそれまでの研究成果を土台にしてめざましい発展を遂げている．

80年代以後に新しく展開されたゲーム理論の大きな特徴の1つはその応用範囲が飛躍的に拡大したことである．経済学の分野ではそれまでゲーム理論を用いた分析は，主に数理経済学やミクロ経済学における完全競争市場や寡占市場，公共経済学や社会的選択理論などが中心であった．これに対して，現在，ゲーム理論を用いた分析はミクロ経済学とマクロ経済学を含む経済学のほとんどすべての領域に浸透している．伝統的な市場メカニズムの研究ばかりでなく，情報，インセンティブ，契約，企業，産業組織，労働，金融，財政，国際貿易，法と経済，環境経済，慣習と規範，制度など現代経済学の主要な問題がゲーム理論の分析道具を用いて精力的に研究されている．90年代に入ると，ゲーム理論は経済学にとってもはや特別なものではなくなり，経済分析のための基本言語の1つとなっている．フォン・ノイマンとモルゲンシュテルンが目指したゲーム理論による厳密な分析方法に基づく経済理論の構築は着実に進展している．このような状況を反映して，1994年のノーベル経済学賞はハルサニ，ナッシュ，ゼルテンの3人のゲーム理論家が受賞して大きな反響を呼んだ．

さらに，ゲーム理論は経済学以外の広範囲な分野においても活発に応用され

ている．特に，生物学への応用は顕著である．『進化とゲーム理論』(Maynard Smith, 1982) を中心とするメイナードスミスの一連の研究によって，ゲーム理論は生物の進化を研究する普遍的な考え方とモデルを提供する理論としてその有効性が認められるようになり，生物学においても重要な役割を果たしている．

　生物学にゲーム理論のモデルを適用する場合，プレイヤーが他のプレイヤーの行動を予測して自己の利得を最大にする行動を合理的に選択するという伝統的なゲーム理論の前提は意味をもたない．生物ゲームでのプレイヤーは「生物にある挙動をとらせる」遺伝子型またはその表現型であり，合理的な行動選択は「繁殖成功度の高いタイプが生き残る」という自然選択の考え方におき代わる．また，ゲームの標準的な解概念であるナッシュ均衡点は進化的に安定な戦略（ESS）として再定式化される．生物学でのゲーム理論の新しい展開によって「進化ゲーム理論」という新しい分野が誕生することになった．生物学における進化ゲーム理論の研究を契機に，生物学以外でも物理学や工学さらに経済学や社会心理学の広範囲な学問分野においてゲームとしての社会的相互作用を進化論的視点から考察しようとする研究が精力的になされるようになっている．

　経済学への応用上の視点から重要な新しい理論展開は，繰り返しゲームの理論とインセンティブやプリンシパル-エージェント関係を分析する契約理論である．現実社会で見られる経済主体間の多くの協調関係は長期的関係のもとで成立していると考えられ，長期的関係における暗黙の協調の成立を分析する繰り返しゲームの理論は80年代以後，経済学ばかりでなく政治学，社会学，生物学などの分野でも活発な研究が続けられている．特に，90年代に入ると，より現実的な不完全モニタリング下での繰り返しゲームのモデルの研究が進められていて，不完全情報下でも協調行動を可能にする経済主体の多様な行動パターンが明らかにされつつある．契約理論は，情報の経済学やメカニズム・デザイン理論とともに情報不完備ゲーム理論の分析道具を用いて80年代以後めざましく発展している経済学の新しい分野である．これらの分野の研究の進展につれて経済主体のもつインセンティブと戦略的行動の特性が解明され，アドバース・セレクション，モラル・ハザード，シグナリングなどの経済行動の分析にゲーム理論は必要不可欠なものとなっている．

　ゲーム理論の新しい展開のもう1つの特徴は，幅広い応用の可能性によって

ゲーム理論自体の理論内容がさらに豊かに発展したことである．80年代に，ハルサニとゼルテン（Harsanyi and Selten, 1988）による非協力ゲームにおけるナッシュ均衡点の精緻化と均衡選択の理論によって，伝統的な「社会的な相互依存状況における合理的行動の数学理論」としてのゲーム理論は1つの到達点を実現した．90年代に入ると，人間行動の合理性を探求する研究はさらに進んでいる．合理性に基づくゲーム理論では，プレイヤーは他のプレイヤーの行動を予測して期待利得を最大化するという意味で合理的な意思決定主体であることが前提とされるが，さらにその事実自体をプレイヤー全員が完全な形で共通に認識しているという互いの合理性に関して共有知識をもつことが前提とされる．ベイジアン情報不完備ゲームのモデルを用いてプレイヤーの合理性に関する共有知識とナッシュ均衡点の解概念がどのように整合的であるかを考察する基礎的な理論研究が，経済学をはじめとして論理学，哲学，コンピュータ・サイエンスの分野の研究者によって進められている．

　90年代以後のゲーム理論の新しい展開の大きな流れは，合理的なプレイヤーを前提とする伝統的な分析アプローチを超えて，現実の経済主体がもつ「限定合理性」の解明とそれに基づく新しいゲーム理論の構築である．進化と学習のゲーム理論では，限定合理的なプレイヤーの行動やナッシュ均衡点の動学的安定性に関して重要な研究が精力的に行われている．さらに，理論研究ばかりでなく実験研究に対する研究者の関心は社会心理学の分野ばかりでなく経済学においても80年代以後急速に高まっていて，実験によって理論の検証とともに，互恵主義や利他主義などの現実の人間行動に影響を与える限定合理的な動機の解明が行われている．

　また，フォン・ノイマンとモルゲンシュテルンの研究以来，プレイヤーの結託や提携などのグループ形成の問題はゲーム理論の主要な研究テーマであった．グループ形成は伝統的に協力ゲーム理論による分析が主流であったが，80年代以後の非協力ゲーム理論の発展によって，協力ゲーム理論の成果を非協力ゲーム理論の視点から基礎づける研究（「ナッシュ・プログラム」）も精力的に行われている．現在，社会的相互依存状況において必ずしも利害が一致しない行動主体の間での協力の可能性を考察する研究が経済学，政治学，社会学，生物学，社会心理学などの広範囲の分野で行われている．進化，適応学習，長期的継続

関係，交渉，コミュニケーションなど，協力を可能にする多様なメカニズムの特性が研究されている．また，非協力ゲーム理論の発展をとり入れて，戦略的インセンティブや不確実性の要素を組み入れた新しい協力ゲームの理論の構築も行われている．

以上，80年代以降のゲーム理論の新しい展開を概説してきたが，その内容は部分的であり本書に収められている8篇の論文に関する内容を中心としている．より包括的な展開の内容は，最近出版されたゲーム理論のハンドブック (Aumann and Hart eds., 1992, 1994, 2002) にまとめられている．また，ゲーム理論の学問としての意義や日本のゲーム理論研究の誕生から現在までの発展の歴史については，鈴木 (1998) を参照されたい．過去20年の間，ゲーム理論は著しい発展を遂げているが，このようなゲーム理論の発展を可能にした重要な基礎理論の多くは80年代以前に確立されている．これらのゲーム理論のクラシックな文献が Kuhn (1997) によって編集されているので，ゲーム理論研究の次の世代を担う若い学生や研究者の方々に広く読まれることを期待する．

2. 本書の内容

本書は，経済学，経営学，生物学，社会心理学の分野において新しく展開されているゲーム理論の研究をコンパクトに解説した8篇の論文から成っている．各章の内容は，次のとおりである．

第2章の巌佐論文「生物進化とゲーム理論」では，生物学における進化ゲーム理論の基礎と代表的なモデルがわかりやすく解説され，ゲーム理論が多様な生物現象を理解するうえでどのように役立っているかが紹介されている．社会科学の分野で発展してきたゲーム理論が適応戦略の考え方によって動物学や生態学と結びつき，動物の社会行動や多様な配偶システム，植物の成長や繁殖などをゲーム理論を用いて統一的に理解できるようになった．論文では，最初に，生物の進化ゲームの基礎である自然淘汰の考えと遺伝学の基本的事項が説明される．筋肉や神経の働きなどの生命機能の中心はタンパク質によって担われていて，タンパク質の違いはそれを構成する20種類のアミノ酸の配列によって決まる．アミノ酸の配列を指定するのが遺伝子（DNAと呼ばれる鎖状分子）で

ある．進化ゲームでは，「ある挙動をとらせる（例えば，花を早く咲かせる）遺伝子」というものが想定され，突然変異でもたらされた集団内での遺伝子の違いが自然淘汰の働きによって世代を経てどのように変化していくか，生物進化のダイナミックスが研究される．生物進化のダイナミックスは適応的なタイプの遺伝子が最後に残るという適応戦略の考え方が基本であり，その安定状態は「進化的に安定」と呼ばれ，集団内に侵入してくる突然変異を拒絶する性質をもつ．論文の前半では，集団遺伝学の基本モデルやレプリケータ力学，模倣力学のモデルを用いて生物進化のダイナミックスの安定状態と伝統的なゲーム理論で前提とされる合理的行動の関係が説明される．また，ミツバチやアリなどの社会性昆虫などで見られる利他的行動と血縁淘汰が進化ゲーム理論によってどのように説明できるかが述べられる．論文の後半では，生物学における古典的なゲームモデルとして，親による子の世話ゲーム，タカ・ハトゲーム，性比のゲームの分析例が紹介される．最後に，進化ゲームを用いた著者の最新の研究成果が2つ紹介される．チョウの羽化日のゲームでは，チョウのオスはメスとの交尾をめぐって互いに競争し，オスは最適なタイミングで羽化しなければならない．メスの羽化曲線が確定している場合と変動する場合のオスの進化的に安定な羽化曲線が求められ，理論予測と実際のデータとの比較結果が紹介されている．科学戦争をするバクテリアの進化ゲームでは，2次元格子モデルを用いて毒物質（コリシン）を生産する大腸菌と生産しない大腸菌の間の競争と共存が分析される．各個体が隣り合う個体とだけ相互作用する空間構造をもつモデルでは初期頻度にかかわらず毒物質を生産する大腸菌が集団全域を占めてしまうことが説明される．空間構造が共存や進化に及ぼす影響は，現在，空間生態学ばかりでなく経済学の進化ゲーム理論でも活発に研究されている．

第3章の尾山・松井論文「社会ゲームの理論：最適反応動学と完全予見動学」は，経済学における進化ゲームの最近の研究，特に著者たちによって展開されている社会ゲームの理論の基礎的モデルと最新成果について概説している．生物学における進化ゲーム理論では，プレイヤーの行動は遺伝子にプログラムされたものであるのに対して，社会ゲームの理論では，伝統的なゲーム理論に従ってプレイヤーは自分のもっている情報・期待をもとに望ましいと考えられる行動を選択すると想定され，経済社会における人間行動のダイナミックスが

分析される．社会ゲームでは，社会は多数のプレイヤーから成る1つ（あるいは複数）の集団として考えられ，毎期，集団からランダムに選ばれて出会ったプレイヤーたちがあるゲームをプレイする．社会ゲームの理論の主要な研究対象は，そのような個々のプレイヤーの戦略が集計された社会全体の戦略分布の動学過程である．論文の前半では，基本的な動学過程として最適反応動学が説明される．最適反応動学では，各プレイヤーの行動変更の機会はポワソン過程に従って訪れ，プレイヤーは現在の戦略分布に対して最適反応となる行動を選択する．戦略分布の安定集合と社会的に安定な戦略分布の概念が導入され，「言葉の発生と協力」および「オークションを通じた暗黙の合意」の2つの分析例が示される．論文の後半では，人々が将来に対する正しい（自己実現的な）期待を形成しその期待のもとで最適な行動を選択する完全予見動学過程の最新結果が紹介される．完全予見均衡経路の存在定理が述べられるとともに，線形安定性と吸収性の2つの安定性の概念が定式化される．また，社会ゲームの完全予見動学過程と非協力ゲームの均衡選択の問題との関連が議論される．線形安定な戦略分布が第5章の宇井・梶井論文で議論されるp-支配均衡概念によって特徴づけられることや，ポテンシャル・ゲームにおける均衡選択と完全予見動学過程の安定な戦略分布に関する関連研究が紹介される．

　第4章の松島論文「繰り返しゲームの新展開：私的モニタリングによる暗黙の協調」は，繰り返しゲーム理論の最新の研究成果を紹介している．繰り返しゲームは，経済社会のさまざまな長期的関係における暗黙の協調の説明を主な研究目的とする．複数のプレイヤーが同一の戦略形ゲームを無限回繰り返しプレイし各々のプレイヤーが他のプレイヤーの過去の行動を完全に観察できる標準的な完全モニタリングのモデルでは，十分に長期的な（将来利得に対する割引因子が1に近い）プレイヤーの間では，個人合理的な（ミニマックス点よりパレート優位な）任意の利得配分が繰り返しゲームの完全均衡点によって実現される（「フォーク定理」）．80年代前半までの繰り返しゲームの研究は，ゲームの過去のプレイについてプレイヤー全員が完全にモニターできる場合や不完全ではあるが共通に観察可能である公的モニタリングの場合が中心であった．企業の価格カルテルの例からもわかるように，このような完全モニタリングまたは公的モニタリングの仮定は現実の経済環境での広範囲な長期的関係を分析

するのに十分ではない．例えば，カルテル内の他企業の価格を観察できない企業は自社の売上げ（私的情報）から相手企業がカルテルをやぶったかどうかを判断しなければならず，このような不確実性下でのカルテル協調の問題は，「私的モニタリング」のもとでの繰り返しゲームによって適切に分析できる．私的モニタリングとは，各経済主体が相手の行動についてモニターした内容を他の経済主体が観察できない状況を意味する．論文の前半では，繰り返しゲームのモデル，完全モニタリング下でのトリガー戦略，公的モニタリング下での囚人のジレンマにおける暗黙の協調，などの繰り返しゲーム理論の基本的事項が解説される．論文の後半では，私的モニタリングのもとでの効率性定理やフォーク定理に関する最近の研究成果が紹介される．ほぼ完全な私的モニタリングをもつ囚人のジレンマにおける効率性定理の研究が概説された後，私的シグナルの精度が低い一般のモニタリング状況においてフォーク定理や効率性定理を証明した著者の最新の研究成果が紹介される．効率的配分は，一定の「レヴュー期間」ごとに相手プレイヤーの行動のモニター結果を集計し，協調行動を示唆する私的シグナルの観察回数がある閾値を超えれば次のレヴュー期間では協調行動を繰り返すという「レヴュー戦略」によって近似的に実現される．

第5章の宇井・梶井論文「共有知識と情報頑健均衡」は，ゲームのナッシュ均衡および被支配戦略の繰り返し削除とプレイヤーの合理性に関する共有知識との関係について最新の研究成果を解説している．標準的なゲーム理論では，すべてのプレイヤーは他のプレイヤーの行動を予測して自分の期待利得を最大化するという意味で合理的であることが前提とされる．さらに，すべてのプレイヤーは「すべてのプレイヤーが合理的である」ことを知っている，さらにその事柄自体を知っている，……という形で互いの合理性に関する知識を任意の深さの階層構造で共有することが前提とされる．このような合理性に関するプレイヤーの共有知識を前提として，ナッシュ均衡や被支配戦略の繰り返し削除はプレイヤーの合理的行動を記述する解概念として正当化される．論文では，合理性に関する共有知識の前提が成立しないとき，プレイヤーの合理的行動をどのように定式化すればよいか，合理性の共有知識を前提としたナッシュ均衡による経済分析はその前提が崩れても妥当であるのか，という基本問題がベイジアン情報不完備ゲーム理論の枠組みで考察される．最初に，被支配戦略の繰

り返し削除の例を用いて，ゲームの構造（プレイヤーの合理性）に関する知識の階層とプレイヤーの合理的行動の関係が説明される．次に，プレイヤーの共有知識の前提が近似的にしか成立しないモデル（ゲームの正規精緻化）が導入され，共有知識の前提がわずかに崩れてもその分析がほとんど同じであるような均衡概念として，情報に関して頑健な均衡（情報頑健均衡）が定義される．情報頑健均衡の数学的な定義の方法は，（強）完全均衡によるナッシュ均衡の精緻化と密接に関係するが，情報頑健均衡によって知識の多様性や共有知識の不完全性を適切に捉えることができる．合理的なプレイヤーのタイプを複数考えることにより情報頑健均衡は通常のゲームの相関均衡とも深く関係し，相関均衡が唯一であれば情報頑健均衡である．情報頑健均衡の十分条件としてp-支配行動の概念が定義され，ベクトルpの成分和が１未満であるときp-支配行動は情報頑健均衡であることが示される．論文の後半では，ゲームのポテンシャル関数を用いた情報頑健均衡のもう１つの十分条件が提示され，ポテンシャル関数を最大にする行動の組がただ１つであれば情報頑健均衡であることが示される．ポテンシャル関数をもつゲームの例として，完全協調ゲームや共同生産ゲームがある．最後に，p-支配行動とポテンシャル最大化行動の２つの十分条件を統合する最新の拡張結果とともに一意性などの未解決な問題が提出され，今後の研究が展望されている．

　第６章の伊藤論文「規制主体分割の契約理論的基礎：最適インセンティブ規制への競争効果」は，近年急速に発展している契約理論の分析的枠組みを用いて，電力規制などの独占で特徴づけられる産業の規制において規制主体を分割すべきかどうかという問題を考察している．例えば，電力規制において価格政策に責任をもつ省庁と環境汚染防止に責任をもつ省庁とを分割した方がよいか，それとも同じ電力産業に対する規制当局として一体化した方がよいかという問題である．契約理論とは，「情報の偏在と機会主義的行動により生ずるインセンティブの問題を解消するためには，どのような仕組みを設計すればよいか，という問題を分析する理論」であり，過去20年間，情報の経済学やメカニズム・デザイン理論とともにゲーム理論と互いに密接に関連しながら発展している新しい経済学の領域である．規制主体分割の正の効果として２種類のインセンティブ問題を緩和する可能性が指摘される．第１は，非対称情報下での最適

インセンティブ規制の標準理論が示すように最適規制体系の非効率性の問題である．第2は，規制主体と企業間の癒着などに見られるような規制主体自体が不十分な規制インセンティブしかもたないという問題である．論文では，前者のインセンティブ問題に分析の焦点をあてて，分割された規制主体間の競争によって被規制企業の費用削減（経営）努力インセンティブが強化されるという「競争効果」の可能性を分析している．モラル・ハザードのもとでのプリンシパル（規制主体）とエージェント（被規制企業）の間の最適インセンティブ規制のモデルを用いて，規制主体が単一の場合と分割される場合の比較分析を行っている．最初に，単一な規制主体の場合のベンチマークとして，企業の費用削減努力が規制主体に観察・立証可能な場合を考察し，最適（ファーストベスト）な規制体系は実現した費用分をすべて返済するコストプラス契約であることが示される．次に，モラル・ハザードのもとでの最適規制が考察され，セカンドベストな規制体系は実際の費用が目標価格を上回った額の一定割合を価格に上乗せすることを認める費用分担方式であることが明らかにされる．規制主体が分割される場合の最適規制は，それぞれの規制主体が管轄する企業活動の費用構造が代替的か補完的かに依存する．代替的な場合は，各規制主体は自分の管轄する活動に希少な努力を向けさせようと競争する結果，単一の規制主体の場合よりも被規制企業から大きな経営努力を引き出せることが示される．他方，補完的な場合は，各規制主体は他の規制主体の規制体系に「ただ乗り」をして単一の規制主体の場合よりも低い努力しか引き出せない．さらに，規制主体分割が正の競争効果をもたらすためには分割によって情報が分断されることが重要であることが指摘される．論文は，最近の中央省庁改革の議論などに見られるような政府組織をいかに再編成すべきかという現在の重要な政策課題に対して契約理論とゲーム理論の厳密な論理に基づく理論モデル分析が極めて有効であることを明快に示している．

第7章の山岸論文「社会的ジレンマ研究の新しい動向」は，社会的ジレンマの問題を中心に社会心理学における進化ゲーム理論と実験ゲーム研究の新しい研究動向を解説している．社会的ジレンマとは，囚人のジレンマのように集団の各構成員が協力するかしないかの選択に直面していて，各人にとっては非協力行動が（集団の他の人々の行動にかかわらず）最適であるが，もし全員が非

協力行動を選択すれば全員にとって望ましくない結果が生ずるような社会的状況を意味する．社会的ジレンマの例は，環境，政治，経済，教育の問題から日常生活にいたるまで現実社会のさまざまなレベルで存在する．論文は，最初に，これまでに社会心理学の分野で実施されてきた社会的ジレンマの実験ゲーム研究を回顧し，従来の研究アプローチの成果と問題点を述べている．これまでの実験研究の1つの到達点は，プレイが1回限りか繰り返されるかで実験参加者の行動が違い，同じ相手と囚人のジレンマを何度もプレイするとき「利他的利己主義」に基づく相互協力が生まれる可能性がある，という知見である．この実験成果は，第4章の松島論文で解説されている繰り返しゲーム理論による協力行動の説明原理と整合的なものである．一方，従来の実験研究のアプローチは，現実のミニチュア模型を実験室に作り被験者の行動を観察することによって現実社会での人間行動を記述しようとするものであり，「膨大な知見は生み出すが，意味のある理論を生み出さない」という問題点をもつことが指摘される．90年代に入ると，このような従来の実験研究の問題点を克服する新しいアプローチが進化ゲーム理論に基づいて展開されるようになった．新しい研究の始まりは，これまでの実験研究で得られた1回限りの囚人のジレンマでも被験者は相手が協力するならこちらも協力しようとする動機をもつという観察であり，なぜ人々はそのような心理的特性をもつようになったかという問いであった．社会的ジレンマの実験研究の新しい動向は，従来の被験者の行動を記述するというものから，一見非合理と思える人々の認知傾向や行動傾向のもつ意味を社会的環境と心的特性の相互形成作用を通して明らかにしようとするアプローチへの転換である．その研究は，第2章の巌佐論文で解説されている生物学における進化ゲーム理論の考え方に基礎をおくものであり，人間の心のさまざまな（非合理的な）心の性質の源をその性質を適応的にしている社会環境に求める点に特徴がある．論文では，最近，著者の研究グループによって実施された囚人のジレンマの日米比較実験が紹介され，日米の被験者の間での協力率の違いがそれぞれの社会で人々がもつ「コントロール幻想」の強さの違いによって説明できる可能性が論じられている．

第8章の岡田論文「グループ形成と非協力 n 人交渉ゲーム」は，グループ形成を含む一般の n 人交渉問題について非協力ゲーム理論を用いた最近の研究成

果を概説している．論文では，最初にグループ形成を含む n 人交渉問題の標準的なモデルとして提携形（特性関数形）ゲームが解説され，n 人交渉問題の例として，企業資産の最適所有ルールとインセンティブ問題，市場ゲーム，CO_2 排出量の国際取引の例が示される．次に，n 人交渉問題に対する協力ゲーム理論と非協力ゲーム理論の 2 つの研究アプローチの特徴と違いがフォン・ノイマンとモルゲンシュテルンおよびナッシュの研究を参照しながら説明されている．グループ形成のための基本的な非協力 n 人交渉ゲームとしてゼルテンの提案／応答モデルが定式化され，交渉モデルの定常部分ゲーム完全均衡点と半安定な利得分配やコアなどの協力ゲーム解との関係が考察される．次に，グループ形成の逐次交渉モデルでは，プレイヤーが提案を受け入れるための利得の閾値（交渉の継続利得）が高くなる結果，提案者が故意に合意を遅らせる戦略的誘因をもつ可能性が示され，合意の遅れが交渉の均衡プレイでは生じないモデルとしてランダムな提案者をもつ交渉ルールが提示される．さらに，公共経済学のコースの定理や協力ゲーム理論などの資源配分の交渉に関する従来の文献に大きな影響を与えてきた「効率性原理」の命題が，非協力 n 人交渉ゲームの枠組みで再検討されている．優加法的な（全体提携がパレート効率的である）ゲームでも必ずしもプレイヤー全員による協力は合意されず実現される利得分配は非効率である可能性が明らかにされ，パレート効率的な利得分配が合意されるための条件が示される．最後に，非協力 n 人交渉ゲーム理論の最近の研究動向が紹介されるとともに，その研究アプローチが批判的に再検討され将来の研究が展望されている．

第 9 章の今井論文「戦略的協力ゲームと事前交渉」は，協力ゲーム理論の枠組みで提携の戦略的行動を分析する新しい試みの可能性について論じている．協力ゲーム理論のこれまでの中心的な研究プログラムは，展開形ゲームまたは戦略形ゲームにおける「協力」の結果を特性関数形ゲーム（あるいは提携形ゲーム）を用いて分析することであり，それに対してさまざまな解が提示されてきた．論文では，このような従来の研究方法に対して直接に元の戦略形ゲームに基づいて協力の結果を分析する新しい研究方法（戦略的協力ゲーム分析）がクルーノー寡占市場のカルテル形成の例を用いて説明されている．論文では，最初に第 8 章の岡田論文で紹介された提案／応答モデルによる分析が述べられ

る．提携形成の交渉では，最終的に形成される提携構造のもとでの提携メンバーの行動選択が提案される．提携形ゲームと違って，提携の実現可能な利得は提携自体の戦略だけではなく提携外のプレイヤーの戦略にも依存する．規模に関する収穫一定を仮定するとき，寡占企業によるカルテル形成の交渉では，企業数が4社以下のときは全体提携が形成されるが，5社の場合では全体提携は合意されず1企業と4企業の提携による提携構造が実現されカルテル形成に関するフリーライダー現象が生ずる．論文の後半では，戦略的協力ゲーム分析の一般的な可能性について論じられる．ゲームの交渉ルールが特殊であり協力の結果が交渉ルールに大きく依存するという問題点を解消する1つの試みとして，交渉ゲームに先立つ新しい交渉ゲーム（事前交渉ゲーム）の導入が議論される．事前交渉によって，クルーノー寡占市場では全体提携が形成され効率的な利潤分配が寡占企業間で合意される可能性が示される．最後に，経済学の立場から見た協力ゲーム理論の特徴が述べられ，非協力ゲーム分析との接近を試みるアプローチの重要性と今後の研究課題が論じられる．

参考文献

Aumann, R. J., and S. Hart, eds. (1992, 1994, 2002), *Handbook of Game Theory with Economic Applications*, Vols. 1, 2, 3, North-Holland, Amsterdam.

Harsanyi, J. C., and R. Selten (1988), *A General Theory of Equilibrium Selection in Games*, MIT Press, Cambridge.

Kuhn, H. W., ed. (1997), *Classics in Game Theory*, Princeton University Press, Princeton.

Maynard Smith, J. (1982), *Evolution and the Theory of Games*, Cambridge University Press, Cambridge（寺本英・梯正之訳『進化とゲーム理論』産業図書，1985）．

鈴木光男 (1998)，『ゲーム理論の世界』勁草書房．

von Neumann, J., and O. Morgenstern (1944), *Theory of Games and Economic Behavior*, Princeton University Press, Princeton（銀林浩・橋本和美・宮本敏雄監訳『ゲームの理論と経済行動』全5冊，東京図書，1972-73）．

第2章 生物進化とゲーム理論

巌佐 庸

1. はじめに

　動物の行動や植物の成長・繁殖のパターンの理解は，20世紀最後の25年間に大きく変わった．それは，工学や社会科学で発展してきた最適制御やゲーム理論が生物学で活躍するようになったためである．

　動物は効率よく餌を探し，植物はそのすむ場所に適応したタイミングで花を咲かせるといった考え方は，生物の適応戦略と呼ばれる[1]．これは生物のすることはいかにもうまくできているという，人々が古くから感じてきた直観をそのまま表現したものである．

　動物行動学で，合理性を明確な基準とした数理モデルをたてる研究方法が最初に成功したのは，餌の探し方や選び方についてであった．たとえば魚にはいくつかの種類の餌を利用するものがあるが，詳しく調べると餌の量によって何を食べるかが変わる．餌が少ないと何でも利用するのに，餌が多いと好きなものだけを食べ，それ以外は見つけても無視するようになる．このような餌選択性の変化は，魚が経済的効率を追求した結果ではないのか，と提案され，最適化モデルが導入された．それに基づいた野外調査や室内実験が行われて，有用な概念として認められるようになった．最適捕食理論と呼ばれ，動物行動学の中でも最も詳細に検証された分野になっている[2]．

　動物にはさまざまな生活史をもつものがいる．たとえば，サケは生涯に1回

---

1) 巌佐 (1981).
2) Stephens and Krebs (1986).

だけ繁殖をして死ぬが，マスは成熟後も繰り返して繁殖できる．このような生活史パターンのうちどれが進化で採用されるのかについては，生涯にわたるスケジュールの最適化問題として解析できる．植物が1年のどの季節に花を咲かせるのか，また1年目の終わりに種子を生産して枯れてしまう1年生植物と何年も生きて繁殖する多年生植物，長年成長したあと1回の大繁殖ですべてを使い切るタケなど，多様な繁殖スケジュールがどのような状況で有利なのかも，動的最適化モデルで扱うことができる[3]．

　生物の個々の個体が自らにとって最適な挙動をとるという考え方がいったん基礎づけられれば，そのような個体がつくり出す社会を理解する手法はゲーム理論である．利害の必ずしも一致しない複数個体がそれぞれに自らにとって望ましい状態を実現しようと努めたときにどのような状況が実現するかを考えるのだ．こうして社会科学で発展したゲーム理論が生態学や動物行動学と結びつき，動物の社会行動や多様な配偶システム，植物の複雑な性表現などを統一的に理解することができるようになってきた[4]．

　古典的なゲームモデル理論では，各プレイヤーが合理的な選択をすることが公理として仮定される．これに対して生物学では，挙動が異なるいくつかのタイプの頻度のダイナミックスを想定し，最終的に適応的なものが残るという形で考える．そのダイナミックスの平衡状態が古典的ゲームモデルの均衡に対応する．これを進化ゲーム理論（evolutionary game theory）という[5]．

　本章の第2節から第5節では，生物学におけるゲーム理論の基礎として，さまざまな挙動をとる生物のタイプのダイナミックスからどのようにして合理性が出てくるのかについて，遺伝子の基礎も含めて説明する．また血縁のある個体の間で協力が進化しやすいことについて，進化ゲームの文脈で解説する．第6節から第8節では，生物学においてゲーム理論的なモデルが，多様な生物現象を理解するうえにどのように役立っているのかを紹介したい．それらは社会的相互作用に関するものである．詳しい解析は述べないので，進化ゲーム理論の定式化や数理的解析に興味をおもちの方は参考文献を見ていただきたい[6]．

---

3) 巌佐（1998a），Iwasa（2000a）．
4) 巌佐（1997，1998a）．
5) Hofbauer and Sigmund（1998），Weibull（1995）
6) Hofbauer and Sigmund（1998）．

2. 進化は速く生じることがある

　進化というと，非常に遠い昔の現象を思い浮かべることが多い．たとえばチンパンジーとヒトの祖先は約500万年前に別れ，それぞれ異なる環境や社会を経験し，別の進化の道をたどった．6500万年前には恐竜が突然に滅び，それまで秘かに暮していた哺乳類がさまざまなグループへと急速に発展して，恐竜の絶滅で空いた生態的地位を埋めた．これらは，さまざまな動物や植物の標本や化石を比べてそれらの間の近縁関係を整理し，それらがどのようにできてきたかについて最も無理のない道筋を推論したうえの結論である[7]．

　進化の研究には，このような過去に生じた歴史をたどる研究と，進化がどのような力で生じたのかを確かめる研究の大きく2つがある．人間社会の歴史についても，たとえば内乱といった歴史的事件がどこでどのように進行したのかを知ることと，どのような社会情勢でそれが生じたのかを調べることは，歴史を理解するためにはともに必要なアプローチである．本章で取り上げようとしているゲーム理論が活躍する進化研究は，過去の歴史を特定するものではなく，生物がその性質をどのような方向へ変化させるかを考えるものである．

　シャーレの中でアズキなどの豆を餌としてマメゾウムシという昆虫を飼育する実験がある．10日ごとに新しい豆を入れて長い期間にわたって維持していくと，マメゾウムシの性質が変化する．はじめは，1つの豆で多数のマメゾウムシの幼虫が生育できていた．1つの豆で育つ数が多くなるとそれぞれの個体は小さくなる．ところがシャーレで飼育しはじめて20世代（約400日）程度たった頃には，マメゾウムシ同士が同じ豆で生活するときに激しく闘争するようになる．幼虫が同じ豆にいる他の幼虫をすべて殺してしまう闘争的なマメゾウムシがあらわれ，それが有利で次第に広がり，そのうちすべてのマメゾウムシがそのようなタイプに入れ変わってしまうのである．これは遺伝的性質の変化である[8]．

　数十世代程度の時間で生活史や行動が大きく変化することは，他のいくつか

---

[7]　Maynard Smith (1988).
[8]　Tuda and Iwasa (1998).

の生物でも知られている．サケなどの魚が産卵にあがってきたところを捕獲し，卵を取り出し精子をかけて孵化させることがよく行われる．孵化直後の稚魚は死亡率が非常に高いので，その時期を過ぎてから放流すれば魚の個体数を大きく増やすことができるからだ．しかしそのような人工的な繁殖を続けていると魚の形や行動がしだいに変化する．それは，人工孵化のもとでは，太って単に多くの卵や精子を生産することだけで次世代への寄与が高くなり，通常の繁殖行動に含まれる求愛などが不要になるからである．

　これらは，生育環境が変化したために，生物の遺伝的な性質が変化して，進化の生じた例といってよい．

　微生物では，進化が非常に短い時間スケールで生じることがある．

　1950年代に，作物を食い荒らすウサギを除去する目的で，ウサギに致死的な病気をもたらす粘液腫ウイルスがオーストラリアに導入された．またたくまにほとんどのウサギが死んだ．しかし生き残ったウサギに対しては粘液腫の致死率が下がり，ウサギとウイルスとが共存するようになった．これはウイルスにいくぶんでも耐性をもつウサギが選抜されたことと，それに加えて宿主のウサギを生かして次の宿主に感染する機会を増やすウイルス系統が有利で広がったことによる．つまり宿主であるウサギと病原体である粘液腫ウイルスの両方の進化の結果なのである．同じような例として，数百年にわたる人間の歴史を見ても，最初は患者の致死率が非常に高かった病気が，その後よりマイルドなタイプに置き換わった例が多く見られる．

　微生物が素早く進化できることは人間に恐ろしい結果をもたらすことがある．新しい抗生物質を使用しはじめるとしばらくはよいが，何年かすると効かなくなる．それは耐性をもつ細菌が出現し広がるためである．しかたなく新しい抗生物質を開発せねばならない．しかし，しばらくするとそれらにも耐性をもつ菌が出現する．これは病原体の側に適応進化が生じたためである．最近は抗生物質がまったく効かない系統が現れて，医療のうえで大きな問題になっている．

　HIVウイルスでは，宿主である感染者の体内において突然変異と免疫系による除去によってしだいに進化していき，感染後数年でもととは違ったDNA配列をもつタイプが多数共存する状態が作られる．

　さて，このような進化が生じるには何が必要だろうか？　まず生物の個体の

間に行動や体の大きさ，生育時期の長さなどの性質に変異があること，第2に
その変異によって子供の残し方に違いが生じ，あるタイプは他のものより多く
の子供を残すこと，第3にこの変異が遺伝すること，という3つが必要である．
逆にこれら3条件さえ満たされれば，進化は自動的に生じるのである．タイプ
による違いによって子供の残し方が異なり，その結果次の世代で生物の性質の
平均値がシフトしていくことを自然淘汰（natural selection）という．

3. 遺伝学の基本

　生物の進化ゲームにおいては，ある遺伝子をもつタイプが他のタイプと競争
をしていずれが勝ち残るかを考える．そのとき，「ある挙動をとらせる遺伝子」
という説明がなされる．メンデルの遺伝法則の発見以来ながらく，遺伝子は，
生物の性質が親から子供へどのように伝わるかを理解するために想定された現
象論的な存在であった．しかし20世紀後半に爆発的に進んだ分子生物学によっ
て物質としての遺伝子の実態が明確になった．ここではDNAやタンパク質と，
進化ゲームモデルで考える遺伝子との関係について説明しておこう．

3.1 遺伝子とタンパク質

　生命機能というのは，単純化していえば，非常に多数の化学反応が秩序正し
くとり行われることである．その中心を担っているのがタンパク質である．そ
れは生体における化学反応を触媒する酵素や，細胞などの構造体としてはたら
いている．筋肉が力を出すのもタンパク質のはたらきである．神経が興奮して
電気信号を伝えるのも，細胞内外のイオン濃度の差を作ったり電気刺激でイオ
ン透過度を変えるというタンパク質のはたらきによっている．タンパク質は20
種類のアミノ酸というユニットが鎖のように並び折れ畳まれてできている．タ
ンパク質の違いはそのアミノ酸の配列によって決まり，そのアミノ酸配列を指
定するのが遺伝子である．

　人をはじめ動物，植物，菌類，バクテリアなどほとんどの生物では，遺伝子
はDNAと呼ばれる鎖状分子である．それはヌクレオチドという単位が非常に
多数並んだもので，ヌクレオチドにはその塩基部分にアデニン（A），チミン

(T)，グアニン(G)，シトシン(C)の4種類があり，それらによって情報が書き込まれている．この塩基配列は細胞質にある装置で読み出され，それに基づいてタンパク質が作られる．遺伝子はいつも発現をしているわけではなく，たいていは休止していて，必要なときに必要なだけ読み取られてタンパク質が生産される．いつどれだけ生産するかを決める情報は，アミノ酸配列を指定する部分とは別の「調節領域」にコードされている．

20世紀の後半になってこの塩基配列を読み取る手段を人類が手に入れ，遺伝情報を4種類の文字の並びとして把握できるようになった．動物でも植物でもバクテリアでも，基本となる遺伝子はかなり共通している．コードされているタンパク質がわかったものの，それらが互いに秩序正しく発現することでできあがる生命機能については，まだほとんどが研究途上である．

進化ゲームを議論するときには，「花を早く咲かせる遺伝子」とか「闘争的な幼虫を作らせる遺伝子」といったものを想定する．これは何を意味しているのだろう．たとえば植物で花を開く時期の進化を議論しているとしよう．それは温度や日長（昼の長さ）などの環境条件や植物の体内の貯蔵物質量などに基づいて開花のタイミングを決定する生理的メカニズムを考えていることになる．どの遺伝子の変化がそのような早期の開花をもたらすのかということは今のところ詳細はわかっていないが，基本的な原理は理解されている．昆虫の行動になると，それを制御している脳や神経系のはたらきに関する生物学の理解は限られ，遺伝子情報との距離はかなり開いている．それでも行動の遺伝的な違いは，神経系や内分泌系など行動に影響する生理的仕組みの違いがもたらしたもので，DNA に書かれた塩基配列の違いに基づいていることは間違いない．

3.2 集団内の遺伝的多様性

進化がはたらくためには集団内の遺伝子の間にバラツキがなければならない．全員が同じ遺伝子をもっていれば進化は生じない．

私たちの顔はひとりひとり違う．しかし一卵性双生児の人は互いによく似ている．このことからわかるように，顔だちには遺伝的な要素が大きく影響する．顔だち，身長，体格といった形態に関するものだけでなく，血液型などの生理，性格や気質などの心理にも，個体の間での遺伝的な違いがある．個体による違

いには育った環境による違いも反映しているが，それに加えて遺伝子の違いが影響する．子供が親に似るとか，兄弟が互いに似るのはこの遺伝的成分を多く共有しているからである．

遺伝的な違いを作り出すメカニズムは突然変異（mutation）と呼ばれる．それにはいくつかのタイプがある．

細胞が分裂するときには，そのDNAが複製される．このときに複製に誤りが生じることがある．間違いをチェックする機構が何重にもはたらいているが，塩基総数が非常に大きいために，どうしても幾つかの複製ミスが残ってしまう．GGCTAであった配列が，たとえばGCCTAやGGCAAなどに変化する．それがタンパク質をコードする部分ならばできたタンパク質がもととは違ってくるし，調節部位であれば発現量やタイミングが変化することになる．

突然変異には，このような配列の1ヵ所の塩基が入れ代わる1塩基置換のほかに，ある程度の長さのものが挿入されたり，逆に欠失したり，ある部分の繰り返しが生じたり，繰り返し数が変化したり，またある部分が遠く離れた別のところにコピーされたり，といったいろいろなタイプのものがある．

このほかに，異なる個体の遺伝子をまぜて，組み合わせを変えるという「遺伝的組み換え（genetic recombination）」も生じる．多くの生物では，繁殖期になると雌は自分の遺伝子セットを半分しかもたない卵（らん）という細胞を作り，他の個体からの精子と融合させることによって，両親からの遺伝子を半分ずつもつ子供を作る．植物でも雌しべは他の個体が作った花粉を受け入れて遺伝子をまぜて種子を作る．このような有性生殖の結果，異なる個体がもっていた遺伝子のセットがまぜ合わされ，遺伝的組み換えが生じる．

以上のようなメカニズムによって，集団は一様ではなく遺伝的に違ったタイプのものがまざるようになる．それらの変異の上に自然淘汰がはたらくことで進化をもたらすのだ．

4. 生物の進化のダイナミックスと合理性

集団の中に，多数の個体とは違った挙動をとらせるような遺伝子をもった突然変異が現れたとしよう．それが他の個体よりも平均的により多くの子供を残

せるとすれば，それはしだいに頻度を増し，ことによるともとのものと置き換わってしまう．長い進化の間には，このような突然変異の置換が繰り返し起きたと考えられる．

　自然界においてわれわれが見ている生物の挙動は，長い進化過程の結果である．とすれば，進化が目の前で生じることはむしろまれで，われわれが見ている生物の性質は，そのように変化した最後の行き止まり状態であることが多いだろう．その集団はそれ以上変化しないのだから，侵入してくる突然変異をことごとく拒絶するという性質がある．これは「進化的に安定な」(evolutionarily stable) と呼ばれる．進化の最終状態で生物がある振る舞いをしているとすれば，それ以外のやり方をすれば良くないことがあって，残せる子供の数が減ってしまうのだろう．進化的に安定という性質から，現在見られる生物はベストをつくして最も効率の良い生き方をしている，という適応戦略の考えが基礎づけられる．

　残せる子供の数をダーウィン適応度 (Darwinian fitness) という．ダーウィン適応度が高いことをしばしば「自然淘汰のうえで有利」ともいう．体長が高いこと，昆虫が遠くに飛べること，植物がアルカロイドなどの毒物による化学防御にすぐれて害虫に食べられにくいこと，などによってより多くの子供を残せるならば，そのような挙動をもたらす遺伝子が広がっていく．ここにおいて，時間とともに頻度が変化するという意味の進化のダイナミックスと，ある挙動が有利か不利かという経済性もしくは合理性とが結びつくことになる．

4.1　進化の一番簡単なダイナミックス

　進化を表現する最も簡単なダイナミックスの式を説明してみよう．

　たとえば体長だとか羽化の日だとかいった生物が示す量のことを，「形質 (trait)」という．それらは遺伝するものとする．一番簡単な場合には，いくつかのタイプがあり，それぞれのタイプは子供を残すときには自分と同じタイプの子供を作るとする．そうすると，体長の大きな個体は大きな子供を，小さな個体は小さな子供を残すことになる．

　ここで n 個のタイプがまざっている集団を考えてみる．それぞれの個体は他個体と相互作用をしてその結果生存率や出産率に影響をうける．いろいろな齢

での生存率と出産率への影響を総計する量として，生涯を通じて平均的にどれだけの子供を残すか，つまり生涯繁殖成功度 (lifetime reproductive success) を考える．これは適応度 (fitness) ともいう．多くの昆虫のように親になって一度繁殖すると死んでしまうという簡単な場合を考えると，適応度とは繁殖齢に達するまでの生存率に繁殖齢に達した個体が残せる子供の数を掛けたものである．相互作用の進化を考えているときは適応度が本人のタイプおよび相互作用した個体の間での相手のタイプによって変わることになる．

タイプ i の頻度（集団内での割合）を x_i としておく．ここで $i=1,2,3,\ldots,n$ である．すると，次の世代におけるタイプ i の頻度は，

$$x_i^{next} = w_i x_i \Big/ \sum_j w_j x_j$$

であり，w_i が適応度である．頻度の1世代での変化は，

$$\Delta x_i = \frac{w_i x_i}{\sum_j w_j x_j} - x_i = \frac{w_i - \overline{w}}{\overline{w}} x_i \tag{2.1}$$

ここで，$\overline{w} = \sum_j w_j x_j$ は平均適応度である．(2.1)式を見ると，適応度 w_i が集団の平均値 $\overline{w}$ よりも大きいタイプは次の世代で頻度が増えることがわかる．

もし適応度が考えている形質によって決まるとすれば，適応度を高くできるような形質をもつタイプの頻度が増え，集団全体としての平均形質も適応度を改善する方向へ移動すると考えられる．そこで，k_i を，タイプ i が示す形質とする．それは体長，剛毛数，羽化日，親切度など，どのようなものでも考えることができる．形質の集団平均値は，$\overline{k} = \sum_i k_i x_i$ である．この値の1世代での変化は，

$$\Delta \overline{k} = \sum_i k_i \Delta x_i = \frac{\sum_i k_i w_i x_i - \overline{w} \sum_i k_i x_i}{\overline{w}}$$

となる．これを計算すると，次のような Price の公式

$$\Delta \overline{k} = \frac{\mathrm{Cov}[k_i, w_i]}{\overline{w}} \tag{2.2}$$

が得られる．$\mathrm{Cov}[k_i, w_i]$ は形質の値と適応度との共分散を表す．もし体長の大

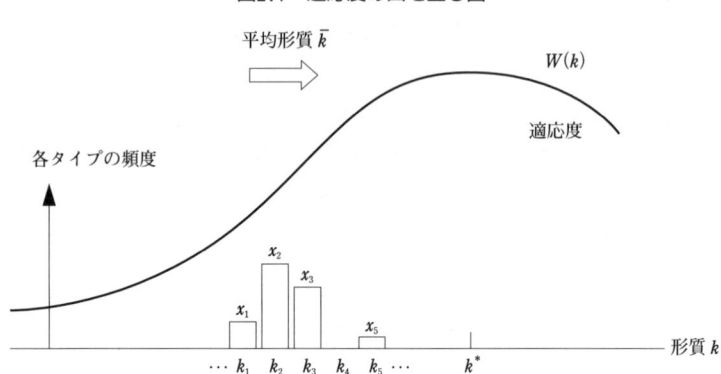

図2.1 適応度の山を登る図

注：横軸kは体長，羽化日などの形質，曲線$W(k)$は適応度である．自然淘汰により適応度がより高いタイプへと分布がシフトし，平均形質は$W(k)$の山へ向かって動く．

きな個体が平均的に見て適応度が高いならば，共分散は正になり，1世代での変化$\Delta \bar{k}$は正である．つまり体長はしだいに大きな方向にシフトする．逆に体長が小さいほど適応度が高い傾向があれば，共分散は負で，$\Delta \bar{k}$も負，そして平均形質はしだいに小さくなる．

このような力学の結果，形質の平均値は適応度が高い方向へとしだいに変化し，その結果集団の平均適応度が改善されていくと予想される．このイメージをもっとわかりやすく表すために，適応度が形質の関数として

$$w_i = W(k_i)$$

となっている場合を考えてみる（図2.1）．集団の個体のもつ形質の値k_iが平均値$\bar{k}$の近くにあると考えて，適応度$W(k_i)$を平均値$\bar{k}$のまわりでテイラー展開し，これを先の(2.2)式に代入して共分散を計算する．そこで一番大きな項は，

$$\Delta \bar{k} = \mathrm{Var}[k_i] \frac{d \ln W}{dk} \qquad (2.3)$$

となる[9]．この最後の式は，形質の進化のスピードが集団の中の形質のバラツキ$\mathrm{Var}[k_i]$と適応度の勾配$\dfrac{d \ln W}{dk}$との積であることを示している．つまり，

---

9) Iwasa et al. (1991).

第2章　生物進化とゲーム理論

[集団の進化のスピード] ＝ [形質の変異の大きさ] × [淘汰の強さ]

となるのである．この式によると，形質の変異が少しでも残っている限り集団の平均形質は適応度が高い方向へと移動し，ついには適応度の関数 $W(k)$ を最大にする値に収束する（図2.1）．

4.2　量的遺伝学について

上では単純化した設定をした．実際には体長といっても遺伝子だけで決まるものではない．発育時に十分に栄養をとることができたかどうかが非常に大きな影響をもつ．遺伝的な効果と環境による効果の両方が効いて体長（表現型）が実現していると考えることができる．遺伝的効果と環境の効果が独立である場合には，集団の表現型の変化方向は前節の議論と基本的には同じである．ただし，進化を示す(2.3)式において，集団の中の形質のバラツキ $\mathrm{Var}[k_i]$ とあるところを，遺伝的成分のバラツキに置き換えておく必要がある．

ヒトなど多くの生物は各個体が2セットのゲノムをもっている．そのため1つの遺伝子座に通常2つのアレル（対立遺伝子）がある．たとえば体長を高くする傾向のあるアレルをA，低くするアレルをaとすると，AA, Aa, aaという3つの組み合わせがある．もしAAが高く，aaが低く，Aaがそれらの平均値であるとすると，上記の計算と同じように進化が計算できる．

しかし遺伝的な効果でも，そのすべてが進化に寄与するわけではない．一番極端な例として Aa は適応度が高く，AA と aa はともに低いという場合を考えてみよう．Aa は単独で集団を占められず，Aa 同士の掛け合わせから AA と aa とが毎世代作り続けられる．このとき適応度の遺伝的な違いがあっても，世代とともにより適応度の高いタイプが広がるようにはならない．

一般の場合には，3つのタイプの形質値を個々の遺伝子の効果による部分（相加遺伝効果）とそれには寄与しない部分との和として表現するとうまく計算ができる．そして前者の相加遺伝効果だけが進化のスピードに寄与することが示される．形質の進化の式についてはやはり(2.3)式が成立するが，そこでの $\mathrm{Var}[k_i]$ は，相加的成分のバラツキ，つまり相加遺伝分散（additive genetic variance）に置き換えることが必要である．

このような議論を整理するのは，量的遺伝学（quantitative genetics）と呼ばれる分野である．それは野外の動物や植物の進化を考えるだけでなく，作物や家畜で選抜によってより優れた品種を作り出す基礎を考える理論としても重要である[10]．フィッシャー（R. A. Fisher）は，上に説明した統計的な分離方法を提唱することによって，メンデル遺伝学とダーウィンの自然淘汰による進化というアイデアが矛盾なくつながることを示した．

4.3 レプリケータの力学と模倣の力学

以上は生物の進化に関する理論である．それを人間社会の経済や社会の現象を理解するうえに使うとすればどのように対応させればよいのだろう．

1つは遺伝子（gene）を一般化して，複製子（レプリケータ，replicator）を考えることである．文化現象についても，人や企業の行動を規定しそれが若い世代へと継承され伝播するようなものを文化因子と考える．いくつかのタイプの間で頻度の変化を考えると遺伝子のダイナミックスと相似なものになる．それは文化進化（cultural evolution）という[11]．

たとえば，狩猟採集が中心の社会に稲作をする農耕民が外からやってきたと考えてみよう．農耕をすると食糧が安定に生産できるために，よりたくさんの子供を養うことができる．その結果，農耕民の人口はどんどんと増え続ける．数世代のうちには農耕民が本当に多数になり，住み場所などが限られているならば今まで狩猟採集民が使用していた場所を奪って広がっていくだろう．

これは複製をするという「レプリケータ・ダイナミックス」を考えていることになる．文化因子については，他個体の行動様式を採用するという「模倣のダイナミックス」が考えられる．狩猟採集民の中でも農耕民の暮らしぶりを見て，自分たちでも稲を植えはじめたとしよう．数十年のうちには，狩猟民が農耕民に変わってしまうかもしれない．この文化の広がりは「模倣の力学」なのだ．

別の例として，企業の経営方針の選択を考えてみよう．積極的経営と慎重な経営，利益を重視した経営と消費者の間の評判に重きをおく経営などいろいろ

---

10) Falconer (1981).
11) Cavalli-Sforza and Feldman (1981), Boyd and Richarson (1983).

と考えられる．それぞれの企業がその企業風土をもってその方針を数十年間維持し，経営が悪化した企業は退場していき，うまくいった企業はさらに子会社などを増やしていくかもしれない．これがレプリケータの力学である．これに対して，しばらくある経営方針ですすめてみて，業績が悪化すると業績のあがっている他企業を見てその経営方針を取り入れるということが考えられる．これが模倣の力学である．

n種類の企業がいて，それぞれの頻度がx_iとする．それぞれ経営方針が異なり，その結果，業績w_iが異なるとする．毎年$a(<1)$という割合の企業が，それまでの経営方針を改めようと考えるとしよう．そしてその時に他の企業の1つを選んでそのやり方をまねるとする．もしランダムにまねるならば，まねたあとでiタイプの企業になる確率がx_iである．しかし業績にも考慮をして，業績に比例した重みをつけた確率でまねる相手を選ぶならば，iタイプの企業になる確率は$w_i x_i \big/ \sum_{j=1}^{n} w_j x_j$である．すると1年当たりの$x_i$の変化は，

$$\Delta x_i = a\frac{w_i x_i}{\sum_{j=1}^{n} w_j x_j} - a x_i$$

となる．右辺第1項は，集団全体の中の経営方針を改めようと試みる企業の割合aにまねする相手がiタイプの企業である確率をかけたものである．第2項は集団中のiタイプの企業で経営方針を改めようと試みる割合である．この式は，(2.1)式のレプリケータ・ダイナミックスにaをかけたものである．

これとは少し違って，今までの経営がうまくいっているものはそのまま続ける傾向が強く，業績の悪化した企業がより頻繁に経営方針を変えようとする，といった状況を考えてもよい．同様にして，レプリケータ・ダイナミックスと似た模倣の力学ができる．

このように，遺伝子のレプリケータ・ダイナミックスをもとに考えてきた生物の進化のための進化ゲームは，ほぼそのままの形で人間社会の経営方針や行動様式などを理解するうえにも使用することができる．

以上では，タイプiの適応度w_iは，あたかも定数であるように説明してきた．しかしゲーム理論が特に役立つ状況は社会的相互作用の進化である．その

ときには適応度 w_i は相手になる個体のタイプによって異なってくる．だから あるタイプの適応度はそのときの集団における他のタイプの存在や比率に依存 するが，これを頻度依存淘汰（frequency-dependent selection）という．その場 合でも，先に説明した式はほとんどそのままで成立する．ただし進化の結果収 束していく先は，もはや集団の平均適応度が最大になる値ではなくなる．

ダイナミックスの平衡状態は，適応度を利得とするゲームの均衡解としばし ば対応していることがわかっている[12]．このことから，レプリケータ・ダイ ナミックスや模倣のダイナミックスは古典的なゲームを基礎づけるものと見な すこともできる．

5. 血縁個体が協力しやすい理由

自分が見つけてきた餌を他個体に分け与える，他人の子供を保護して育てる， 捕食者が近づいたことを声を出して叫び他個体に知らせる，といった行動は自 分がコストを支払って他個体を助けるもので，ヒト以外の動物の社会でも見ら れる．自らの適応度を低下させて他個体の適応度を改善する行動を利他行動 （altruistic behavior）という．利他行動の多くの例では，血縁のある個体の間 で起きている．血縁個体の間では，血縁の薄い個体の間でよりも協力行動や利 他行動が進化しやすいことは，血縁淘汰（kin selection）というタイプの淘汰 が遺伝子にはたらくからである．この節ではそれが進化ゲームでどのように基 礎づけられるのかを考えてみよう．

鳥には擬傷という行動がある．捕食者が巣に近づいてくると，親鳥はケガを して飛び立てないような仕種をしながら，巣から離れる方向へと跳ねていく． 捕食者が親に気をひかれて追い掛けていくと，さっと逃げてしまう．これは， ヒナを守るための自己犠牲的行動である．このような親の行動の進化を理解す ることは困難ではない．捕食者の注意を子供からそらせる擬傷行動は，少々を 危険をおかしても親自身の繁殖成功度を改善するので進化したのである．

自らの繁殖を止めてしまって他の個体の繁殖を助ける行動がある．最も有名 な例はミツバチ，マルハナバチ，アリなどの社会性昆虫であろう．働き蜂や働

---

12) Hofbauer and Sigmund (1998).

き蟻などのワーカーがさかんに餌を運び巣を守り子供を育てる．女王と呼ばれる個体は餌をもらってどんどんと卵を産み続ける．このときワーカーは何をしているのだろうか？　自分で子供を残すことが適応度（ダーウィン適応度）であるから，ワーカーの適応度はゼロである．とすればどうしてそのような利他行動が進化できたのだろう．

ワーカーは女王と血縁の近い個体であり，しばしば女王の娘である．アシナガバチの例では，春に新女王が1個体で巣を作り卵を産む．それらはすべて雌卵で羽化した後も独立せずに母親の巣にとどまってワーカーとなる．餌や水を運び子の世話をしていると，自ら産卵して子を育てるチャンスを逃す．しかしその結果作られるのは女王の娘，つまりワーカーから見れば妹である．

擬傷行動の場合は親が自分の生存率低下というコストを払って，自分の子供の生存率を改善したのだが，アシナガバチのワーカーは自分自身で作る子供の数を減少させるコストを払って，妹の生存率をあげていることになる．ワーカー自身の遺伝子を共有している妹を育てることは，子供を育てるのと同じように遺伝子の広がりを助けることになるはずだ．しかしダーウィン適応度は育て上げた子供の数と定義されているので，それを適応の尺度に使ったのでは妹の生存率を上げることは適応的には見えない．

5.1　社会的相互作用の進化

さてここで，考えている形質が，他個体に対して利他行動をさせる程度を表すとしよう．餌を分けるとか，相手が捕食者に襲われそうになっているときに警告を発するなどである．そのような行動によって，自らの生存率は下がるが，相手は助かる可能性が上がり適応度が改善される．利他行動をとる程度，もしくは行動をとる確率を「親切度」と名づけることにする．

今ある個体を i と名づけ，それと相互作用をする相手を j としよう．すると，個体 i の適応度は，本人が親切にすることによって減少し，相手が親切にしてくれることによって増大するだろう．一番簡単な場合にそれが線形で影響があるとしてみる．個体 i の適応度は，相手の親切度と自分の親切度との関数として，

$$w_i = w_0 + bk_j - ck_i$$

と表せる．相互作用がまったくないときを基準値としてw_0とし，これが右辺第1項である．相手が与えてくれる親切の利益が，$b \times$［相手の親切度］で，第2項である．bは親切にすることの効果を表す．第3項は自分が親切にすることによって失うコストを表している．cが単位親切度当たりのコストである．

このように適応度を決めてしまえば，あとは以前に計算した形質の進化の式 (2.2) を使って考えることができる．親切度の集団平均値は，

$$\Delta \bar{k} = \frac{\mathrm{Cov}[k_i, w_0 + bk_j - ck_i]}{\bar{w}}$$

$$= \frac{1}{\bar{w}} \Big[b\mathrm{Cov}[k_i, k_j] - c\mathrm{Var}[k_i] \Big] \tag{2.4}$$

にしたがって変化する．次の量を血縁度 (relatedness) と呼ぶ．

$$r = \frac{\mathrm{Cov}[k_i, k_j]}{\mathrm{Var}[k_i]} \tag{2.5}$$

このパラメータを使って，(2.4) 式の大かっこの中の符号を考えると，親切度が高くなるように進化するか低くなるように進化するかは，次のように決まる．

$$br > c \quad \Leftrightarrow \quad \Delta \bar{k} > 0$$
$$br < c \quad \Leftrightarrow \quad \Delta \bar{k} < 0$$

つまり親切の効果のr倍がコストよりも大きいときには親切が進化し，そうでないと進化しない．

rは親切を与える個体と受ける個体との親切度の相関の程度を表現している．親切度が高い個体同士，低い個体同士で相互作用することが一般的ならば，rは正であり自己犠牲的に相手を助ける行動も進化できる．

ではどうしてrのことを血縁度と呼ぶのだろうか．それは，親切度の高い個体同士が相互作用をするという理由として一番考えやすいのが血縁個体の場合だからである．2個体の母親が同じであって父親が異なるとすれば，2人からランダムにとった遺伝子にはともに母親からきた同じ遺伝子のコピーである可能性がある．2倍体生物を考え，片方の個体にある遺伝子をランダムに選ぶと，

他の個体にそのコピーがある可能性は1/4である．(2.5)式のk_iとk_jとは1/4の確率で同じもののコピーであり，3/4の確率で集団からランダムにとった2つの遺伝子と見なせる．そのため，(2.5)式のrは1/4となる．もし母親だけでなく父親も共通であるとすれば，同じように計算すればrは1/2である．このように上記の(2.5)式で定義した血縁度は，血縁関係を示す系図から計算した血縁度と等しい．だからrが大きな，つまり血縁の繋がった相手の受ける利益はより強く重視するという結果になり，利他行動が進化しやすい．集団からランダムに選んだ個体に対する利他行動は$r=0$であるため進化できない．

最近では分子生物学的方法によって遺伝的近さを測定することができるようになった．DNA判定によって親子がわかることは社会的にも話題になっている．ゲノム内にあるマーカー遺伝子の共有率から，それらの個体が遺伝的にどの程度近いのかが判定できる．たとえば兄弟といっても，母親は同じであっても父親が同じかどうかはわからない．だからrが母親だけが同じ場合の血縁度1/4と父親も母親も共有する場合の血縁度1/2の中間をとるものとして利他行動のレベルが進化するだろう．もし体臭の違いなどで両方の場合が区別ができるとすれば，父親が共通である兄弟と父親が違う兄弟とを区別し，前者に対してより協力的にふるまうことが予想される．

血縁淘汰がはたらくには血縁の認識は必要がない．近くにいてつきあう相手とは通常血縁が高いとすれば，相手との血縁関係で差別せずに誰とでも協力関係を結ぶような行動は，血縁淘汰によって進化する．しかし，血縁のない個体と完全にまざりあってしまうような集団では無差別の利他行動は進化しない．逆にいえば，無差別の利他行動が進化するには集団が構造をもつことが必要である．

血縁淘汰を明確な形で証明したのはW. D. ハミルトン (W. D. Hamilton) であった[13]．ハミルトンはw_0+br-c，つまり相手に対する適応度の増大に血縁度の重みをかけ，自分の適応度の減少を考慮したものを包括適応度 (inclusive fitness) と呼んだ．これは，血縁個体の適応度への影響も考慮した動物行動の適応の尺度である．「動物は包括適応度を高くするような行動を採用するように進化する」といってよいので，行動の適応性を評価するときに直観的で

---

13) Hamilton (1964).

使いやすい量である．

6. 生物学での基本的なゲームモデル

この節では動物行動や植物の生態においてゲームモデルによってうまく理解される具体的な例を3つあげる．

6.1 親による子の世話ゲーム

動物の子供の世話について考えてみよう．人間の例を考えると両親ともが協力して子供の世話をするのが当然のように思えるかもしれない．たしかに鳥類では圧倒的多数の種で両親が子の世話をする．しかし哺乳類では，ヒトやキツネなどを例外として，雌だけが子供の世話をするものがほとんどである．これに対して魚類には雄だけが子供を世話するものが多い．典型的な例では，雄が砂を掘り返して産卵場所を作りそこに雌を呼び寄せる．雌は産卵し終わるとすぐに出ていってしまい，卵が孵るまで雄が他の魚から食べられないように保護し，水送りや掃除をする．さらに多くの動物では子供は産みっぱなしである．

このように子供の世話のさまざまなパターンが，どのような状況で進化するのかを説明する簡単なモデルを図2.2に示した[14]．雄と雌の2個体がプレイヤーであり，それぞれに産まれた子を世話するかどうかを選ぶ．その選択は，自らの繁殖成功を高めるようになされる．しかし，子の世話の効果はパートナーが世話に加わっているかどうかで変わるので，単純な最適化問題ではなくゲームである．

子の生存率は両性から世話されるとS_2，一方の親からだけだとS_1，世話されないとS_0とすると，$S_2>S_1>S_0$である．その一方で，子の世話にはコストがともなう．子を世話する雌は産卵後しばらくは次の繁殖に入れないのだから生産する卵の数はvで，産みっぱなしにする雌の産卵数Vよりも小さい（$v<V$）．雄は，子供を世話していると別の雌を獲得して交尾する機会を逃してしまい，次の繁殖に参加できる確率Pが減少してpとなる（$p<P$）．雌雄それぞれにとっての利得，すなわち繁殖成功度は図2.2のように書くことができる．

---

14) Maynard Smith (1977).

図2.2 親による子の世話のゲーム

		雌が子の世話を	
		する	しない
雄が子の世話を	する	vS_2 / $vS_2(1+p)$	VS_1 / $VS_1(1+p)$
	しない	vS_1 / $vS_1(1+P)$	VS_0 / $VS_0(1+P)$

注：雄および雌は，それぞれ子の世話をするかしないかの選択がある．4つの仕切りの斜線より上と下には，雌および雄への繁殖成功度（利得）が記されている．

　たとえば両性が子供の世話をする集団を考えると，雌の利得は産卵数と子の生存率との積でvS_2であり，雄の利益は別の雌を獲得して交尾する可能性pを考えて$vS_2(1+p)$となる．さてこのような集団に，雄に子の世話を放棄させる突然変異が生じたとしよう．その雄の利得は$vS_1(1+P)$に変わる．もしこれが子の世話をする雄のものより大きいと突然変異は集団中で頻度が増加してしまい，しばらくすると集団中の雄は世話をやめるように進化してしまうだろう．だから雄の世話行動が進化のうえで維持されるためには，$vS_2(1+p) > vS_1(1+P)$が必要である．同様にして，雌による世話が維持されるという条件は，世話をやめる雌が繁殖のうえで有利にならないことで，$vS_2 > VS_1$である．これら両方の不等式が成立しているときには，両性が世話をする状態が進化的に安定な戦略（evolutionarily stable strategy, ESS）である．そのときには相手がその戦略をとり続ける限り自らの戦略を変えると損をする．ヒナが飛べるようになるまで親が餌をやり続ける必要がある鳥類では，片親では子の世話が十分に行き届かず両親による世話が有効であるために，S_2がS_1に比べてずっと大きく，この条件がみたされやすい．

　図2.2にはこのほかに，「雄だけが子の世話をする」，「雌だけが子の世話をする」，そして「子の世話はしない」の3つの状態があり，それぞれが進化的に安定になるための条件を求めることができる．しかしパラメータが決まっても進化すべき状態が1つに定まるとは限らない．たとえば，子の世話はいずれか

一方の親だけで十分だが，世話がない場合には生存率がひどく下がるという場合を考えてみると，$S_2 \approx S_1 \gg S_0$である．すると，「雄だけが世話をする」と，「雌だけが世話をする」の両方ともが進化的に安定になる．いずれの状態もいったん進化するとその後はそこに留まるのだから，どちらに進化するかは歴史的経緯によって決まることになる．

6.2　タカ・ハトゲーム

　動物が交尾相手や食物といった資源をめぐって闘争をする場合に，たとえ相手に致命傷を負わせられるような武器をもっていたとしても，同種個体に対してはそれを用いずに儀式的な威嚇によって決着をつけることが見られる．かつてはそのような行動が進化した理由を，激しい闘争でお互いに殺傷を繰り返した種は消耗して滅んでしまい，殺傷を避けるような行動規制に成功した種だけが現在残っているからだと説明した．しかし，もっている武器を最大限に有効に使って相手を倒そうとする個体は闘争に勝ちやすく，その子孫が広がってしまうだろう．「儀式的威嚇にとどめる」という行動は，種全体のためになるとしても，攻撃的な突然変異にたちまち席巻されてしまいそうに思われる．

　繁殖成功度の高いタイプが広がっていくという自然淘汰だけによって儀式的闘争が進化することを説明できないものだろうか？　そこでメイナードスミスとプライス（1973）は，次のような2者間での闘争ゲームを考えた[15]．

　集団中の2個体間で食べ物や配偶相手などをめぐって闘争が起きる．このときに戦いをエスカレートしもっている武器を有効に用いて相手を倒そうとするタカ戦略と，儀式的な闘争をして相手がエスカレートすると逃げ出すハト戦略とを考える．闘争に勝つとVの利得が得られるが，両者がエスカレートすれば，負けた方はけがをしてCだけの損失を払うとする．すると自分と相手の戦略に応じて闘争による利得と損失が図2.3(A)のようになる．たとえばタカ (Hawk) 同士が出会うと両方ともエスカレートするが，勝率に差がないならば1/2の確率でVだけ得られ1/2の確率でCだけ失うので，平均の利得は$E[H,H]=(V-C)/2$である．タカがハト (Dove) に出会うと必勝で$E[H,D]=V$，逆にタカに出会ったハトは逃げるので$E[D,H]=0$だが，いずれもけがをしな

---

[15] Maynard Smith and Price (1973).

図2.3 ゲームの得点表

(A) タカ・ハトゲーム

		相手が	
		タカ (H)	ハト (D)
自分が	タカ (H)	$\dfrac{V-C}{2}$	V
	ハト (D)	0	$\dfrac{V}{2}$

(B) タカ・ハト・ブルジョアのゲーム

		相手が		
		タカ (H)	ハト (D)	ブルジョア
自分が	タカ (H)	$\dfrac{V-C}{2}$	V	$\dfrac{3V-C}{4}$
	ハト (D)	0	$\dfrac{V}{2}$	$\dfrac{V}{4}$
	ブルジョア	$\dfrac{V-C}{4}$	$\dfrac{3V}{4}$	$\dfrac{V}{2}$

い．ハト同士だとランダムに勝って $E[D,D] = V/2$ である．

　ある戦略の闘争による平均利得は，集団にいる他個体の行動の頻度によって変わる．たとえばタカは，ハトばかりの集団に侵入するとつねに勝つのでどんどん広がるが，タカばかりの集団中では互いに傷つけ合うことによってかえって不利になる．

　このようにして計算した利得にしたがって繁殖の成功度が決まり，他より高い利得をもつ行動が次世代により高い割合を占めるというレプリケータの力学を考える．そこで実現する安定な平衡状態で優占する行動タイプ（戦略）は，それと異なる行動をとる個体が少数侵入しても適応度が低いために侵入者の子孫が広がりえないという性質をもつはずである．進化的に安定な戦略（ESS）という用語はこのタカ・ハトゲームではじめて導入された．

いま戦略Iを行う個体が占める集団に，わずかの頻度pだけ戦略Jをとる個体がまざっていて，ランダムに出会った相手と闘争するとしよう．それぞれのタイプの平均利得は，

$$W(I)=w_0+(1-p)E[I,I]+pE[I,J] \qquad (2.6\text{a})$$
$$W(J)=w_0+(1-p)E[J,I]+pE[J,J] \qquad (2.6\text{b})$$

である．ここでw_0は闘争がなかったときの値である．突然変異Jが増加できないのは$W(I)>W(J)$のときだが，pが1に比較してごく小さいので，この条件は

$$E[I,I]>E[J,I] \qquad (2.7\text{a})$$

または，

$$E[I,I]=E[J,I] \quad \text{かつ} \quad E[I,J]>E[J,J] \qquad (2.7\text{b})$$

と書き換えることができる．(2.7)式がI以外のすべての戦略Jに対して成立することが，戦略IがESSであるための条件である．

けがによる損失は資源量より大きいだろうから$C>V$と仮定しよう．ハトばかりいる集団ではタカは常勝なので増え，ハト戦略はESSにはなれない．これは図2.3(A)において$E[H,D]>E[D,D]$であることから(2.7)式がみたされないことでわかる．ところがタカ戦略もESSではない．というのも，$E[D,H]>E[H,H]$なのでタカ同士は戦いによってけがをするのに対しハトは勝てないもののけがはしないから，タカばかりの集団ではハトが増えることができるからである．

そこで，確率的にタカ戦略とハト戦略をまぜて使うという混合戦略を考えてみる．すると，「確率V/Cでタカ，確率$1-V/C$でハト」という混合戦略が(2.7)式をみたすESSであることを証明することができる．それが占める集団ではタカとハトの平均利得が等しい．混合戦略の意味としては，集団中のそれぞれの個体が上記の割合でタカとハトの戦略を使う場合のほかに，タカ専門家とハト専門家がその比率で共存するという多型も考えられる．

$V>C$の場合にはタカ戦略が進化的に安定になる．これは，非常に価値の高

いものをめぐって争う場合には，儀式化された闘争ではなくて直接的な激しい争いが進化することを意味している．

$V<C$ としてもある比率で闘争が生じるはずである．かつては動物は人間と違って同種内の闘争によっては傷つかないようにうまく進化しているといわれていたが，よく観察してみると戦いがエスカレートしてけがをさせたり殺し合いに発展することも結構珍しくないことがわかってきた．

それにしても，誰も武器を用いない状態は進化で実現できないものだろうか？ そこで，闘争が同一の相手と続けて多数回行われるときに，はじめはハトとしてふるまっているが相手がエスカレートすると怒って次回からは自らもエスカレートするという報復戦略が考え出された[16]．先のタカとハトとのゲームに報復戦略を加えて拡張すると，それがESSになることがわかる．つまり報復戦略をとる個体ばかりからなる集団にはタカ戦略は侵入できないのである．これは儀式的闘争の進化を説明しているといえる．

採餌や営巣の場所，縄張りなどをめぐる動物の闘争においては，一方が先に見つけて使用しているところに他方が侵入してくるという非対称性があるのが普通である．そこで，自らが所有者の場合には強気に出てタカ的にふるまうが，侵入者のときには遠慮をしてハト戦略をとるというブルジョア戦略を考えてみよう．これは資源の所有権を尊重する行動といえる．1/2の確率で所有者になれるとすれば利得行列は図2.3(B)にあるように計算することができる．ブルジョア戦略が全体を占める集団にはタカもハトも侵入できないので，このゲームではブルジョア戦略がESSである．

動物には，縄張りなど互いの所有権を認めるかのような行動が見られる．たとえば，林の中のジャノメチョウの雄は木漏れ日の当たる斑状の場所（パッチ）で体を暖めながら雌を待つが，他の雄がやってくると舞い上がって追い払う．通常は侵入者が気がついてすぐ立ち去り，先にいた雄が勝つ．雄を取り去ると他の雄が来て占有し，その後しばらくするとそれが所有者としてふるまうようになる．2匹の雄にともに自分がパッチの所有者であると思わせるように仕向けると互いに譲らず，長い闘争が続く．

タカ・ハトゲームは，エスカレートしたときに勝つ確率やけがをしたときの

---

16) Maynard Smith and Price (1973).

コスト，資源を手に入れたときの利益などに個体による違いがあったり，その差を見極めて戦う場合など，動物の闘争にともなうさまざまな駆引きを説明できるように展開されている[17]．

6.3 性比のゲーム

多くの動物は個体ごとに雄と雌に別れている．そしてその比率はほぼ1：1である．これが進化の結果であるとして，ゲーム理論で説明されている[18]．

どうして雌雄の比率が1：1なのかを理解しようとすれば，むしろそれから大きくずれた性比をもつ動物がいることに注目するとよい．寄生蜂という小さな蜂がいる．それは他の昆虫の幼虫や蛹を宿主として，そこに卵を産みこむ．生まれた蜂の卵は宿主の体を栄養として育ち，羽化して出てくる．雌は雄と交尾をして精子を貯精嚢に貯えておき，産卵のときに使う．

ハチの性は，母親が決めることができる．雌は遺伝子を2セットもつ2倍体であるが，雌が減数分裂によって作った卵に雄からの精子をつけて産卵するとすべて娘になる．産卵するときに精子をつけないでそのまま産むと，それは未受精のまま発育して息子に育つ．雄は雌の半分，つまり1セットしか遺伝子をもっていない．このような妙な性決定様式のために，蜂では子供の性は産卵するときに母親が自由自在に選ぶことができる．実際大きな宿主には娘を，小さな宿主には雄を産み分ける寄生蜂も知られている．

さて，1つの宿主にn匹の母親が産卵するとしてみよう．それらの息子や娘はまざりあって互いにランダムに交尾をする．それぞれの母親はN個の卵を産みつけるとし，しかしそれらの雌雄の割合（性比）を自由に選ぶことができるとしよう．1番目の母親は全部でN個の卵を産むがそのうち$N(1-x_1)$が娘，Nx_1が息子とする．性比x_1は雄の割合を表す．この母親の繁殖成功度，もしくは適応度は次のように書ける．

$$\phi_1 = N(1-x_1) + Nx_1\frac{N(1-x_1)+N(1-x_2)+\cdots+N(1-x_n)}{Nx_1+Nx_2+\cdots+Nx_n}$$

ここで右辺第1項はこの母親が産んだ娘の数$N(1-x_1)$である．第2項は息子

---

[17] Maynard Smith (1982).
[18] 酒井ほか (1999).

の数Nx_1に集団中の性比がかかっている．性比の分子が集団中の雌の総数で，分母が集団中の雄の総数である．この比率は平均的に見て雄1匹がどれだけの数の雌と交尾ができるかを表す．だから第2項は，息子が交尾できる雌の数の期待値である．

母親は自分の産卵する性比を自由に選ぶことができる．第1の母親は自らの適応度ϕ_1を一番高くするように，その産卵性比x_1を選ぶ．上記と同様な式を他の$n-1$個体の母親についても書くことにすると，i番目の母親はその産卵性比x_iを自らの適応度ϕ_iが最大になるような値に選ぶということになる．これはn匹の母親がプレイヤーでそれぞれに自分の適応度ϕ_iを利得関数として戦略である産卵性比x_iを選ぶという非協力ゲームである．そのナッシュ均衡を求めてみる．対称性から全員が共通の性比を使っているとしてみよう．つまり$x_1=x_2=\cdots=x_n=x^*$とする．ここで他の個体がこの値を採用しているときに，1匹だけ異なる性比で産卵したときには有利にならないということが必要であろう．それは，x_iがϕ_iを最大化していることから，

$$\frac{\partial \phi_1}{\partial x_1}=\frac{\partial \phi_2}{\partial x_2}=\cdots=\frac{\partial \phi_n}{\partial x_n}=0$$

が成立する．ここで，偏微分は$x_1=x_2=\cdots=x_n=x^*$で計算する．これから，次の性比が得られる．

$$x^*=\frac{n-1}{2n} \tag{2.8}$$

ここでnは母親の数を表す．これはハミルトン性比という[19]．

$n=1$のときには，$x^*=0$となる．そのときは1匹の母親がホストを独占し，その娘と息子との間でだけ交尾が行われる．息子には他の母親が産んだ雌と交尾するチャンスはない．このような場合には息子をできるだけ少なくする方が望ましい，ということを$x^*=0$が示している．実際にこのような寄生蜂では，100個の卵のうち1個か2個だけが雄卵で，他はすべて雌となっている．

しかし1つの宿主に複数の母親が産卵をしてそれらの子供たちの間で交尾が行われる場合には，ある程度の比率で息子を産むことに価値がでてくる．宿主における雄がごく少数のときには，雄は非常に多数の雌と交尾をしている．孫

---
19) Hamilton (1967).

の数で母親の繁殖成功度を測ると，息子1匹を通じての孫の数は娘1匹を通じての孫の数よりもずっと大きい．そのため息子を多数作る突然変異の母親が現れると，その遺伝子が広がってしまう．その結果，生産には寄与しない雄を多数作るように進化してしまう．(2.8)式によると2匹の母親からの子供がランダムに交配する場合（$n=2$）にはESSの性比は$x^*=1/4$，つまり1/4が息子で3/4が娘（もしくは1：3の性比）が進化すると予想される．また3匹の母親の子供がまざりあって交配するときには，$x^*=1/3$，4匹の母親からの子供が交配するならば$x^*=3/8$というふうに，より多数の母親が繁殖集団に寄与するにつれて，進化すべき性比はより多くの雄を作るようになる．そして非常に広い範囲での交配が生じる$n \to \infty$の極限では，ESS性比は$x^*=1/2$，つまり雌雄が同じ数だけ産まれる状態が進化すべきだという結論になる．

考えてみると雄は無駄な存在である．鳥類やヒトなどを除くと雄は交尾だけをして子供の世話をすることもない．雄は1％しか産まないということに決めて残りをほとんどすべて雌にすると想定してみよう．するとその少数の雄は多数の雌と交尾をすることになるが，それは通常十分可能である．無駄な雄が減るので集団の増殖率は2倍近くに増大するはずである．にもかかわらず多くの動物が50％近い数の雄を作り続けている．

生物の挙動は種の存続や集団の増殖率を改善するように進化した結果ではなく，各個体の遺伝子の広がり方の優れたものが他のタイプを押し退けてはびこっている結果だとする見方，つまりゲーム理論的な見方について，最も強力な証拠は，この性比の進化なのである．このことを「利己的遺伝子（selfish gene）」という標語で呼ぶ．

厳密にいうと，蜂の性比の遺伝モデルで計算する場合には，進化すべき性比は上記のハミルトン性比からもう少し低い値にずれる．というのも，上記の計算では息子と娘への血縁度は等しいとしていたが，両親が血縁をもつということと，雌は2セット，雄は1セットの遺伝子をもつことから，母親から見て娘の方が息子へよりも血縁度が高くなるためである．上記の性比ゲームは，その後母親の間に大きさの違いがある場合（産卵数Nが母親によって異なる），同じ親からの息子と娘で交尾したときにできた子供の生存率が低下する場合などさまざまな状況に拡張され，実験的にも検証されている．

7. チョウの羽化日のゲーム

多くの昆虫で雄が雌より早く羽化することが知られている．あるチョウでは，雌は羽化した日に1匹の雄と交尾をすませた後，もはや他の雄を受け入れなくなる．雄にとっては処女雌を獲得することが繁殖への唯一の道だから，雌より早く羽化して待ち受けているのが繁殖成功度を高める効果がある．かといってあまりに早く羽化しても雌に出会う前に死んでしまう．だから雄にとって最適な羽化のタイミングがある．

ところが雄たちは雌をめぐって互いに競争する．他の雄が多数羽化する日に同時に羽化する雄は，それらとの競争のために交尾数が減少して，むしろ他の雄を避けて羽化する雄が有利になる傾向がある．進化の結果は，交尾数を最大にする最適日にすべての雄が羽化するというふうにはならない．それぞれの雄が最大交尾数をもたらす日に羽化するように進化した場合には，最終状態では集団はさまざまな日に羽化する雄を含んだものになる．

個々の雄がプレイヤーでそれぞれが自分の羽化日を選ぶとするゲームにはESSがない．そこで，遺伝子型は羽化のパターンを特定するものだと考えてみよう．つまりある遺伝子型をもつ雄を集めると羽化日は特定の日に羽化するのではなく確率的に分布するのだ．羽化日 t の確率分布を $\{p(t)\}$ と書くと，それは

$$p(t) \geq 0 \quad \text{および} \quad \int_{-\infty}^{\infty} p(t')dt' = 1 \tag{2.9}$$

をみたすものである．t は1年の中の羽化日を指定するものだが，ここでは $-\infty$ から ∞ の値をとるとしよう．この遺伝子型がもつ平均適応度，つまりその遺伝子型をもつ雄の平均的な交尾成功率を考える．あるスケジュールで羽化した雄の交尾成功率は集団中の他の雄のスケジュールによって変わる．そこで集団中の雄の大部分がある遺伝子型をもつとし，それは羽化日の分布 $\{p^*(t)\}$ をもっているとする．そこに少数侵入した別の遺伝子型 $\{p(t)\}$ の成功率を計算するのである．

まず，t 日目に羽化する雌の数は $f(t)$ とする．これらの雌はその日にいる雄

のいずれかと交尾すると，もはや他の雄は受け入れなくなる．その日にいる雄チョウの数を$m(t)$と書くと，それは毎日羽化してくる雄で増大し，死亡率uで消失するので，

$$m(t) = \int_{-\infty}^{t} Mp^*(t') e^{-u(t-t')} dt'$$

となる．t日より前に羽化した雄の数に羽化日からt日までの生存率をかけて加えたものである．ここでMは雄の総数である．t日目に生きていた雄が期待できる交尾成功率は雌の羽化数を雄数で割ったものだから，$f(t)/m(t)$である．t日目に羽化した雄の死ぬまでの交尾期待数は

$$\phi(t) = \int_{t}^{\infty} \frac{f(x)}{m(x)} e^{-u(x-t)} dx$$

である．積分は羽化日t以後のすべてのxにわたって1日当たり期待交尾数とその日までの生存率の積を加え合わせたものである．そして$\{p(t)\}$という確率分布をとらせる遺伝子型の適応度は$\phi(t)$を羽化日の分布で平均したもので

$$\Phi = \int_{-\infty}^{\infty} p(t) \phi(t) dt \tag{2.10}$$

である．この適応度に基づいて遺伝子のダイナミックスを計算し，そのように少数侵入した突然変異タイプが増えることができないという条件を計算することによって，進化安定戦略の羽化曲線$\{p^*(t)\}$を求めることができる．つまり(2.9)式の制約条件のもとで，適応度(2.10)を最大にするような分布を計算すると，それが$\{p^*(t)\}$自身である，という条件を調べるのだ．交尾成功率$\phi(t)$の計算には$m(t)$を通じて多数を占める雄の羽化曲線の形が含まれている．

このESSの羽化曲線は次の形に計算できる[20]．簡単のために雌の羽化曲線$f(t)$が1つだけ山をもつような形ならば，

$$p^*(t) = \begin{cases} \dfrac{1}{F_{total}} \left[\dfrac{1}{u} \dfrac{df}{dt}(t) + f(t) \right] & t < t_s \\ 0 & t > t_s \end{cases} \tag{2.11a}$$

である．つまりある日t_sまでは毎日雄が羽化しつづけ，その日までにすべての

---
20) Iwasa et al. (1983).

第2章　生物進化とゲーム理論　　43

図2.4　羽化日のゲームの予測

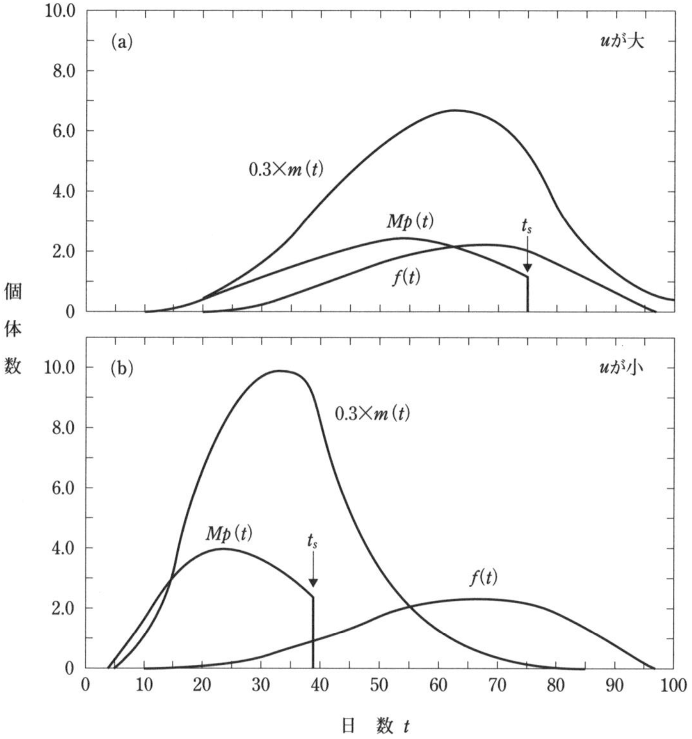

出所：Iwasa et al. (1983) より改変．

雄が羽化し終える．その日 t_s は次の式をみたす．

$$f(t_s) = u \int_{t_s}^{\infty} f(t) dt \tag{2.11b}$$

雌の羽化曲線 $f(t)$ および羽化後の1日当たり死亡率 u が与えられると，進化平衡状態における雄の羽化パターンを定めることができる．雄は雌よりも早く羽化するが，羽化後の雄の死亡率が大きいと両性の羽化曲線が重なるのに対して，死亡率が小さいと雄は雌よりずっと前に羽化することになる（図2.4）．

この予測を検証するために，カリフォルニアの蛇紋岩土の草地に生息するヒョウモンモドキ（*Euphydryas editha*）というチョウの標識再捕データを解析し

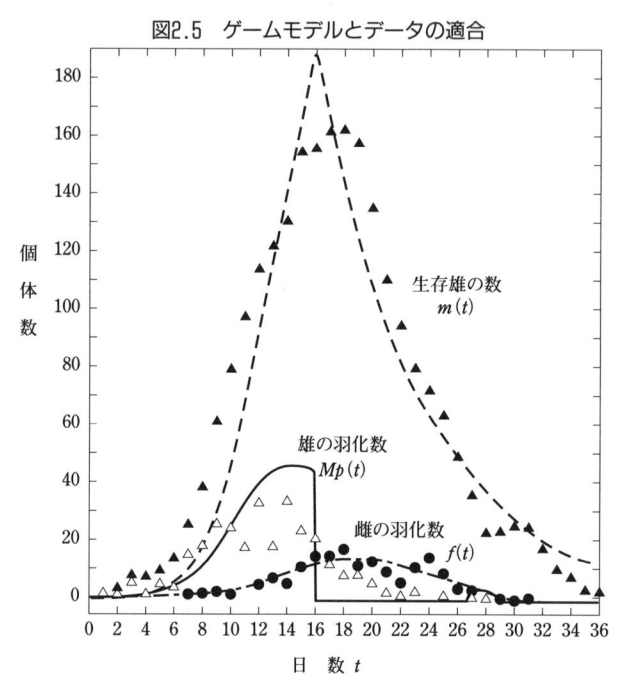

図2.5 ゲームモデルとデータの適合

注：米国カリフォルニア州の集団でのヒョウモンモドキの羽化データ．
出所：Iwasa et al. (1983) より．

た[21]．結果は，図2.5にあるように全体のパターンは予測と合っていた．しかし，雄の羽化はモデルの予測よりも幅広い分布を示していた．また，最も興味深い予測である「切れた分布」にはならなかった．

7.1 変動環境のもとでの進化

　ゲームモデルとデータとを比較してみて，実際の雄が示す羽化は，雌の羽化曲線と雄の1日当たりの死亡率から計算された ESS の羽化曲線よりも幅が広かった．雄は，雌が出てくるずっと前から羽化し始め，雌が羽化し終えてもまだ出てくる雄がいる．これらの雄は雌に出会えず不利と考えられる．ずれが生じた原因としては，環境の不確定性が重要と考えられた．このチョウの羽化する季節は毎年一定ではない．雨が少ないと気温が上がり発育が進むので早く羽

---

21) Iwasa et al. (1983).

化し，逆に雨が多いと羽化がずっと遅くなる．年によって1ヵ月から2ヵ月もシフトする．ヒョウモンモドキの雄の羽化後の平均寿命は7日しかなく，交尾が行われる期間も2週間程度であるので，毎年の変動は非常に大きい．

　雄が羽化の日を決定する生理的機構がはたらくときに，その年の雌の羽化曲線がわかっていれば，雌が早く羽化する年は雄も早く羽化し，遅く羽化する年は雄も遅くなるだけで，モデルの予測からずれないはずである．しかし雄にとって今年の雌の羽化が早くなるか遅くなるか不確定のまま羽化日（の分布）を決めねばならないとすると話は違ってくる．雌の羽化日にはその年の気温や降水量といった天候も影響するが，天候が完全には予想できないことは天気予報を見ても明らかだ．

　このような不確定な状況でどのように進化するかを考えた[22]．変動環境のもとの適応を議論する場合には，適応の尺度を何にとるかが問題である．その年の環境が雨が少なく雌は早く羽化するか，雨が多くて雌の羽化が遅れるかのいずれかが不明である状態で雄が羽化日を決定するという問題を考えてみる．雄のさまざまな羽化曲線の有利さ不利さを考える場合に，これら2つの環境によってその順位が変わってくるだろう．それぞれの環境での交尾成功度を平均化した平均交尾成功率をもって有利さを測ればよいのではないかと考えられる．しかし，平均といっても相加平均，相乗平均，調和平均のようにいろいろなものがあり，いずれが望ましいのかはすぐにはわからない．

　このように適応の尺度が不明な場合には，最適化の議論は諦めて，突然変異遺伝子の侵入条件から考えなおしていくことになる．つまりあるタイプがほとんどを占めている集団で，別の羽化曲線をもつタイプが少数いたときにそれが増えるか減るかを調べるのである．ここで気をつけないといけないのは，環境は確率的に変動すると仮定しているために，この突然変異タイプの頻度変化はスムースに減少したり増大したりはしないことである．たとえば平年ならば明らかに早く羽化しすぎと思える遺伝子型でも，たまたま乾燥年が数年続いたときには，雌が早く羽化し大きな繁殖成功をおさめて増加する．突然変異の増加減少は，考えている確率変動パターンが長い年数にわたって続き，さまざまな環境をそれぞれ十分な回数経験するほどの年数がたったときの増加を考えて決

---

[22] Iwasa and Haccou (1994).

める．

　そのような計算の結果，交尾成功率の相乗平均を最大にするような羽化曲線が進化すべきものだと結論できる[23]．相乗平均というのは相加平均に比べてよい年の高い成功より悪い年にとりこぼしをしないことを重視する．たとえば例年に100点をあげ続けても10年に1度1点だとすると，相加平均は90点なのだが，相乗平均は63点になる．ほとんどの年に非常によい交尾成功率があげられてもたまに0点を経験すると相乗平均は0になる．ある戦略の交尾成功率が平均は同じでも大きく変動するならば，相乗平均はそれを低く評価する傾向がある．そのため平均値は少しくらい低くてもばらつきがなく，雌が早く羽化しても遅く羽化しても毎年ある程度は雌に出会えるといったタイプの羽化曲線が進化安定になる．その結果，雌の羽化が不確定だと，雄はより幅広く羽化するようになる．

　具体的には次のようにモデル化する．雌の羽化曲線は$f(x,\theta)$というふうに環境パラメータθに依存すると仮定する．θは毎年独立にある確率分布にしたがって選ばれるとする．雄の戦略は$p(x)$であるとすればこれはθによらず毎年同じ羽化曲線を使うということに対応している．つまり，雄が羽化曲線を決定する際にその年の雌の羽化についてなんらの情報も使えない状況である．

　このもとで，ESSを計算することができる．それは(2.11a, b)式で与えられるが，そこで$f(x)$を次のものに置き換える必要がある．

$$\overline{f}(x)=E_\theta\left[\frac{f(x,\theta)}{\int f(x',\theta)dx'}\right]$$

$E_\theta[\cdot]$は年による環境変動についての平均値を表す．羽化雌の総数が毎年違う場合には，毎年の雌の分布を総数で割ったものを用いる．たとえば$f(x,\theta)$がxについて正規分布をしておりθによって平均値が異なるとすると，$\overline{f}(x)$はそれらをプールした幅の広い分布になる．このことから，雄は雌の毎年の羽化曲線が変動しそれが予測できない場合には，より幅広い羽化パターンに進化すると予測できる．

---

[23] Iwasa and Haccou (1994).

ここの議論では，雄は雌の羽化についてなんらの情報ももたないと仮定してきた．次に，部分的な情報が得られ，それに基づいて羽化日を変えることができるという状況を考える．雌の羽化曲線を決めるθはわからないけれどもそれと相関をもった別の量ηがあり，その「手がかり（cue）」を知ったうえで雄は羽化曲線を変えるとする．そのため雄の羽化曲線は条件付き確率分布$p(x|\eta)$で与えられる．上記と同様の計算を行うと，進化的に安定な羽化曲線を決めることができる[24]．

結果は，雄が使うことができる手がかりηの正確さによって変わってくる．もしηとθとの相関が強ければ，雌が遅く羽化する年には雄も遅く羽化し，早く羽化する年には雄も早く羽化するということになって，雌が変動するとともに雄の羽化もそれについて変化する．毎年の雌の羽化曲線を用いて先の環境変動のないときのモデルで計算したものが雄の羽化曲線になる．これは雄の知識が正確な場合にあたる．これに対して，ηとθとの相関が弱い場合には，雄の羽化曲線は毎年ほとんど変化しない．そして雄の羽化曲線は幅広くなる．まとめると，(1)雄の平均羽化日は，ηの情報が正確なほど大きな年間変動を示し，不正確なほど変動が小さくなる．(2)各年での雄の羽化日の分散は雌のものよりも大きいが，ηの情報が正確なほど小さく不正確なほど大きい．(3)雄の平均羽化日と雌の平均羽化日とは相関するが，それはηの情報が正確なほど強い．

もし何年にもわたって雄と雌のチョウの羽化日の分布が求められていると，雄が利用することのできた情報がどの程度確かなものかについて推測することができる．先のヒョウモンモドキについては，10年間にわたる羽化日の平均値と分散のデータが雄と雌について得られている．それによると，雌の羽化日の平均値は年の間で大きく変動するが，雄の平均羽化日の変動幅ははるかに小さい．また前に示したように，雌のある年の羽化日を正確に知っていたと仮定して計算した雄の羽化日のESS分布よりも実際の雄の羽化日は幅が広い．これらから，雄のチョウは雌の羽化日についてかなり不正確な情報のもとでその羽化日を決定せねばならなかいのではないかと推測できる[25]．

---

24) Iwasa and Haccou (1994).
25) Iwasa and Haccou (1994).

8. 化学戦争をするバクテリア

上記の進化ゲームでは，集団の中の頻度を追跡することによってどのタイプが有利になるかを考えた．そこでは，相互作用する他個体は集団中からランダムに選ばれると仮定した．しかしながら生物個体の分布はランダムではない．たとえば森林を構成する樹木は種子によって子供を作るが，種子の散布範囲は通常かなり限られている．集団の中は十分にはまざらず，地図上に分布を描くと同種の生物が固まりを作る傾向がある．このような特有の空間分布構造をとらえるモデルとして，2次元の格子の各点をいろいろな生物が占めると考えて，隣り合う格子点の間でだけ相互作用すると考える「格子モデル」が盛んに研究されている[26]．その結果，個体の空間配置が作り出すパターンが注目されるようになり，またそのようなパターンを無視したモデルでは，生物の共存や進化などについても間違った結論を導く場合が知られるようになった．ことに植物は動けないために，一定面積の中に同じだけの個体数がいるとしても，それが数ヵ所に集中して生える場合と，離ればなれになっている場合では，その植物群落の未来が大きく違ってくる．近くに他の個体がいれば，光や栄養塩類の奪い合いが起こるが，逆に孤立している樹木は風に弱く倒れやすいこともある．相互作用の進化を考えるゲームでも，空間構造が自動的にできあがることによってその予測が大きく異なることがある．

ここでは，バクテリアの毒物質生産について考えてみよう．生物学の実験でよく用いられる大腸菌は哺乳動物の腸内にすむバクテリアである．それにはコリシンという毒を作って近くにいる大腸菌を殺すタイプ（コリシン生産性菌）と毒を作らないタイプ（コリシン感受性菌）とがある．コリシン生産性菌自身は免疫タンパク質をもつのでコリシンに耐性がある．コリシン生産性菌はコリシンをばらまき，周りのコリシン感受性菌を殺し，そのあとに増殖しようとする．一方で，コリシンを作るのにコストがかかるために成長速度は遅い．

このような両者を，つねに攪拌する液体培地で育てると，競争の結果は初期の相対密度によって異なる（図2.6）．コリシン感受性菌がほとんどを占める培

---

26) Iwasa (2000b), 巌佐 (1998b).

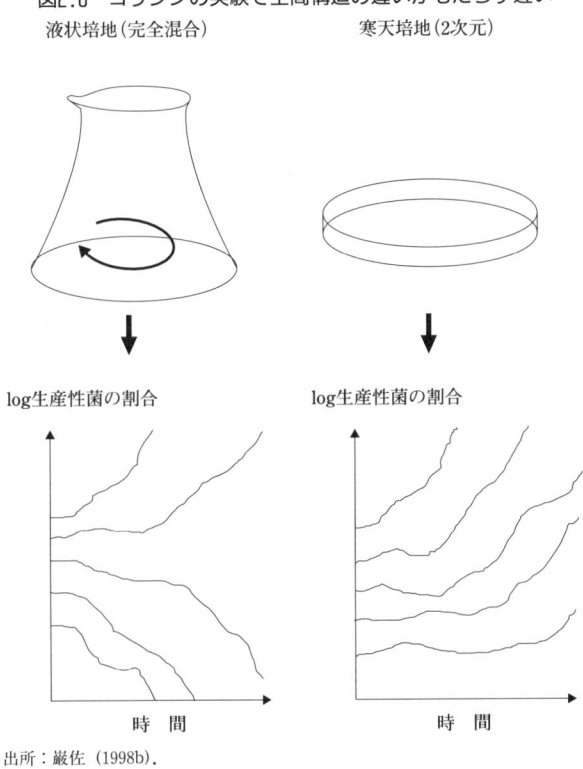

図2.6 コリシンの実験で空間構造の違いがもたらす違い

液状培地(完全混合)　　　　寒天培地(2次元)

出所：巌佐 (1998b).

地にコリシン生産菌がごくわずかだと，コリシンの効果は薄く増殖が遅いために後者は栄養の競争に負けてしまう．しかしコリシン生産性菌の初期密度が高いと違ってくる．コリシンが十分に効くために感受性菌を効率よく殺すことができるからである．つまりコリシン生産性菌とコリシン感受性菌は，最初に圧倒的に数の多い方が勝って相手を排除するのだ．

　ところが，2次元である寒天培地で同じ競争実験を行うと，結果はまったく違う（図2.6）．初期頻度に関わりなくコリシン生産性菌が広がるのだ．最初にばらまかれたバクテリアは寒天培地の上でそれぞれにコロニーを作る．コロニーは1細胞のバクテリアから分裂してできた集まりなのですべて同じタイプでなっている．ということは，全体密度が低い生産性菌も局所的には高い密度が

実現でき，そこでは有利になるからである．

このシステムについて，格子モデルによって解析する[27]．集団は碁盤の目のような格子に並んだ多数のサイトからなっているとする．それぞれのサイトはたとえば4つもしくは斜めも考えて8つの他のサイトと接しておりそれらの間で相互作用をする．

一番簡単なモデルでは次のようになる．各サイトは1つのタイプのいずれかであるとする．0は空白のサイト，1はコリシン生産性の菌のコロニーが占めているサイト，2はコリシン感受性菌が占めているサイトである．各サイトで状態の変化が生じる．

まず増殖だが，1もしくは2のサイトの近傍に0という空白サイトがあると，単位時間の間にある確率で0がそれらのタイプに変化する．その変化の速度は近傍にいるそれぞれのタイプのサイト数に比例する．増殖は隣りにある空白サイトに対してしか生じないと仮定した．増殖速度はコリシン感受性タイプの方がコリシン生産性タイプよりも速い．この違いはコリシンを作ることのコストを表している．

死亡は1もしくは2のサイトがランダムに0に変わることで表される．基本の死亡率は両タイプとも同じだが，コリシン感受性菌については，その近傍にコリシン生産性タイプが占めるサイトがあるとその数に比例して余分の死亡率が付け加わるとする．

この格子モデルは，増殖もコリシンの毒の影響も，隣り合うサイトの間でしか生じない．そのために特有の空間構造ができあがる．その効果を見るために，まず空間構造が作られないような状況を考えてみる．繁殖はランダムにとったサイトが空白であるとそこにコピーを作ることができるとする．またコリシンの影響も集団全体の平均的な濃度で影響を受けるとする．これは，格子の構造がなく終始かきまぜられた状況に対応する．ダイナミックスは3タイプのサイトが占める割合を示す微分方程式によって表すことができる．その結果は，コリシン感受性菌が多数を占める集団にコリシン生産性菌がわずかだけ侵入した場合には増加することはできない．しかし最初からある程度の密度で加わると毒の効果でコリシン感受性菌を押さえ込むことができ，全体を占められる．初

---

[27] Iwasa et al. (1998).

期値密度によって競争結果が異なるという液状培地実験の結果が説明できる．

ところが，空間構造を発達するままにしておくと，ゲームの結果はまったく違っている．どのような初期密度であっても，最終的にはコリシン生産性菌が勝つ．コンピュータシミュレーションによると，0と1と2とが最初はランダムに配置されていても，すぐに2種類の領域に分離をしてしまう．その一方は1と0とがまざりコリシン生産性菌が占める領域，他方は2と0とがまざりコリシン感受性菌が占める領域である．両者の境界はふらふらと動きながらしだいに第2の領域が縮小され，ついにはコリシン感受性菌は消えてなくなる．

このような系について，隣り合うペアの組み合わせの頻度を追跡する方法を用いることによってダイナミックスを解析できる．そして2次元のシステムでは，コリシン生産性菌が初期値の密度によらず，必ず勝つことができるパラメータ領域が広く現れることが理解できる[28]．

同じ効果は，生態学で2種類の樹木や草本が競争をする状況でも生じている．伝統的な数理生態学で用いられる全体での個体数だけで考えるモデルでは競争の結果がうまく理解できない．空間構造を考えて種の共存や侵入条件，進化の方向を考えるということは近年盛んに行われ「空間生態学（spatial ecology）」と呼ばれている．生態学において空間構造を作らせなかった場合と自然に作らせるに任せた場合とで競争の結果が異なることは，大型の動物や植物で実験で示すことは困難である．その意味ではこのバクテリアの液状培地と寒天培地との違いは，生態学における空間構造の重要性を明示する大変重要な例であると思われる．

ゲームを行う場に空間構造を考慮し，局所的な相互作用だけが生じるならば，初期頻度依存性がなくなるという結果は，理論経済学でも知られている．

2者間での社会的相互作用は，相手および自分に及ぼす利益や損失の符号によって4つの種類に分けられる（図2.7）．自分も相手も利益を受けるという相利，自分は利益を受けるが相手は損をする利己については，行為者の繁殖成功度が改善されるのだから，それらの進化にはなんら不思議はない．自分にとって損でも相手が困っているときには助けるという利他行動，コストをかけてでも周りの個体の生存や成長を下げようとするスパイト（嫌がらせ）行動の2つ

---
[28] Iwasa et al. (1998).

図2.7 相互作用の4つのタイプの表

		相手	
		得	損
行為者	得	相利	利己
	損	利他	嫌がらせ

注：自分と相手に対する適応度の影響の符号で，相利 (mutualism)，利己 (selfishness)，利他 (altruism)，スパイト（嫌がらせ）(spite) の4つに区分されている．相利および利己は，行為の主体である自分に対する適応度が改善されるので進化するのは納得がいく．利他行動および嫌がらせ行動の進化には血縁淘汰や空間構造などさまざまな条件が必要である．

は，特別な条件がないと進化できない．コリシンを作るバクテリアは，自らコストをかけて周りの個体の生存や成長を抑える嫌がらせ行動といえる．そこでは空間構造の影響が大きいことがわかった．利他行動の進化条件についても空間構造の影響が非常に大きいことが明らかになっている[29]．

9. おわりに

　進化ゲーム理論は，古典的なゲーム理論では前提とされていた合理性を，ダイナミックスから自然に導くものだと説明されることがある．たしかに生物の合理性は進化のレプリケータ・ダイナミックスによって生み出されたものである．バクテリアや植物などの適応にも合理性を考えるのだから，人間や企業のように意識して選んでいるはずはない．社会現象にレプリケータ・ダイナミックスを適用したときには，それらの行動の「よさ」の尺度は，その行動をとり続けるプレイヤーが存続し続けコピーを作れる能力による．

　これに対して，模倣の力学を基礎に考えるならば，他人が，自分の挙動を魅力的に感じて自らも採用するようになるという行動の伝播性がその適応度になる．それを採用する人や企業の生存率を低下させる行為であったとしても，魅力的でまねをしたくなる行為は文化進化の適応度が高いといえる．民族主義に感激して戦争での英雄的行動を目指す，たばこや酒を嗜む，独身主義の宗教集

---

[29] Nowak and May (1992), Nakamaru et al. (1997, 1998), 中丸ほか (1998).

団に入るなどによって，行動を採用した個人のダーウィン適応度は低下するかもしれない．この紛らわしさをさけるために，適応度という言葉は，採用する個人の生物学的な適応度（生涯繁殖成功度）に限って用い，挙動が魅力的で他個体にまねされやすいことには，別の用語を使うべきだとの意見もある．

考えてみれば，まねをすることには，その行動をとると自らにとって適応的である可能性が高いという判断が含まれている可能性がある．たしかに模倣は合理的ではない結果をしばしばもたらすにせよ，食べ物をより安定して手に入れ，配偶者を手に入れ，社会での名誉を獲得するということにプラスに繋がるという期待をもって，自分の行動を変えて他人の行動を採用するのかもしれない．とすると，「合理性のないところから合理性が生まれる」とは主張できないのではないだろうか．なぜ他人の行動をまねする心理傾向が進化したのかについても理論的研究がなされている[30]．

本章ではスペースの関係で，ここ10年の最も重要な話題である，(1)連続形質の進化についての漸近安定性（approaching stability）と離散原理[31]，および(2)動物が他個体に情報を伝えるようになるシグナル行動に関するゲーム[32]，についてはふれることができなかった．参考文献を見ていただきたい．

生物学のゲームと社会科学のゲームにはいくつかの違いがある．古典的なゲームモデルでは，各人が最大化する効用関数は主観的なものとされ，行動から推測することしかできない．これに対して，生物学では，自然淘汰に基づく進化によって最適化の根拠が与えられるために，生涯を通じての繁殖成功度が個体の行動のよさをはかる客観的な評価関数として扱われる．また生物学でのゲームモデルは，実験によって検証することが比較的容易であり，動物行動学や生態学の実験や野外観察の多くが，ゲームモデルを検証する目的で行われている．ゲームの予測だけでなく，その基盤として想定される進化のダイナミクスそのものでさえ微生物を用いれば実験が可能である．この点，社会科学の場合，操作実験などの許される範囲には制約が強いかもしれない．

病原体と宿主の共進化などのモデルを解析すると，システムは平衡状態には

---

30) Boyd and Richarson (1983).
31) Geritz et al. (1998), Sasaki and Ellner (1995).
32) Grafen (1990), Johnstone (1994).

到達せず，いつまでもサイクルやカオスを描いて動き回ることがしばしばある．そのように最適化のモデルは使えず，古典的なゲームモデルとの対応が有効ではなくなる場合でも，遺伝子のダイナミックスを追跡すればどのような集団へと進化するかが議論でき，観察や実験によって実証的研究が進められる．ダイナミックスを基礎においたゲーム理論を進化ゲーム理論というならば，今後は生物学だけでなく社会科学においても有効になるだろう．ただし，生物学では遺伝子の実体がはっきりし，その伝承様式も明確である．社会科学では伝承されるものと環境を区別することは困難かもしれない．

生物個体間の社会的相互作用を理解するためにゲーム理論を生物学に導入したジョン・メイナードスミス教授は，その業績により2001年の京都賞基礎科学部門を受賞した．また1994のノーベル経済学賞を受賞したラインハルト・ゼルテン教授は，動物行動に関する業績もあげている．生物学と社会科学には共通点が多く，近い将来において両者を含めた「生きているシステムの科学」といったものが生まれるのではないかと，私は期待している．

参考文献

Boyd, R., and E. Richarson (1983), *Culture and the Evolutionary Processes*, University of Chicago Press, Chicago.

Cavalli-Sforza, L. L., and M. W. Feldman (1981), *Cultyral Transmission and Evolution: A Quantitative Approach*, Princeton University Press, Princeton.

Grafen, A. (1990), "Biological Signals as Handicaps," *Journal of Theoretical Biology* 144, pp.517-546.

Falconer, D. S. (1981), *An Introduction to Quantitative Genetics*, Longman, London（野村哲郎・田中嘉成訳『量的遺伝学』蒼樹書房，1993）．

Hamilton, W. D. (1964), "The Genetical Evolution of Social Behavior. I. and II," *Journal of Theoretical Biology* 7, pp.1-16, pp.17-52.

Hamilton, W. D. (1967), "Extraordinary Sex Ratios," *Science* 156, pp.477-488.

Hofbauer, J., and K. Sigmund (1998), *Evolutionary Games and Population Dynamics*, Cambridge University Press（竹内康博・佐藤一憲・宮崎倫子訳『進化ゲームと微分方程式』現代数学社，2001）．

Iwasa, Y. (2000), "Dynamic Optimization of Plant Growth," *Evolutionary Ecology Research* 2, pp. 437-455.

Iwasa, Y. (2000b), "Lattice Models in Ecology and Pair-approximation Analysis," in U. Dieckmann, R. Law, and J. A. J. Metz, eds., *Geometry of Ecological Interactions*, Cambridge Universityt Press, Cambridge, pp. 227-251.

Iwasa, Y., and P. Haccou (1994), "ESS Emergence Pattern of Male Butterflies in Stochastic Environments," *Evolutionary Ecology* 8, pp. 503-523.

Iwasa, Y., F. Odendaal, D. Murphy, P. Ehrlich, and A. Launerm (1983), "Emergence Patterns in Male Butterflies: A Hypothesis and a Test," *Theoretical Population Biology* 23, pp.363-379.

Iwasa, Y., A. Pomiankowski, and S. Nee (1991), "The Evolution of Costly Mate Preferences. II. The "Handicap" Principle," *Evolution* 45, pp. 1431-1442.

Iwasa, Y., M. Nakamaru, and S. A. Levin (1998), "Allelopathy of Bacteria in a Lattice Population: Competition Between Colicin-sensitive and Colicin-producing Strains," *Evolutionary Ecology* 12, pp.785-802.

巌佐庸 (1981),『生物の適応戦略:ソシバイオロジー的視点からの数理生物学』サイエンス社.

巌佐庸編著 (1997),『数理生態学』共立出版.

巌佐庸 (1998a),『数理生物学入門:生物社会のダイナミックスを探る』共立出版.

巌佐庸 (1998b),「生態学における格子モデル」『日本物理学会誌』53, pp.319-326.

Johnstone, R. (1994), "Honest Signalling, Perceptual Error and the Evolution of All-or-none Displays," *Proceeding Royal Society, London*, ser. B. 256, pp.169-175.

Maynard Smith, J. (1977), "Parental Investment: A Prospective Analysis," *Animal Behaviour* 25, pp.1-9.

Maynard Smith, J. (1982), *Evolution and the Theory of Games*, Cambridge University Press, Cambridge (寺本英・梯正之訳『進化とゲーム理論』産業図書, 1985).

Maynard Smith, J. (1988), *The Evolutionary Genetis* (巌佐庸・原田祐子訳『進化遺伝学』産業図書, 1995).

Maynard Smith, J., and G. R. Price (1973), "The Logic of Animal Conflicts," *Nature* 246, pp.15-18.

Geritz, S. A. H., E. Kisdi, G. Meszena, and J. A. J. Metz (1998), "Evolutionarily Singular Strategies and the Adaptive Growth and Branching of the Evolutionary Tree," *Evolutionary Ecology* 12, pp.35-57.

Nakamaru, M., H. Matsuda, and Y. Iwasa (1997), "The Evolution of Cooperation in a Lattice-structured Population," *Journal of Theoretical Biology* 184, pp.65-81.

Nakamaru, M., H. Nogami, and Y. Iwasa (1998), "Score-dependent Fertility Model for the Evolution of Cooperation in a Lattice," *Journal of Theoretical Biology* 194, pp.101-124.

中丸麻由子・松田裕之・巌佐庸 (1998),「近所付き合いは社会的相互作用の進化にどのように影響するのか」『理論と方法』12, pp.149-162.

Nowak, M. A., and R. M. May (1992), "Evolutionary Games and Spatial Chaos," *Nature* 359, pp.826-829

酒井聡樹・高田壮則・近雅博 (1999),『生き物の進化ゲーム:進化生態学最前線－生物の不思議を解く』共立出版.

Sasaki, A., and S. Ellner, (1995), "The Evolutionary Stable Phenotype Distribution in a Random Environment," *Evolution* 49, pp.337-350

Stephens, D. W., and J. R. Krebs (1986), *Foraging Theory*, Princeton University Press, Princeton.

Tuda, M., and Y. Iwasa (1998), "Evolution of Contest Competition and Its effect on Host-parasitoid Dynamics," *Evolutionary Ecology* 12, pp.855-870.

Weibull, J. W. (1995), *Evolutionary Game Theory*, Tuttle-Mori, MIT (大和瀬達二監訳『進化ゲームの理論』オフィスカノウチ, 1998).

第3章 社会ゲームの理論：
最適反応動学と完全予見動学*

尾山大輔・松井彰彦

1. はじめに

　人は社会の中でさまざまな人と出会い，さまざまな人間関係を築く．相手がいれば，すべての物事が自分の思うように運ぶとは限らない．ゲーム理論はこのような人間関係の本質を取り出し分析していこうという学問である．さて，人間関係はその当事者間の嗜好や性向によってのみ決まっているわけではない．どの人間関係を取り出してみてもその背後には社会というものが厳として存在し，人々の行動もその社会というものによって強く規定されている．この「社会」と「個々の人間関係——ゲーム」との関係を扱いうる理論が進化ゲームないし社会ゲームの理論である．

　進化ゲームや社会ゲームの理論では，ゲームが社会の中で時間を通じていろいろな主体の間で繰り返しプレイされる状況を考え，その中での人々の行動パターンの変化や落ち着き先を分析する．この理論は生物学で1970年代に誕生した (Maynard Smith and Price (1973)) ものの，しばらくの間は経済学での認知度は必ずしも高くはなかった．1980年代には経済学におけるゲーム理論の主流は合理性の追求に流れていたからである．

　合理性追求型のアプローチによると，ゲームはその構造を少なくとも確率的に把握している少数の合理的なプレイヤーの間でプレイされる．そのゲームは一度だけプレイされ，そこでの結果は彼らを取り巻く社会とは切り離して論じ

---

*　本章を執筆するにあたり，安藤至大氏と高橋悟氏からコメントを得た．謝意を表したい．

られる[1]．この流れが1986年の Kohlberg and Mertens (1986) によって一応の落ち着きを見せるのと時期を同じくして，超合理的なプレイヤーを想定することに対するさまざまな疑問が多く語られるようになる．人間は現実にはそれほど合理的ではない，として限定合理性の研究に向かった研究者も多くいた．

　進化ゲームの理論は，必ずしも合理的な人間を想定しなくとも興味深い結果を導けることを示して，徐々に研究者の興味と支持を得ていく．それまで理論生物学の学術誌に載っていた進化ゲームの理論は1990年代に入って急速に経済学の主流を占める学術誌に掲載されるようになる．そのときに一役買ったのが，社会ゲームの理論である．通常，進化ゲームとひとまとめにして論じられる社会ゲームの理論であるが，本章では，以下の議論を進めるに当たって進化ゲームと社会ゲームの理論を区別し，社会ゲームの理論に焦点を当てる．理論の分類そのものよりも，両者を分けることによって説明の見通しをよくする，というのが目的である．進化ゲームの理論の内容は第2章に譲るとして，ここでは社会ゲームの理論と進化ゲームの理論の違いを簡単に述べておこう．

　両者はいずれも集団における戦略分布がどのように変化していきどのような分布が安定的なものになるかという問題を分析する．しかし，両者は異なる行動基準を想定している．生物学における進化ゲームの理論では，行動は遺伝子的にプログラムされたものであり，相対的に適応度が高い行動をとった個体が子孫を増やし（遺伝子のレベルで）生き残るとされる．行動の選択は基本的に種のレベルでなされ，プレイヤーは実質的には選択をしていない．一方，人間からなる社会でもこのような側面は見られるが，それに加え，人々が現状を見て合理的に判断し望ましい行動をとるような状況もしばしば見られる．社会ゲームの理論では，プレイヤーは自分のもっている情報・期待をもとに望ましいと考えられる行動を選択すると想定される．このような合理的・限定合理的なプレイヤーの意思決定が集計されて，社会全体の戦略分布の動き——動学過程——が決まる．

---

[1] より極端な見方は，社会も1つの大きなゲームと見立てて分析してしまう，というものである．その場合には，ゲームの構造を確率的に把握しているという想定はますます現実味のないものとなってしまう．しかし，当時，「現実味」は無視してよく，超合理性の探究にこそ意味があるとする風潮がしばしば見受けられた．

第3章　社会ゲームの理論：最適反応動学と完全予見動学

本章では，社会ゲームの理論における**最適反応動学**および**完全予見動学**という2つの動学過程を考える．これらの動学過程においては，人々は折にふれて戦略を変更するとされる．戦略変更のタイミングは個々人によって異なり，社会の成員全員が一度に戦略を変更することはないとする．この仮定は社会の行動パターンが徐々に変化していくような現象を考察するためのものである．

人々が戦略を変更する際，最適反応動学（best response dynamics）においては，人々は現状に対する最適反応をとるとされる．それに対し，完全予見動学（perfect foresight dynamics）においては人々は将来に対する正しい——自己実現的な——期待を形成し，その期待のもとで最適な行動をとる[2]．

これらの動学過程はどのような振る舞いを見せるのであろうか．また，長期的にどこか安定的な点に収束するのであろうか．もしそうだとしたら，その到達点はこれまでのゲーム理論におけるナッシュ均衡等の解概念とどのような関係があるのだろうか．長期的にはナッシュ均衡はプレイされるのだろうか．もしそうなら，他のナッシュ均衡よりプレイされやすいナッシュ均衡は存在するのだろうか．本章が取り上げるのはこれらの問題である．

2. 社会ゲーム

社会は多数のプレイヤーの1つないし複数の集団からなる．同一集団内のプレイヤーはすべて同タイプ（戦略空間と利得関数が同一）であるとする．毎期，各集団からそれぞれランダムに選ばれたプレイヤーたちが出会いゲームをプレイする．彼らはお互いの顔を知らず，また一度出会った相手と将来再び出会うことはない．また各プレイヤーは自分が相手に与える影響がいつか自分に跳ね返ってくるということは想定しない．

本章で紹介する動学理論は一般の標準形ゲームに適用可能であるが，議論を単純にするために，対称$n \times n$ゲームGに分析を限定しよう[3]．ゲーム

---

[2] このほか，最適反応動学に突然変異を導入した「確率進化」と呼ばれるモデルもあり，さまざまな研究が進んでいるが，ここでは扱わない．興味のある読者はKandori (1997)やFudenberg and Levine (1998), Vega-Redondo (1996)などを参照のこと．
[3] このゲームを基本とし，これをプレイする前にメッセージのやりとりやオークションをするなど，拡張されたゲームも取り扱う．

$$G=(I,(A^i)_{i\in I},(u^i)_{i\in I})$$

が**対称$n \times n$ゲーム**であるとは，$I=\{1,2\}$，$A=A^1=A^2=\{1,2,\ldots,n\}$，$u=(u_{hk})=u^1=u^2$となることをいう．ここで，$I$はプレイヤーの集合，$A$は戦略空間，また$u \in \mathbb{R}^{n\times n}$は利得関数で，$u_{hk}$は自分が戦略$h$（$h=1,2,\ldots,n$）を選び，相手が戦略$k$（$k=1,2,\ldots,n$）を選んだときの自分の利得である．そのときの相手の利得は（対称的なので）u_{kh}となる[4]．

例として家事の分担という問題を考えてみよう．夫と妻という2人のプレイヤーがいてそれぞれ「家事やる」か「家事やらない」かを選ぶ．2人の選択に応じて家の中の住み心地のよさが決まり，ひいては2人の利得が決まる．この利得は主観的なものであり，物理的に同じオプションをもった2人の間のゲームであってもプレイヤー間で利得が対称的になるとは限らない．たとえば各プレイヤーの利得が表3.1のように対称的な場合には，このゲームは対称2×2ゲームと呼ばれることとなる．他方，夫と妻の間に表3.2で表されるような好みの差があるような場合には，このゲームは非対称2×2ゲームということになる．

対称$n\times n$ゲームは，2人のプレイヤーの利得が対称なので，1つの$n \times n$行列で表現できる．たとえば，表3.1のゲームは，

$$(u_{hk})=\begin{pmatrix}2 & 1 \\ 3 & 0\end{pmatrix}$$

表3.1 対称ゲーム

		妻	
		家事やる	家事やらない
夫	家事やる	2, 2	1, 3
	家事やらない	3, 1	0, 0

---

4) 本節でふれられる概念について詳しくはWeibull(1997)第1章などを参照のこと．

第3章 社会ゲームの理論：最適反応動学と完全予見動学

表3.2 非対称ゲーム

		妻	
		家事やる	家事やらない
夫	家事やる	2, 2	0, 3
	家事やらない	3, 1	1, 0

となる．ただし，戦略1が「家事やる」，戦略2が「家事やらない」に対応している．

本章では，集団が1つのみのケースと2つあるケースを扱う．集団が1つしかないケースでは，その集団から2人の個人がランダムに出会ってゲームGをプレイするような状況を想定する[5]．それに対し，集団が2つあるようなケースではそれぞれの集団から1人ずつ計2人の個人がランダムに選ばれてゲームGをプレイする．

A上の確率分布を混合戦略という．混合戦略全体$\Delta(A)$は，純粋戦略hを確率x_hでとる混合戦略を点$x=(x_h)\in\mathbb{R}^n$に対応させることで，$(n-1)$-次元単体

$$\Delta=\left\{x\in\mathbb{R}^n_+ \middle| \sum_{h=1}^n x_h=1\right\}$$

と同一視できる．単体Δの頂点を$e_1=(1,0,0,\ldots,0), e_2=(0,1,0,\ldots,0),\ldots, e_n=(0,0,0,\ldots,1)$と書く．純粋戦略$h$は確率1を$h$に割り振っている混合戦略$e_h$と同一視する．

集団が1つしかないケースでは，社会の状態は

$$x(t)=(x_1(t), x_2(t),\ldots, x_n(t))\in\Delta$$

で表される．ここで，すべてのプレイヤーが同じ混合戦略$x(t)$をとっている状態と見なすこともできるが，社会ゲームにおいてはむしろ$x(t)$を**戦略分布**と見なす方が一般的である．その場合，$x_h(t)$は時刻tにおいて戦略hをとってい

---

[5] この場合，2人のプレイヤーは同タイプなので，プレイされるゲームは必然的に対称ゲームとなる．

るプレイヤーの割合となる．

集団が2つあるケースは，社会の状態を記述するためにはそれぞれの集団の戦略分布を表現する必要がある．たとえば $(x^1(t), x^2(t)) \in \Delta \times \Delta$ というように集団1の戦略分布 $x^1(t)$ と集団2の戦略分布 $x^2(t)$ とを組にした形で社会の状態を表現することになる．集団が2つあるケースでは，たとえば男女間の役割分担といった問題を扱うことが可能となる．

ナッシュ均衡の定義を確認しておこう．プレイヤー j が混合戦略 y^j をとっているときに，自分が純粋戦略 e_h をとったときのプレイヤー i の利得を $u^i(e_h, y^j)$ とする．つまり，

$$u^i(e_h, y^j) = \sum_{k=1}^{n} y_k^j u_{hk}$$

である．プレイヤー i が混合戦略 x^i をとったときの利得もそのまま u^i を使って

$$u^i(x^i, y^j) = \sum_{h=1}^{n} \sum_{k=1}^{n} x_h^i u_{hk} y_k^j$$

と書くことにする．

定義2.1（Nash(1951)） 混合戦略の組 $(x^1, x^2) \in \Delta \times \Delta$ がゲーム G の**ナッシュ均衡**（Nash equilibrium）であるとは

$$u^i(x^i, x^j) \geq u^i(y^i, x^j) \quad \forall i \neq j, \forall y^i \in \Delta$$

が成り立つことをいう．上式が $y^i \neq x^i$ なるすべての y^i について強い不等号で成り立つとき，(x^1, x^2) を**強ナッシュ均衡**（strict Nash equilibrium）という．

3. 最適反応動学

本節では，Gilboa and Matsui (1991) および Matsui (1992) による**最適反応動学**（best response dynamics）について概説する．2つの集団から1人ずつが選ばれてゲーム G がプレイされる状況を想定して議論を進めよう[6]．

---

6) 最終的に得られる結果は1集団か2集団かで大きく異なる場合もある．

t 時点での社会の戦略分布は

$$x(t)=(x^1(t),x^2(t))\in\Delta\times\Delta$$

で表される．ここで次のような調整過程を考える．経験や周りの人との話から各集団の人々はある程度社会においてどのくらいの割合の人がどの戦略をとっているかおおよそ知っている．この知識をもとに一部の人々は今までとっていた行動パターンをやめ，その時点で一番望ましい行動をとるようになる．

社会の行動パターンが徐々に変化するような現象を定式化するために，各プレイヤーについて行動変更の機会はパラメータ λ のポワソン過程にしたがって訪れるとする．すなわち，微小時間 dt の間に行動変更の機会が到着する確率は λdt である．「大数の法則」を仮定すると，社会全体では微小時間 dt の間に λdt の割合のプレイヤーが行動を変更する機会を得る[7]．各戦略 e_h に対して $x_h(t)$ のうち $x_h(t)\times\lambda dt$ のプレイヤーが e_h をとることをやめ，合計 λdt のプレイヤーが $x(t)$ に対する最適反応に行動をとりなおす．したがって，ある $h(t)\in BR(x(t))$ に対して，

$$x(t+dt)=(1-\lambda dt)x(t)+\lambda dt\,h(t)$$

となる．これは，

$$\dot{x}(t)=\lambda(h(t)-x(t)),\quad h(t)\in BR(x(t)) \tag{3.1}$$

と書ける．(3.1)式をみたす動学経路 $x:[0,\infty)\to\Delta\times\Delta$ を**最適反応経路** (best response path) という．ここで，$BR(x(t))$ は $x(t)$ に対する最適反応の集合である．すなわち，

$$BR(x(t))=\{(\alpha^1,\alpha^2)\in\Delta\times\Delta\,|\,u^i(\alpha^i,x^j(t))\geq u^i(\beta^i,x^j(t))\quad\forall i\neq j,\forall\beta^i\in\Delta\}$$

である．(3.1)式の左辺はこの経路が進む方向である．右辺を見てみよう．$h(t)$ は条件 $h(t)\in BR(x(t))$ より $x(t)$ に対する最適反応になっていなくてはな

---

[7] 行動変更の機会がプレイヤー間で独立であり，かつ，σ-加法性をみたすような確率空間を作ることができない．そのため，大数の法則を直接用いることはできない．この点に関しては，Judd (1985)，Gilboa and Matsui (1992) などを参照せよ．

らない．また，$h(t)-x(t)$は$x(t)$から$h(t)$に向かうベクトルである．以上のことをまとめると，各時点においてこの経路の進む方向はその時点における（ある）最適反応の方向ということになるわけである[8]．

特定の行動にコミットしている（行動を変化できない）期間をコミット期間と呼ぼう．コミット期間はパラメータλの指数分布にしたがい（つまりコミット期間の確率密度関数は$\lambda e^{-\lambda t}$），その期待値は$1/\lambda$である．

コミットしている間に戦略分布は変化するが，各プレイヤーはそのことを読み込まずに，現在の戦略分布に対して最適反応になっている行動をとる．その意味で，ここで考えているプレイヤーたちは近視眼的（myopic）である．

さて，最適反応経路が定義されたので，次に安定性の概念について述べておこう．まず$y \in \Delta \times \Delta$が$x \in \Delta \times \Delta$から**到達可能**（accessible）であるとは，以下のいずれかが成立するときをいう．

（i）ある最適反応経路$x(\cdot)$が存在して，$x(0)=x$およびあるtに対して$x(t)=y$．
（ii）yに収束する点列$\{y^k\}_{k=1}^{\infty}$が存在して，$y^k (k=1,2,\ldots)$はxから到達可能．
（iii）あるzが存在して，yはzから到達可能かつzはxから到達可能．

定義3.1（Gilboa and Matsui（1991）） 戦略分布の集合$F^* \subset \Delta \times \Delta$が（最適反応動学のもとで）**安定集合**（cyclically stable set）であるとは，

 (a) F^*のどの2つの要素x,yに関しても，xからyへ到達可能であり，

 (b) どの$x \in F^*$および$y \notin F^*$に関しても，xからyへは到達可能ではない，
ときをいう．

戦略分布$x \in \Delta \times \Delta$が（最適反応動学のもとで）**安定状態**（socially stable state）であるとは，xから到達可能な戦略分布がxのみであるときをいう．

社会的に安定な戦略分布は存在するとは限らない．たとえば，自分の利得が

---

[8] ある戦略分布に対する最適反応は一般に複数個あるので，経路は一意に決まるとは限らないことに注意されたい．

第3章 社会ゲームの理論:最適反応動学と完全予見動学　　65

表3.3　チキン・ゲーム

		相手	
		家事やる	家事やらない
自分	家事やる	2	1
	家事やらない	3	0

相手の戦略のみに依存するようなゲーム,

$$(u_{hk}) = \begin{pmatrix} 1 & 0 \\ 1 & 0 \end{pmatrix}$$

では,どちらの戦略もつねに最適反応となるため,どの戦略分布からどの戦略分布へも到達可能となってしまう.それに対して,安定集合は存在することが証明されている[9].

定理3.1 (Gilboa and Matsui (1991)) 任意のゲームに対して安定集合は必ず存在する.

さて,最適反応動学を表3.3のチキン・ゲームに応用してみよう.集団1は男性たちから,集団2は女性たちからなるとする.今,初めに$x=(x^1,x^2)$という分布にいたとしよう.このとき,プレイヤー1の最適反応は,

$$BR^1(x) = \begin{cases} \{C\} & \text{if } x^2(C) < 1/2, \\ \Delta(\{C,D\}) & \text{if } x^2(C) = 1/2, \\ \{D\} & \text{if } x^2(C) > 1/2 \end{cases}$$

となる.ただし,1-夫,2-妻,C-「家事やる」,D-「家事やらない」にそれぞれ対応している.BR^2もまったく対称的に計算できる.

この動学過程の経路をさまざまな初期分布に対して示したのが図3.1である.

---

9) 安定集合はつねにナッシュ均衡の集合の部分集合となるとは限らない.この点に関しては,Gilboa and Matsui (1991) に例があるので参照のこと.

図3.1　最適反応動学：チキンゲーム

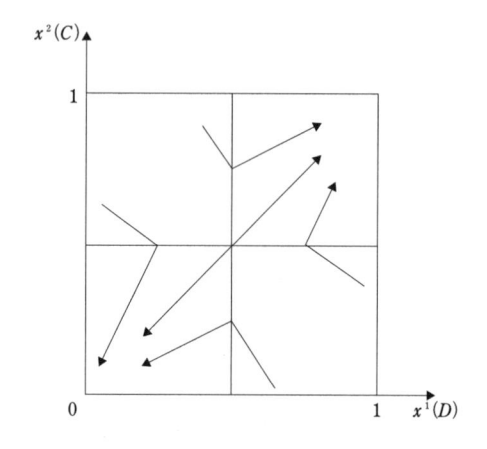

ここで証明はしないが，経路はすべて(C,D)と(D,C)のどちらかに向かう．その結果(C,D)と(D,C)の両者が安定的となる．男性のみが家事をやる(C,D)という戦略分布，および女性のみが家事をやる(D,C)という戦略分布が安定的な分布となり，個別のカップルの家事分担の問題が社会性を帯びたものとしてとらえられることになるのである．

4. 言葉の発生と協力

　最適反応動学を用いることにより，いくつかの興味深い現象を分析することが可能となる．本節では，言葉の意味の発生過程を協力の発生と絡めて分析する．そして，次節ではオークションという競争的なメカニズムを通じて生まれる暗黙の合意という問題を分析する．
　まず表3.4の利得行列を見てみよう．このゲームは協調ゲームといって，お互いに相手の戦略に合わせる方が利得が高くなる．戦略1を「協力」，戦略2を「安全」と呼んでおこう．このゲームにおいて，相手が「協力」をとっている場合，自分が同じ戦略をとると4，もう一方の戦略「安全」をとると3の利得が得られるので「協力」が最適戦略となる．それに対して，相手が「安全」をとっている場合には自分も「安全」をとることで2の利得が得られる（自分

表3.4 協調ゲーム

		相手	
		協力	安全
自分	協力	4	0
	安全	3	2

が「協力」をとってしまうと利得は0になってしまう）．したがって，このゲームは（「協力」，「協力」）と（「安全」，「安全」）の2つの強ナッシュ均衡をもつ．このゲームにそのまま最適反応動学を適用すると，両均衡とも安定的となる．ここで問題はこの2つの安定的な均衡のうちどちらが選ばれるかということになる．Matsui (1991) はこのゲームにおける協力の達成と言葉の発生とを絡めて論じた．

　一部の理論家は話し合いを通じて協力が達成されると考えた．しかし，初めから相手の言葉を信じるという仮定は天下り的なものとなっていた．これに対し Farrell (1993) は credible neologism（信用するに足る新造語）という概念をもち出す．今，ある均衡を基準として誰か（プレイヤー1としておく）が別の戦略をとろうと提案したとしよう．そして，相手（プレイヤー2とする）がそれを信じたとして提案に乗るとしよう．このときプレイヤー1がプレイヤー2をだます誘因をもたないならばこの提案を credible neologism と呼ぶ．ある均衡が neologism-proof であるとはこのような credible neologism が存在しない，すなわちこの均衡からある信用するに足る提案によって人々が別の戦略に移らない状況をいう[10]．この議論を表3.4にあてはめると（「協力」，「協力」）のみが neologism-proof となる．

　この概念によって戦略的な道具としての言葉のやりとりという問題が真剣に論じ始められた．しかし言葉の本質をとらえるためにはもう一歩進んだ分析が

---

10) Farrell (1993) はこの議論を別のゲームの中で考察したため，今考察しているゲームへ適用するためには若干の変更が必要である．

必要である．この点をもう少し詳しく見てみよう．仮に（「安全」，「安全」）が当初の均衡だったとする．今，私（筆者）とあなたがこのゲームを1回だけ行うとして，私があなたを「協力しよう」と説得したとしよう．さて，あなたはこれを素直に信じるだろうか．私はあなたのことをあまり知らないから，あなたが提案に乗ってくるか否かを判断しなくてはならない．あなたが提案に乗ってくると確信したなら私は「協力」をとるであろう．逆にあなたが提案に応じないだろうと予想したなら私も「安全」をとった方が利得が高くなる．しかし，どのように予想しようとも私はあなたを説得しようと試みるべきである．ここでもう一度ゲームを見てほしい．私がどちらの戦略をとろうともあなたには「協力」をとってもらいたいということがわかるであろう．たとえ私が「安全」をとっていてもあなたが「協力」してくれれば私の利得は2から3に上がるのである．もちろん，あなたの利得は2から0になってしまう．「お人よし」の社会では「協力」が生まれるかもしれないが，「だまされる方が悪い」という風潮のある社会では「安全」策をとることになり，「協力」は達成されないこととなる．言葉の辞書の上での意味とコンテクスト——文脈の中での意味が乖離してしまうわけである．

しかしFarrellでは「信用するに足る」という言葉の意味内容をはじめから仮定してしまっているため上記のような議論の入り込む余地はない．ましてや言葉の意味の発生という問題の理解には結びつかない．

言葉の意味がどのように発生するかを分析するために表3.4の利得表で表されたゲームが社会の中で行われるとしよう．ただしこのゲームを実際にプレイする前に音声のやりとりができるとする．正確にいうと，出会った2人が第1段階で同時に何か音声を相手に送り，その音声を聞いた後，第2段階で問題のゲームをプレイする．こうして作られた2段階ゲームに前節で紹介した最適反応動学を適用する．以下がその結果と簡単な説明である[11]．

定理3.2（Matsui（1991）） 最適反応動学を上記の2段階ゲームに適用すると，安定集合においてはすべてのプレイヤーが2段階目に「協力」するという戦略

---

[11] 以下の論理はsecret hand-shake（密約）の議論とも共通している（Robson（1990））．そこでRobsonは新しい種の誕生のメカニズムの1つを示唆している．

をとる.

　ここでは「安全」から「協力」に移行していくのかだけを説明する[12]．その中でも特に全員が1段階目に「あんぜん」と叫び2段階目に「安全」をとっている状態からどのように「協力」に向かっていくかのみを論じる．この初期状態において次のような戦略を考える．

　　戦略K：1段階目に「きょうりょく」と叫ぶ．2段階目の行動は相手
　　が何を叫んだかによって決める．もし相手が「あんぜん」と叫んでい
　　たら自分は「安全」をとる．それに対し，相手が「きょうりょく」と
　　叫んでいたら自分は「協力」をとる．

　この戦略Kは初期状態に対する最適反応となっている．今のところ最適反応は元の戦略も含めて複数ある．しかし，戦略Kが少し侵入してくると元の戦略はもう最適反応とはならず戦略Kのみが最適反応となるため，この変化は全個人が戦略Kをとるまで続く．実際，戦略Kが1％侵入した場合の平均利得は戦略Kで

$$.99 \times 2 + .01 \times 4 = 2.02,$$

元の戦略で2となる．これは戦略K同士が出会った場合，「きょうりょく」を合言葉として「協力」が実際にとられるからである[13]．

　上の説明の中で「きょうりょく」という音声が「協力」に，「あんぜん」という音声が「安全」に対応したことに注目していただきたい．もちろん，「きょうりょく」ではなく「あっちょんぶりけ」という音声でもまったく問題はなかったわけで，その場合には社会の成員たちは「あっちょんぶりけ」という音声によって今の「協力」の概念を表すことになったかもしれないわけである．

　ここでの「言葉」は言語学では「合図」ないし「シンボル」程度の意味である．このような「言葉」が言語記号に変容していく過程の分析も今後に残された興味深い課題といえよう．

---

12) 詳しくはMatsui (1991) を参照のこと．
13) 同じような過程を経ても「協力」から始まって「安全」がとられるようなことはないことに注意．

5. オークションを通じた暗黙の合意

協力は明示的な言葉を通じてのみ達成されうるわけではない．なんらかのシグナルがあればそれが暗黙の合意形成につながることもある．本節ではオークションという競争的なメカニズムが暗黙の合意を生み出す過程を考察する．

再び表3.4のゲーム（表3.5に再掲）を考察しよう．Van Huyck, Battalio, and Beil (1990) はこのゲーム（実際に用いたゲームはより複雑なものであった）への参加権をまずオークションによって与えるというゲームを考え，実際の被験者を用いて実験を行った．実験ではオークションの落札額がシグナルの効果を果たし，暗黙の合意が形成されることが示された．その後，Kim (1996) はその実験結果に理論的基礎付けを与える．そこで彼が用いたのが最適反応動学である．ゲームに参加する人数が多くなりゲーム自体の記述も長くなるが，その論理が興味深いので，少し詳しく見てみよう．

ゲームは前節と同様に2段階ゲームとする．まず，1つの集団からランダムにm人（$m \geq 5$）の組が作られる．第2段階ではそのm人の中から2人が選ばれ上記のゲームがプレイされる．したがって第2段階は前節のゲームと同じである．問題はどのようにしてm人の中から2人を選び出すかである．これが第1段階でやるべきことなのであるが，ここではこの選択をオークションを通じて行うとする．いってみれば第2段階のゲームに参加するためのチケットを入札によって配るわけである．

第1段階でm人はそれぞれこのゲームに参加するために支払う金額を書いた紙を提出する．胴元はこの紙を回収し，入札金額の高い上位2人に第2段階に進む権利を与える．他のプレイヤーはそこでその場を立ち去る[14]．選ばれた2人はどちらかの入札額のうち低い方を胴元に支払い，第2段階のゲームをプレイし，利得行列にしたがって金銭の配分を受ける．したがって第2段階まで残ったプレイヤーの利得は第2段階で得た金額からオークションによって決まった参加費を引いたものとなる．それ以外のプレイヤーたちの利得はゼロとす

---

14) 1位が同点で3名以上いた場合には，等確率でうち2名を選び，2位が同点で数名いた場合には，等確率でうち1人を選ぶ．

表3.5 協調ゲーム（再掲）

		相手	
		協力	安全
自分	協力	4	0
	安全	3	2

る．ここで，オークションの際につけられる値は 2 または 3 であると仮定する[15]．また，第 2 段階の始まりにおいてプレイヤーは相手の入札額そのものは観察できないとする（自分の支払額から類推することは可能）．

このゲームに最適反応動学を適用すると，次の結果を得る．

定理3.3 (Kim (1996)) 入札者たちは，協調解での利得 4 より 1 単位だけ低い 3 という値をつけて，等確率で落札する，という結果を生み出すものだけが安定集合となる．

特に重要な点は第 2 段階のゲームで協調解である 4 という利得を人々が予想し，実際に 4 を得るという点である．この背後にある論理のうち鍵となる部分を見ておこう[16]．

まず，人々が安全解に相当する戦略をとっている状況からどのようにして協調解をとるに至るかを見てみよう．初期状態として，全員が

戦略 S_2：2 を入札し，第 2 段階のゲームの参加者は支払額にかかわらず「安全」という行動をとる，

という戦略 S_2 をとっているとしよう．この状態がナッシュ均衡になっていることは容易に確かめられる．この状態において次のような戦略をとることも最適反応である：

---

15) この設定を変更して，他の値をつけられるとしても以下と同様な結論が得られる．ここでは議論を簡略化するためにこのような仮定を置いた．
16) 実際の証明は細かい可能性を考慮していかなくてはならない．これに関しては元の論文 Kim (1996) を参照されたい．

戦略K_3：3を入札し，支払額が3以上ならば「協調」を，3未満であれば「安全」をとる[17]．

そこで戦略K_3をとる主体が増えたとしよう．そうするともはや元の戦略は最適反応とはなりえない．戦略K_3をとっていれば悪くとも等確率$2/m$で1が得られるが，戦略S_2のままでいると得られる利得はゼロとなってしまうからである．また，S_2とK_3が混ざっている戦略分布に対しては，K_3は確かに最適反応となっていることも確かめられる．よってS_2からK_3に向かう最適反応経路の存在が確認された．

次に，同じ協調解をとるような戦略で異なる入札額を提示する戦略，すなわち

戦略K_2：2を入札し，支払額にかかわらず「協調」という行動をとる，

というような戦略K_2を全員がとっていた場合にも向かう最適反応経路が存在することを示そう．

示したいのは，

$$K_3 \in BR((1-p)[K_2]+p[K_3]), \quad p \in [0,1]$$

である．まずこのときのK_2の期待利得は，

$$\left[(1-p)^{m-1}\frac{2}{m}+(m-1)p(1-p)^{m-2}\frac{1}{m-1}\right](4-2)$$

となる．それに対し，K_3の期待利得は最低でも，

$$(1-p)^{m-1}(4-2)+(m-1)p(1-p)^{m-2}(4-3)$$

となる．$m \geq 5$よりK_3の利得はK_2の利得を下回ることはない．同様に他の戦略を考慮してもK_3の利得を超える利得を得る戦略がないことが確かめられる（読者に委ねる）．

また一度全員が3を入札して「協調」行動をとるような戦略をとるようにな

---

17) ゲームの性質上，自分の入札額よりも支払額が大きくなることはない．

ると，それ以外の戦略は最適反応とはなりえなくなる（これも確かめられたい）．よって，このような戦略からなる戦略分布の集合は唯一の安定集合となるのである．

6. 完全予見動学

人間は現状を見て望ましい戦略を選択していく能力がある．しかし，それだけでは他の生物と人間の行動を峻別しきれているとは言い切れないかもしれない．通常，われわれが生物には与えず人間に与える能力とは将来を見据える能力である．人々は多かれ少なかれ将来の社会の動向を予測して行動している．たとえば，コンピュータのOSの選択に関していえば，将来Linuxが主流になると読んで今から使い始めている人もいるかもしれない．また，新しい産業における企業の投資決定には将来の市場の変化を読むことは不可欠であろう．本節以降ではこの観点をモデルに組み込む形で最適反応動学を修正した動学過程に関する解説を行う．Matsui and Matsuyama (1995) によって考察された**完全予見動学** (perfect foresight dynamics) と呼ばれる動学過程がそれである．

6.1 動学過程

1つの集団から2人がランダムに出会い，対称$n \times n$ゲームGをプレイする状況を考える[18]．t時点における社会の状態は，

$$x(t) = (x_1(t), x_2(t), \ldots, x_n(t)) \in \Delta$$

で表される．行動変更の機会は，最適反応動学のときと同様にパラメータλのポワソン過程にしたがって訪れるとする．プレイヤーは，いったんある戦略をとると，一定期間（平均$1/\lambda$）の間その戦略にコミットしないといけない．その間に，社会の戦略分布，すなわち対戦相手の戦略分布は変化していく．最適

---

[18] Matsui and Matsuyama (1995) は2×2ゲームに対してこの動学を考察しているが，ここではOyama (2000) に基づいて，対称$n \times n$ゲームについて定式化する．ナッシュ均衡も対称的なもののみ考察の対象とする．

反応動学では，人々は社会の変化を考慮に入れずに近視眼的に現在の平均利得によって行動を決定していたが，ここでは，将来社会の変化に対する予想を形成し，それをもとにして最適な戦略をとると考える．時刻 t において，経路 $x^e(\cdot)$ を予想したときに戦略 e_h をとることから得られる期待割引利得は

$$V_t(e_h;x^e)=(\lambda+\theta)\int_0^\infty e^{-(\lambda+\theta)s}\sum_{k=1}^n x_k^e(t+s)u_{hk}ds, \qquad (3.2)$$

となる（$\theta>0$ は現在割引率）[19]．さらに $\alpha\in\Delta$ に対しても，

$$V_t(\alpha;x^e)=\sum_{h=1}^n \alpha_h V_t(e_h;x^e)$$

と書くことにする．人々は期待割引利得 $V_t(e_h;x^e)$ を最大化する戦略を選ぶ．

完全予見動学の理論では，人々は将来を正しく予想する，すなわち，人々の抱く予想は自己実現的であると想定される．したがって，完全予見動学は次の2つの式

$$\dot{x}(t)=\lambda(h(t)-x(t)), \quad h(t)\in BR((x^e(s))_{s\geq t}), \qquad (3.3)$$
$$x(t)=x^e(t) \quad \forall t \qquad (3.4)$$

で記述される．ただし，$BR((x^e(s))_{s\geq t})$ は予想経路 $x^e(\cdot)$ に対する t 時点での最適反応の集合を表す．すなわち，

$$BR((x^e(s))_{s\geq t})=\{\alpha\in\Delta \mid V_t(\alpha;x^e)\geq V_t(\beta;x^e) \quad \forall \beta\in\Delta\}$$

である．(3.3)式は，期待利得の現在価値が大きい戦略に向けて社会が調整されていくことを表す．一方，(3.4)式は，各人がその経路を正しく予想することを表している．(3.3)～(3.4)式をみたす動学経路 $x:[0,\infty)\to\Delta$ を **完全予見均衡経路** と呼ぶ．

---

[19] 予想経路 $x^e(\cdot)$ に対して，期間 s のあいだ戦略 e_h にコミットしたときの現在割引利得は

$$\int_0^s e^{-\theta z}\sum_{k=1}^n x_k^e(t+z)u_{hk}dz.$$

コミット期間の確率密度関数は $\lambda e^{-\lambda s}$ なので，その期待値は

$$\int_0^\infty \int_0^s e^{-\theta z}\sum_{k=1}^n x_k^e(t+z)u_{hk}dz\,\lambda e^{-\lambda s}ds$$

である．部分積分して，$(\lambda+\theta)$ 倍すれば(3.2)式を得る．割引率 θ に対して，$\lambda+\theta$ を **実効割引率** という．

割引率θとポワソン過程のパラメータλとの比$\delta=\theta/\lambda$を**摩擦度**（degree of friction）という．摩擦度が小さいことは，（相対的に）忍耐強い，あるいは，期待コミット期間が短いことを表す．

6.2 存　在

ところで，どんな初期分布に対しても完全予見均衡経路は存在するのであろうか．(3.3)〜(3.4)式で表される動学過程では，通常の微分方程式系とは異なり，解のt時点での変化はt時点以降の解の振る舞いに依存して決まるので，解の存在は自明でない．完全予見均衡経路の存在証明はOyama (2000)とHofbauer and Sorger (2000)によって独立に与えられた．

定理3.4 (Oyama (2000), Hofbauer and Sorger (2000)) 任意の初期分布に対して完全予見均衡経路が存在する．

以下にOyama (2000)による証明の概要を述べる．初期分布x^0を任意に固定する．すべてのプレイヤーが（必ずしも自己実現的でない）経路$x(\cdot)$を予想したとする．この予想にしたがってゲームがプレイされたとすると，戦略分布の経路$y(\cdot)$が得られる．この「$x(\cdot)$に対する最適反応経路」の集合を$\Psi(x)$とする．完全予見均衡経路は対応Ψの（適当な関数空間における）不動点になっている[20]．Ψはコンパクト・凸値でしかも上半連続であることが示せるので，角谷の不動点定理が適用でき，Ψの不動点すなわち均衡経路の存在がしたがう．

初期分布に対して均衡経路が一意に存在することを主張しているわけではないことに注意されたい．実際，ある初期分布に対しては均衡経路が複数存在する．

---

20) $[0,\infty)$上の有界$\mathbb{R}^n$値関数全体をXとし，$r>0$に対しノルム$\|\cdot\|_r$を

$$\|f\|_r=\sup_{t\geq 0}e^{-rt}|f(t)| \quad (f\in X)$$

で定めると，Xはバナッハ空間となる．ただし，$|\cdot|$は$\mathbb{R}^n$のノルムを表す．次に，$K\subset X$を

$$K=\{x:[0,\infty)\to\Delta\,|\,x\text{は定数}\lambda\text{のリプシッツ連続関数で}x(0)=x^0\}$$

で定義すると，Kはコンパクト凸集合となる（Ascoli-Arzelàの定理を用いる）．ΨはKからそれ自身への対応（多価写像）であり，その不動点が完全予見均衡経路である．

6.3 例

例として次のような利得行列を考えよう．

$$(u_{hk}) = \begin{pmatrix} 4 & 0 \\ 3 & 2 \end{pmatrix}.$$

このゲームは(e_1,e_1)と(e_2,e_2)の2つの強ナッシュ均衡をもつ．初期分布がe_1である（すべての人が行動1をとっている）としよう．このとき，すべての人が「(戦略変更の機会を得た) 人々は必ず戦略e_2に変更するだろう」と予想したならば，実際に社会はe_1からe_2に到達するだろうか．この予想のもとでの経路は

$$x_1^e(t) = e^{-\lambda t},$$
$$x_2^e(t) = 1 - e^{-\lambda t}$$

となる．

この予想経路$x^e(\cdot)$が自己実現的になるための条件は

$$V_t(e_2; x^e) \geq V_t(e_1; x^e) \quad \forall t \in [0, \infty)$$

となることである．以下，$t=0$について上式が成り立つことを示す．0時点においてe_1をとったときの期待割引利得は，

$$V_0(e_1; x^e) = (\lambda + \theta) \int_0^\infty e^{-(\lambda + \theta)s} (x_1^e(s) \times 4 + x_2^e(s) \times 0) ds$$
$$= \frac{1+\delta}{2+\delta} x_1(0) \times 4 + \left\{1 - \frac{1+\delta}{2+\delta}(1 - x_2(0))\right\} \times 0$$
$$= 4 \cdot \frac{1+\delta}{2+\delta}$$

となる．一方，e_2に対する期待割引利得は，

$$V_0(e_2; x^e) = (\lambda + \theta) \int_0^\infty e^{-(\lambda + \theta)s} (x_1^e(s) \times 3 + x_2^e(s) \times 2) ds$$
$$= \frac{1+\delta}{2+\delta} x_1(0) \times 3 + \left\{1 - \frac{1+\delta}{2+\delta}(1 - x_2(0))\right\} \times 2$$
$$= 2 + \frac{1+\delta}{2+\delta}$$

となる.よって,$(1+\delta)/(2+\delta) \leq 2/3$,すなわち$\delta \leq 1$のとき,$V_0(e_1;x^e) \leq V_0(e_2;x^e)$となる.同様にして,すべての$t$について$V_t(e_1;x^e) \leq V_t(e_2;x^e)$が成立することが確かめられる(読者に委ねる).つまり,摩擦度δが十分小さいとき,「人々は必ずe_2をとる」という予想は自己実現的である.

一方,初期分布がe_2であるとき,「人々は必ずe_1をとる」という予想は自己実現的でないことが上と同様にして導かれる(これも確かめられたい).

6.4 安定性

この動学過程の定常分布の集合は,1回限りのゲームの(対称な)ナッシュ均衡の集合と一致する.したがって,1回限りのゲームが複数のナッシュ均衡をもてば,定常分布も複数存在することになる.分析者は,社会においてどのような戦略分布が現れる,あるいはどの均衡が実現しやすいと考えるべきであろうか.微分方程式で表される動学過程と異なるので,通常の概念を使って定常分布の安定性を比較することはできない.そこで,次のような概念を用いることにしよう.

定義3.2(Oyama (2000)) 戦略分布$x \in \Delta$が(完全予見動学のもとで)**線形安定**(linearly stable)であるとは,任意の初期分布に対して,xに直線的に収束する完全予見均衡経路が存在することをいう[21].

各プレイヤーが行動変更の機会に必ず戦略e_hをとった場合,社会がたどる動学経路はe_hへの直線になる(図3.2).したがって,戦略分布e_h(すべてのプレイヤーが行動hをとっている状態)が線形安定であるとは,現在の戦略分布がどうであっても,「人々は必ず戦略e_hをとるであろう」という予想が自己実現的であるときをいう.人々が抱く予想によって社会がたどる経路が決定されるのであるが,どんな初期条件からでも到達可能な戦略分布は,ある初期条件から到達可能な戦略分布よりも,長期的に見て観察される可能性が高いと考える

---

21) Matsui and Matsuyama (1995)はより弱い安定性の概念を採用している.すなわち,xが**大域的に到達可能**(globally accessible)であるとは,任意の初期条件に対して,xに収束する(必ずしも直線とは限らない)完全予見均衡経路が存在することをいう.

図3.2 線形安定性

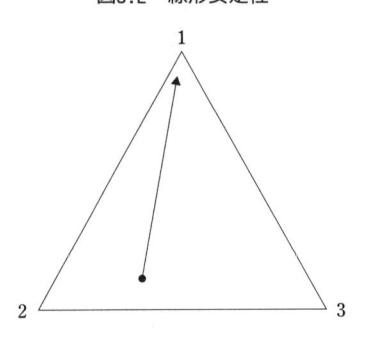

のである．

線形安定性が大域的な安定性に関するものであるのに対して，次にあげる概念は局所的なものである．

定義3.3 (Matsui and Matsuyama (1995)) 戦略分布$x \in \Delta$が（完全予見動学のもとで）**吸収的**（absorbing）であるとは，xの近傍から発する完全予見均衡経路が必ずxに収束することをいう．

最適反応動学の場合と同様に安定集合を定義することもできる．その存在も知られている（Oyama (2000))．

7. 期待と均衡選択

興味深いことに，（複数の強ナッシュ均衡をもつゲームを含む）あるクラスのゲームにおいては，摩擦度が十分小さいときには線形安定な均衡は一意に存在する．したがって，完全予見動学はこの意味において，複数の強ナッシュ均衡のうち「最も実現しやすい均衡」を選択するのである．さらに，安定的な強ナッシュ均衡は**p-支配**（p-dominance）という概念を用いて完全に特徴づけることができる．

7.1 p-支配

まずは，p-支配の定義を述べよう．対称 $n \times n$ ゲーム G の（対称な）純粋戦略の組に対して定義する[22]．

定義3.4 (Morris, Rob, and Shin (1995), Kajii and Morris (1997)) 純粋戦略の組 (e_h, e_h) がゲーム G の **p-支配均衡** (p-dominant equilibrium) であるとは，すべての $k = 1, \ldots, n$ と，$\pi(h) \geq p$ なるすべての A 上の確率分布 $\pi \in \Delta(A)$ に対して

$$\sum_{\ell=1}^{n} \pi(\ell) u_{h\ell} \geq \sum_{\ell=1}^{n} \pi(\ell) u_{k\ell}$$

が成り立つことをいう．

上の2つの不等号がいずれも強い不等号で成り立つとき，すなわち，すべての $k \neq h$ と，$\pi(h) > p$ なるすべての A 上の確率分布 $\pi \in \Delta(A)$ に対して

$$\sum_{\ell=1}^{n} \pi(\ell) u_{h\ell} > \sum_{\ell=1}^{n} \pi(\ell) u_{k\ell}$$

が成り立つとき，(e_h, e_h) を **強 p-支配均衡** (strict p-dominant equilibrium) という．

すなわち，(e_h, e_h) が p-支配的であるとは，相手が p 以上の確率で e_h をとってくるときに自分も e_h をとることが最適反応であることをいう．

定義により，(e_h, e_h) が p-支配的ならば，$q \geq p$ なる q に対して q-支配的である．ナッシュ均衡と 1-支配均衡は同値であり，また，(e_h, e_h) が 0-支配均衡であることと e_h が弱支配戦略であることは同値である．

---

[22] そもそもは，不完備情報に基づく均衡選択のために Morris, Rob, and Shin (1995) によって定義された．以下の定義は Kajii and Morris (1997) による．ただし，対称 $n \times n$ ゲームに適用するために簡略化した．非対称ゲームや3人以上のゲームの純粋戦略の組に対して定義することもできるが，ここでは述べない．本書第5章の宇井・梶井論文も参照せよ．

例3.1 対称 3×3 ゲーム

$$(u_{hk}) = \begin{pmatrix} 6 & 0 & 0 \\ 5 & 7 & 5 \\ 4 & 5 & 8 \end{pmatrix} \tag{3.5}$$

の強ナッシュ均衡 $(e_1, e_1), (e_2, e_2), (e_3, e_3)$ はそれぞれ 7/8-支配的, 3/5-支配的, 2/5-支配的である.

この p-支配の概念は, Harsanyi and Selten (1988) の**危険支配** (risk-dominance) の概念の $n \times n$ ゲームへの拡張になっている. 利得行列

$$(u_{hk}) = \begin{pmatrix} u_{11} & u_{12} \\ u_{21} & u_{22} \end{pmatrix}, \quad u_{11} > u_{21}, \ u_{22} > u_{12} \tag{3.6}$$

で表されるゲームを対称 2×2 協調ゲームという. (e_1, e_1) と (e_2, e_2) は強ナッシュ均衡である. このゲームにおいて, (e_h, e_h) が危険支配的であるとは, $u_{hh} - u_{kh} > u_{kk} - u_{hk}$ が成り立つことをいう. たとえば,

$$(u_{hk}) = \begin{pmatrix} 4 & 0 \\ 3 & 2 \end{pmatrix} \tag{3.7}$$

においては, (e_2, e_2) が危険支配的である.

(3.6)式のゲームにおいて, (e_h, e_h) は $(u_{kk} - u_{hk})/(u_{hh} - u_{kh} + u_{kk} - u_{hk})$-支配的であり, $(u_{kk} - u_{hk})/(u_{hh} - u_{kh} + u_{kk} - u_{hk}) < 1/2$ は $u_{hh} - u_{kh} > u_{kk} - u_{hk}$ と同値である. すなわち, 2×2 ゲームにおいては, $p < 1/2$ なる p に対し p-支配的であることと危険支配的であることは同値である.

7.2 p-支配と安定均衡

さて, 完全予見動学に戻ろう. 線形安定な (純粋戦略からなる) 戦略分布は p-支配によって完全に特徴づけられる.

定理3.5 (Oyama (2000)) (e_h, e_h) が p-支配均衡であるとする. このとき, 以

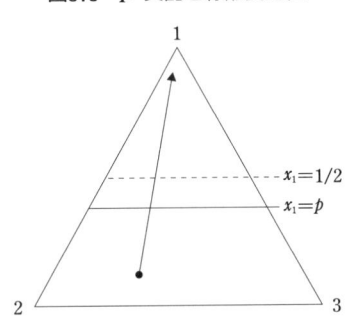

第3章　社会ゲームの理論：最適反応動学と完全予見動学　　　　　　　　　81

図3.3　p-支配と線形安定性

```
              1
              ▲
             /│\
            / │ \
           /  │  \
          /---│---\   $x_1 = 1/2$
         /    │    \
        /─────│─────\  $x_1 = p$
       /      │      \
      /       ●       \
     /                 \
    2───────────────────3
```

下は同値である．
  (a) 十分小さい摩擦度 δ に対して e_h が線形安定である．
  (b) $p < 1/2$．

したがって，たとえば，(3.5)式では (e_3, e_3) が，(3.7)式では (e_2, e_2) がそれぞれ線形安定である．

この定理を直感的に説明すると以下のとおりになる．摩擦度 $\delta(=\theta/\lambda)$ が小さいとは，ポワソン過程のパラメータ λ に比較して割引率 θ が小さいことである．λ は戦略分布の調整のスピードを表すが，これが大きいほどプレイヤーにとって将来の戦略分布のあり方が重要になる．一方，実効割引率 $\lambda + \theta$ が大きければ，現在の戦略分布が重要になる．これらの相反する効果は，$\delta \to 0$ とした極限において，ちょうど打ち消しあう．そして，期待割引利得は，あたかも社会が一定のスピードで調整されプレイヤーも将来を割り引いていないかのように計算される．したがって，経路に沿って平均利得をとったものが期待割引利得に等しくなる．

図3.3は (e_1, e_1) が $p < 1/2$ なる p に対して p-支配均衡（以下，1/2未満-支配均衡と呼ぶ）であるケースを例示したものである．直線 $x = p$ より上の領域は (e_1, e_1) の最適反応領域に含まれる．よって，任意の初期分布 x^0 に対して，x^0 から e_1 への直線は必ずその半分以上が e_1 の最適反応領域に含まれる．したがって，この直線に沿っては戦略 e_1 をとるのが最適になる．すなわち，e_1 に収束する直線が完全予見均衡経路になる．

定理3.5と次の定理により，線形安定な戦略分布は（genericに）局所安定性を合わせもつことがわかる．

定理3.6（Oyama (2000)） (e_h, e_h) が $p<1/2$ なる p に対して強 p-支配的ならば，どんな摩擦度 δ に対しても e_h は吸収的である[23]．

まとめると次のようになる．人々が形成する予想によって社会が向かう状態は変わってくるが，摩擦度が十分小さいときは，どんな戦略分布からでも1/2未満-支配均衡に到達可能である（定理3.5）．しかも，いったん1/2未満-支配均衡に到達したら，その状態から抜け出すことはない（定理3.6）．

これらの定理の系として Matsui and Matsuyama (1995) の結果が導かれる[24]．

系3.1（Matsui and Matsuyama (1995)） 対称 2×2 協調ゲームにおいて，以下は同値である．
(a) 十分小さい摩擦度 δ に対して e_h が線形安定かつ吸収的である．
(b) (e_h, e_h) が危険支配的である．

定理3.6の逆は成り立たない（Oyama (2000))．

例3.2 次の対称 3×3 ゲームを考える．

$$(u_{hk})=\begin{pmatrix} 6 & 0 & 0 \\ 5 & 7 & 5 \\ 0 & 5 & 8 \end{pmatrix}. \tag{3.8}$$

このゲームは (e_1,e_1)，(e_2,e_2)，(e_3,e_3) の3つの強ナッシュ均衡をもつが，それぞれ7/8-支配的，3/5-支配的，5/8-支配的であり，いずれも1/2未満-支配均衡

---

[23] Hofbauer and Sorger (2000) は非対称ゲームについて同様の命題を示している．
[24] Matsui and Matsuyama (1995) は非対称 2×2 協調ゲームについても同様の命題が成り立つことを示している．

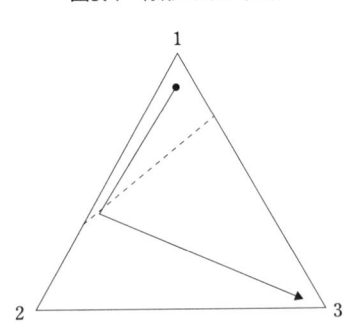

第3章 社会ゲームの理論：最適反応動学と完全予見動学　　　83

図3.4　線形でない経路

ではない．しかし，e_3 が吸収的であることが示せる．

ちなみに，e_3 は摩擦度が十分小さいとき大域的に到達可能である．初期分布が e_1 に近いときは図3.4のような折れ線が均衡経路となる．

ところで，以上では摩擦度 δ が十分小さい動学過程について考察してきたが，δ が十分大きい場合は，強ナッシュ均衡の近傍での完全予見動学のふるまいは最適反応動学のそれと一致する．

定理3.7 (Oyama (2000))　(e_h, e_h) が強ナッシュ均衡ならば，十分大きい摩擦度 δ に対して e_h は吸収的である．

すなわち，最適反応動学は完全予見動学で $\delta(=\theta/\lambda)$ が大きいケースと見なせる．最適反応動学では，割引率 θ が大きい，あるいは社会の変化のスピード λ が小さいため，人々は将来の社会の変化を考慮せずに現在の戦略分布のみに基づいて行動を決める，と解釈することができる．

8. 関連研究

本節では，完全予見動学および p-支配に関連する研究をいくつか紹介する．また，ここでは詳述しないが，Matsui and Oyama (2002) は完全予見の要請を緩めた合理化可能予見動学 (rationalizable foresight dynamics) を考察して

いる．最適反応動学の関連研究についてはFudenberg and Levine (1998) などを参照されたい．

8.1 ポテンシャル・ゲームと完全予見動学

利得行列(u_{hk})が対称行列である（すなわち$u_{hk}=u_{kh}$である）対称2人ゲームを両対称ゲーム (doubly symmetric game)[25]という．両対称ゲームと線形同値なゲーム，すなわち，対称$n\times n$行列(v_{hk})とn次元ベクトル(w_k)が存在して，

$$u_{hk}=v_{hk}+w_k \tag{3.9}$$

と書けるゲームを（対称2人）**ポテンシャル・ゲーム** (potential game) といい，(3.9)式の(v_{hk})に対して，

$$p(x)=\frac{1}{2}\sum_{h=1}^{n}\sum_{k=1}^{n}x_h v_{hk} x_k \quad (x\in\Delta) \tag{3.10}$$

で定義される関数$p:\Delta\to\mathbb{R}$をポテンシャル関数という[26]．Hofbauer and Sorger (1999) は対称2人ポテンシャル・ゲームにおいて，摩擦度が十分小さい完全予見動学での安定性とポテンシャル関数の最大化とは同値であることを示した．

定理3.8 (Hofbauer and Sorger (1999)) 対称2人ポテンシャル・ゲームにおいて以下は同値である．
 (a) 十分小さい摩擦度δに対してxが吸収的かつ大域的に到達可能である．
 (b) xがポテンシャル関数の最大値を与える唯一の戦略分布である．

Hofbauer and Sorger (2000) は非対称N人ポテンシャル・ゲームについて同様の結果を得ている．

---

[25] 「チーム・ゲーム」や「パートナーシップ・ゲーム」，「完全協調ゲーム」などと呼ばれることもある．
[26] Hofbauer and Sigmund (1998) も参照せよ．(v_{kh})をポテンシャル関数と呼ぶこともある．

8.2 p-支配と均衡選択

 均衡選択の問題に対するアプローチは本章で述べたもの以外にも数多く考えられているが、そのうち代表的な2つのアプローチについて紹介する．

 最適反応動学に突然変異を導入する「確率進化アプローチ」は Kandori, Mailath, and Rob (1993) と Young (1993) によって開発された[27]．各プレイヤーは、確率 $1-\varepsilon$ で最適な反応を、確率 ε でランダムな戦略変更を行う．ランダムな選択の確率 ε が十分小さいときに長期的に見てプレイされる頻度が1に近いような均衡を確率的に安定であるという．Kandori, Mailath, and Rob (1993) と Young (1993) は、2×2 協調ゲームでは危険支配均衡が確率的に安定であることを示した．$n \times n$ ゲームへの拡張は Kandori and Rob (1998), Maruta (1997), Ellison (2000) などによって行われ、1/2未満-支配均衡が安定であることが示されている．一方で、1/2未満-支配均衡をもたないゲームにおいては、完全予見動学と確率進化モデルとでは安定的な均衡が異なりうることが知られている[28]．

 1回限りのゲームにおいても、「利得構造が共有知識 (common knowledge) である」という仮定をはずすと特定の均衡がプレイされうることが Rubinstein (1989) の「電子メール・ゲーム」以来知られている．不完備情報の導入による均衡選択に関する一連の研究を総称して「不完備情報アプローチ」と呼ぼう[29]．Carlsson and van Damme (1993), Morris, Rob, and Shin (1995), Kajii and Morris (1997) は危険支配均衡および1/2未満-支配均衡が選択されることを示した．ポテンシャル・ゲームについては、Ui (2001) と Frankel, Morris, and Pauzner (2000) によって、ポテンシャル関数を最大化する均衡が選ばれることが示された．Burdzy, Frankel, and Pauzner (2001) は完全予見動学に似た動学過程に不完備情報アプローチを応用し、2×2 ゲームにおいては危険支配均衡がプレイされることを示している．今のところ知られている限りでは、不完備情報アプローチによる均衡選択の基準は完全予見アプロー

---

[27] ただし、時間は離散的で、プレイヤーの数は有限である．
[28] たとえば例3.2のゲームでは (e_2, e_2) が確率進化モデルのもとで安定均衡となる (Young (1993))．
[29] 不完備情報アプローチについては、本書第5章の宇井・梶井論文、Morris and Shin (2000) も参照せよ．

チのそれと一致している．まったく異なる均衡選択アプローチによる結果が一致するのは非常に興味深い．

参考文献

Burdzy, K., D. M. Frankel, and A. Pauzner (2001), "Fast Equilibrium Selection by Rational Players Living in a Changing World," *Econometrica* 69, pp.163-189.

Carlsson, H., and E. van Damme (1993), "Global Games and Equilibrium Selection," *Econometrica* 61, pp.989-1018.

Ellison, G. (2000), "Basins of Attraction, Long-Run Stochastic Stability, and the Speed of Step-by-Step Evolution," *Review of Economic Studies* 67, pp.17-45.

Farrell, J. (1993), "Meaning and Credibility in Cheap-Talk Games," *Games and Economic Behavior* 5, pp.514-531.

Frankel, D., S. Morris, and A. Pauzner (2000), "Equilibrium Selection in Global Games with Strategic Complementarities," forthcoming in *Journal of Economic Theory*.

Fudenberg, D., and D. K. Levine (1998), *The Theory of Learning in Games*, MIT Press, Cambridge.

Gilboa, I., and A. Matsui (1991), "Social Stability and Equilibrium," *Econometrica* 59, pp.859-867.

Gilboa, I., and A. Matsui (1992), "A Model of Random Matching," *Journal of Mathematical Economics* 21, pp.185-197.

Harsanyi, J. C., and R. Selten (1988), *A General Theory of Equilibrium Selection in Games*, MIT Press, Cambridge.

Hofbauer, J., and K. Sigmund (1998), *Evolutionary Games and Population Dynamics*, Cambridge University Press, Cambridge（竹内康博・佐藤一憲・宮崎倫子訳『進化ゲームと微分方程式』現代数学社，2001）．

Hofbauer, J., and G. Sorger (1999), "Perfect Foresight and Equilibrium Selection in Symmetric Potential Games," *Journal of Economic Theory* 85, 1-23.

Hofbauer, J., and G. Sorger (2000), "A Differential Game Approach to Evolutionary Equilibrium Selection," forthcoming in *International Game Theory Review*.

Judd, K. L. (1985), "The Law of Large Numbers with a Continuum of IID Random Variables," *Journal of Economic Theory* 35, pp.19-25.

Kajii, A., and S. Morris (1997), "The Robustness of Equilibria to Incomplete Information," *Econometrica* 65, pp.1283-1309.

Kandori, M. (1997), "Evolutionary Game Theory in Economics," in D. M. Kreps and K. F. Wallis, eds., *Advances in Economics and Econometrics: Theory and Application*, pp.243-277.

Kandori, M., G. J. Mailath, and R. Rob (1993), "Learning, Mutation, and Long Run Equilibrium in Games," *Econometrica* 61, pp.29-56.

Kandori, M., and R. Rob (1998), "Bandwagon Effects and Long Run Technology Choice," *Games and Economic Behavior* 22, pp.30-60.

Kim, Y. G. (1996), "Evolutionary Analyses of Tacit Communication in Van Huyck, Battalio, and Beil's Game Experiments," *Games and Economic Behavior* 16, pp.218-237.

Kohlberg, E., and J.-F. Mertens (1986), "On the Strategic Stability of Equilibria," *Econometrica* 54, pp.1003-1037.

Maruta, T. (1997), "On the Relationship between Risk-Dominance and Stochastic Stability," *Games and Economic Behavior* 19, pp.221-234.

Matsui, A. (1991), "Cheap-Talk and Cooperation in a Society," *Journal of Economic Theory* 54, pp.245-258.

Matsui, A. (1992), "Best Response Dynamics and Socially Stable Strategies," *Journal of Economic Theory* 57, pp.343-362.

Matsui, A., and K. Matsuyama (1995), "An Approach to Equilibrium Selection," *Journal of Economic Theory* 65, pp.415-443.

Matsui, A., and D. Oyama (2002), "Rationalizable Foresight Dynamics: Evolution and Rationalizability," mimeo.

Maynard Smith, J., and G. R. Price (1973), "The Logic of Animal Conflicts," *Nature* 246, pp.15-18.

Morris, S., R. Rob, and H. S. Shin (1995), "p-Dominance and Belief Potential," *Econometrica* 63, pp.145-157.

Morris, S., and H. S. Shin (2000), "Global Games: Theory and Applications," forthcoming in the Proceedings of the Eighth World Congress of the Econometric Society.

Nash, J. (1951), "Non-Cooperative Games," *Annals of Mathematics* 54, pp.286-295.

Oyama, D. (2000), "p-Dominance and Equilibrium Selection under Perfect Foresight Dynamics," forthcoming in *Journal of Economic Theory*.

Robson, A. (1990), "Efficiency in Evolutionary Games: Darwin, Nash and the Secret Handshake," *Journal of Theoretical Biology* 144, pp.379-396.

Rubinstein, A. (1989), "The Electronic Mail Game: Strategic Behavior under 'Almost Common Knowledge'," *American Economic Review* 79, pp.385-391.

Ui, T. (2001), "Robust Equilibria of Potential Games," *Econometrica* 69, pp.1373-1380.

Van Huyck, J. B., R. C. Battalio, and R. O. Beil (1990), "Tacit Coordination Games, Strategic Uncertainty, and Coordination Failure," *American Economic Review* 80, pp.234-248.

Vega-Redondo, F. (1996), *Evolution, Games, and Economic Behaviour*, Oxford University Press, Oxford.

Weibull, J. W. (1997), *Evolutionary Game Theory*, MIT Press, Cambridge (大和瀬達二監訳『進化ゲームの理論』文化書房博文社, 1998).

Young, P. (1993), "The Evolution of Convention," *Econometrica* 61, pp.57-84.

第4章 繰り返しゲームの新展開：
私的モニタリングによる暗黙の協調*

松島　斉

1. はじめに

　繰り返しゲームは，長期的関係における暗黙の協調の説明を主な目的とするモデル形式である．繰り返しゲームは，産業組織，国際経済，労働経済，政治経済学，公共経済，開発経済，環境経済学など，長期的関係に関わるあらゆる経済学の諸分野を応用対象とする．

　暗黙の協調が成立するためには，経済主体が相手の行動をある程度モニターできることが必要である．1990年代前半までは，モニターの内容が全プレイヤーに共通に観察可能である「公的モニタリング」の状況が，集中的に研究された．しかし，公的モニタリングの研究の成果は，より一般的で応用範囲の広い「私的モニタリング」の状況の分析には役立てられない．

　私的モニタリングは，各経済主体が相手の行動についてモニターした内容を，他の経済主体が観察できない状況を意味する．従来，私的モニタリングの分析は非常に困難であり，また，私的モニタリング状況下では暗黙の協調は成立しえないと考えられてきた．しかし，最近数年間で，私的モニタリングについての研究は大いに進展し，暗黙の協調が広範囲において成立することがわかってきた．

＊　本章は，2001年度エコノメトリック・ソサエティー主催によるファー・イースタン・ミーティング（7月20日，神戸）における招待講演（題目 "Repeated Games with Private Monitoring"）の内容をもとに書かれた．

本章は，私的モニタリングのもとでの繰り返しゲームを，近年の2つの松島論文 (Matsushima (2001a, 2001b)) を中心に，紹介することを主な目的とする．第2節は，繰り返しゲーム一般についての研究目的を説明する．第3節は，プレイヤーが相手の行動をまったくモニターできないケースと，完全にモニターできるケースを考察して，モニタリングが暗黙の協調にとって重要な役割をなすことを説明する．第4節は，公的モニタリングにおける暗黙の協調を説明する．第5節は，私的モニタリングについて簡単に解説する．第6節は，ほぼ完全な私的モニタリングにおいて暗黙の協調が成立することを，関口 (Sekiguchi (1997)) とエリ=ヴァリマキ (Ely and Valimaki (1999)) をもとに説明する．第7節および第8節は，シグナルの精度が低い私的モニタリングにおいて暗黙の協調が成立することを，2つの松島論文をもとに解説する．第9節は，私的モニタリングの応用例として，複占価格競争市場における暗黙のカルテル協調の可能性を説明する．第7，8，9節の内容は，本章全体のクライマックスに相当する．最後に，第10節において，結論と今後の課題を述べる．

2. 繰り返しゲームの目的

経済社会において共存する多くの経済主体の利害は相互に対立する．経済主体は自己の経済的利益を追求する．経済主体の活動の中には，自己の利益を高める一方，他の経済主体に対して不利益をもたらすものがある．しかし，現実の経済主体には規律が働いて，彼らはそのような行動を自嘲する作法やおきて (code of behavior) に従う．その結果，経済主体間で過度の対立はさけられ，暗黙の協調が保たれる．

経済主体は，評判のよい相手に対しては協調的な態度を，そうでない相手に対しては非協調的な態度をとる．経済主体の評判の善し悪しは，その経済主体が過去に規律に従ったかどうかに左右される．経済主体は，規律に従うことが本人の短期的な利益にそぐわない場合でも，それを尊重する．そうすることによって，将来他者から友好的な扱いを受けるという報酬を得ることができる．

経済主体が規律に従うことによって，経済厚生が高められる状況を考察することは，理論経済学にとってとりわけ重要である．しかし，規律が守られるこ

とによる帰結は，社会の便益をつねに向上させるとは限らない．たとえば，カルテルを提携している複数企業は，閉鎖的なおきてを守ることによって，他の企業の参入を阻止したり，不平等な市場シェアや配分を維持し続ける．不適切な慣行に固執することによって，本来利益をもたらすはずのビジネスが実行されない．

規律の作用の仕方は多様であり，過去の歴史的経路に依存した長期的関係においてとらえられるべきである．自己の経済的利益を追求する経済主体が，どのような論理によって規律を守るインセンティブをもつか．どのような規律が，そしてその結果どのような経済配分が，自己充足的な均衡状態として実現されうるか．繰り返しゲーム，とりわけ，無限回繰り返しゲームは，これらの問題を解明するための，最も単純化された，最も研究の進展が期待できるモデル形式の1つである[1]．

繰り返しゲームは以下のように定式化される．複数プレイヤーが標準形ゲーム $G=(N,(A_i,u_i)_{i \in N})$ を無限回繰り返しプレイする．ここで，$N=\{1,...,n\}$，A_i，$A=A_1 \times \cdots \times A_n$，$u_i: A \to \mathbb{R}$ は各々，プレイヤー集合，プレイヤー $i \in N$ の行動集合，行動プロファイル全体の集合，プレイヤー i の利得関数である．各プレイヤーは，将来の各期に獲得される自己の短期利得を，共通の割引ファクター $\delta \in [0,1)$ で割り引いて評価する．行動プロファイルの流列 $a(1), a(2),...$ が将来にわたって実現される場合，プレイヤー i の長期利得（の1期当たり平均値）は，

$$v_i = (1-\delta)\sum_{t=0}^{\infty} \delta^{t-1} u_i(a(t))$$

となる．繰り返しゲームにおける各プレイヤーの戦略は，各期ごとに，そのプレイヤーが観察した歴史的経緯に依存して，どの行動を決定するかを示す関数 $s_i: \bigcup_{t=1}^{\infty} \to \Delta(A_i)$ によって定義される．ここで，$H_i(t)$，$\Delta(A_i)$ は各々，プレイヤー i が $t-1$ 期末までに観察可能な歴史的経緯全体の集合，プレイヤー i の混合行動全体の集合である．繰り返しゲームにおいて，全プレイヤーは，なんらか

[1) 1990年代前半までの繰り返しゲームについては，Pearce (1992) および松島 (1994) によるサーベイ論文を参照せよ．

の完全均衡をプレイすると仮定する．完全均衡戦略プロファイルは，各プレイヤーの，歴史的経緯に依存した規律の作用の仕方を記述したものであると解釈される．

多くの繰り返しゲームの研究に共通して，効率性定理やフォーク定理を証明することは中心的な関心事である．効率性定理とは，パレート効率的な経済配分あるいはその近似的な配分が，繰り返しゲームにおいて，なんらかの完全均衡によって達成できるための十分条件を示す定理である．フォーク定理とは，個人合理的な，すなわちミニマックスポイント$(\min_{a_2}\max_{a_1} u_1(a), \min_{a_1}\max_{a_2} u_2(a))$よりもパレート優位な，任意の配分がほぼ必ず，なんらかの完全均衡によって達成できるための十分条件を示す定理である．一般にこれらの定理は，プレイヤーが十分に長期的な，すなわち割引ファクターδが十分に1に近い状況において成立する可能性がある．これらの定理を証明することは，当該分野のさらなる進展のための，最も重要なステップである．

どのような完全均衡戦略プロファイルが設計されるかは，どの配分が完全均衡によって達成可能かを明らかにすることと同程度ないしはそれ以上に，重要なポイントである．完全均衡戦略プロファイルが明示的に設計されることによって，どのような規律や作法が，どのようなインセンティブの働きによって維持されるかがはっきりする．繰り返しゲームを経済学に応用する場合は，設計された完全均衡戦略プロファイルが具体的にどのような経済行動のパターンを記述しているのか，が重要な論点となる．

3. モニタリングの重要性

プレイヤーが相手の選択した行動をモニターできるか否かは，暗黙の協調が成立する可能性を大きく左右する．たとえば，各プレイヤーが相手の行動をまったくモニターできないと仮定しよう．プレイヤーが実際に規律に従ったかどうかは，相手プレイヤーにはまったくわからない．自分が規律を守ったことに対して，相手からなんらかの見返りをうけることは一切期待できない．よって，各プレイヤーは，規律を守るよりも，自己の短期的利益を追求することの方を優先する．その結果，プレイヤーがいかに長期的な視野に立っていようとも，

第4章 繰り返しゲームの新展開：私的モニタリングによる暗黙の協調

表4.1 囚人のジレンマ

	c_2	d_2
c_1	1, 1	-3, 2
d_1	2, -3	0, 0

効率性定理やフォーク定理は成立しえないどころか，1回限りのゲームGにおける非効率なナッシュ均衡の繰り返しプレイだけが，唯一の完全均衡になる．したがって，相互依存関係をいくら長期継続させても，暗黙の協調の可能性に対してなんの効果も生み出さない．

しかし，相手の行動がある程度観察できるならば，効率性定理やフォーク定理が成立する可能性がでてくる．たとえば，相手の行動が各期末において完全に観察できる「完全モニタリング」のケースを考えよう．例として，2人のプレイヤーが，表4.1に示されるような「囚人のジレンマ」を繰り返しプレイするケースを検討しよう．

各プレイヤー$i \in \{1,2\}$は，協調行動c_iと非協調行動d_iのどちらかを選択する．協調行動プロファイル$c=(c_1,c_2)$，非協調行動プロファイル$d=(d_1,d_2)$，およびその他の2つの行動プロファイル(c_1,d_2), (d_1,c_2)は各々，短期利得ベクトル$(1,1)$, $(0,0)$, $(-3,2)$, $(2,-3)$をもたらす．非協調行動プロファイルは，囚人のジレンマにおける唯一のナッシュ均衡である．しかし，このナッシュ均衡は，協調行動プロファイルよりもパレート的に劣位である．協調行動プロファイルのもたらす利得ベクトル$(1,1)$はパレート効率的である．両プレイヤーは，パレート効率的配分$(1,1)$が継続的に達成されることを望んでいる．

両プレイヤーが，繰り返しゲームにおいて，「トリガー戦略」と呼ばれる，以下に定義されるような戦略をプレイする状況を考察しよう．第1期目には，協調行動をプレイする．第2期以降各期において，過去のすべての期において協調行動プロファイルがプレイされたならば，協調行動をプレイする．しかし，過去に一度でも協調行動プロファイルがプレイされなかった期が存在するならば，非協調行動をプレイする．

トリガー戦略プロファイルに従えば，両プレイヤーはずっと協調行動プロフ

ァイルをプレイし続けることになる．よって，各プレイヤーiの長期利得は，

$$(1-\delta)\{u_i(c)+\delta u_i(c)+\delta^2 u_i(c)+\cdots\}=(1-\delta)(1+\delta+\delta^2+\cdots)=1$$

となり，トリガー戦略プロファイルによって効率的配分が実現できる．

　はたして両プレイヤーは，トリガー戦略プロファイルをプレイするインセンティブをもつだろうか．今，プレイヤーiが，トリガー戦略のかわりに，非協調行動を第1期からずっと繰り返しプレイし，他方，相手プレイヤーはトリガー戦略をプレイするとしよう．プレイヤーiは，第1期には高い利得$u_i(c/d_i)$=2を獲得するものの，第2期以降は，非協調行動プロファイルが繰り返しプレイされるため，低い利得$u_i(d)$=0を繰り返し獲得するにとどまる．よって，プレイヤーiの長期利得は，

$$(1-\delta)\{u_i(c/d_i)+\delta u_i(d)+\delta^2 u_i(d)+\cdots\}=(1-\delta)(2+\delta+\delta^2+\cdots)$$
$$=2(1-\delta)$$

となる．トリガー戦略プロファイルが完全均衡となるためには，トリガー戦略に従ったときの長期利得1が，非協調行動を繰り返しプレイしたときの長期利得$2(1-\delta)$を下回らないことが必要である．すなわち，不等式

$$\delta \geq \frac{1}{2}$$

が成立することが必要である．実は，この不等式は，トリガー戦略プロファイルが完全均衡になるための必要かつ十分条件でもある．よって，割引ファクターδが十分に大きいならば，すなわち両プレイヤーが十分に長期的ならば，効率的配分がトリガー戦略による完全均衡によって達成できる．

　トリガー戦略プロファイルをプレイするプレイヤーにとって，どのような行為が規律を守ることを意味するかは，時と場合によって異なる．協調行動をプレイすることは，過去に互いに協調行動をとりあってきた場合にのみ，規律正しい行為と見なされる．ひとたびどちらかのプレイヤーが非協調行動をとったことによって「信用」を失えば，もはや協調行動をとることは規律を守ることを意味しなくなる．むしろ，信用を失った相手に対しては協調的態度をとらないことが，規律を守る行為だと解釈される．

繰り返しゲームをプレイする状況は，明示的に契約を取り決めることができる状況としばしば対比される．互いの行動をモニターした内容が第三者に立証できる場合は，法的に強制力のある契約を明示的にかわすことによって協調関係を維持できる．どちらかのプレイヤーが非協調行動をとったならば，そのプレイヤーに罰金を払う義務を課することを，あらかじめ契約書に書いておけばいいのである．しかし現実には，モニターした内容を立証することは，高いコストのかかる作業である．モニターの内容が客観的な評価でなかったり，仕事の内容が専門的な理解を必要とする場合は，立証が困難である．モニターした内容が立証困難な状況では，明示的な契約による協調は有効でなくなる．このような状況は，現実社会の重要な側面において，数多く見受けられる．したがって，明示的な契約による協調にかわって，暗黙の協調の重要性がクローズ・アップされることになる．

4. 不完全モニタリング

一般に，相手の行動を完全にモニターできる状況では，十分に長期的なプレイヤーであれば，効率的配分は，完全均衡によって達成可能である．それのみならず，ほぼすべての個人合理的な配分は，十分に長期的なプレイヤーであれば，完全均衡によって達成可能である．フューデンバーグ＝マスキン（Fudenberg and Maskin (1986)）によって示されたように，十分に長期的プレイヤーであれば，完全モニタリングのもとでは，フォーク定理が成立する．

しかしながら，現実の長期的関係において，お互いの行動を正しく観察することはけっして容易でない．たとえば，複占市場において，ライバル企業同士が，価格カルテルをもくろんでいるとしよう．両企業は，独占価格ないしはそれに準じる高い価格水準で，任意の買い手と自社財の取引を行うことを約束する．そうすることによって，企業間の価格競争を回避して，独占利潤を山分けしよう，というわけである．もっとも，ライバル企業間で明示的に価格引き下げを制限する契約をかわすことは，独禁法で禁じられる．よって，両企業は，暗黙の協調によってカルテルを維持しようとする．しかし各企業は，ライバル企業に対していくら高価格を口約束したとしても，実際には，ライバル企業に

内緒で，低価格販売をするかもしれない．その結果，ライバル企業の売り上げは減少するだろう．しかし，企業は，売り上げが減少したからといって，その原因が相手企業のカルテル破りにある，とは即断できない．企業の売り上げは，ライバル企業の財がどのような価格で販売されたかに依存すると同時に，景気を左右するさまざまな，観察不可能な外生的要因にも影響を受けているからである．

このような状況では，プレイヤーは，相手プレイヤーの価格決定などの行動を，不完全にしかモニターできない．現実の多くのケースは，このような「不完全モニタリング」の状況下におかれる．よって，不完全モニタリングの状況下において効率性定理やフォーク定理が成立するかどうかを解明することは，繰り返しゲームにおける重要なテーマとなる．

ふたたび，囚人のジレンマを考えよう．今度は，相手の行動は直接観察できないと仮定する．そのかわり，両プレイヤーは各期末に，共通に，シグナルGかシグナルBのどちらかを観察する．もし両プレイヤーが協調行動プロファイルをプレイしたならば，確率$1-\varepsilon$でシグナルGが観察され，確率εでシグナルBが観察される．しかし，どちらか一方が非協調行動をとったならば，逆に，シグナルGが確率ε，シグナルBが確率$1-\varepsilon$で観察される．ここで，εはゼロより大きく0.5より小さいとする．協調行動プロファイルがプレイされればシグナルGが観察されやすく，どちらかのプレイヤーが非協調行動をとればシグナルBが観察されやすい．よって，シグナルGは「良いシグナル」を意味すると解釈される．

両プレイヤーが，以下のように修正されたトリガー戦略プロファイルをプレイする状況を検討しよう．両プレイヤーは，第1期にて，協調行動プロファイルをプレイする．第2期以降各期にて，過去すべての期においてシグナルGが観察されれば，協力行動プロファイルをプレイする．しかし，過去に一度でもシグナルBが観察されれば，以降非協調行動プロファイルをプレイし続け，各プレイヤーはゼロの短期利得ベクトルを獲得し続ける．よって，トリガー戦略プロファイルがプレイされるならば，各プレイヤーiは長期利得

$$v_i = (1-\delta)\Big\{u_i(c) + \delta(1+\varepsilon)v_i\Big\}, \quad \text{すなわち}$$

$$v_i = 1 - \frac{\varepsilon\delta}{1-\delta+\varepsilon\delta} > 0$$

を獲得することになる．不完全モニタリングのもとでは，たとえまじめに協調行動プロファイルがプレイされたとしても，確率 ε で暗黙の協調は解消され，非協調行動プロファイルの繰り返しにおちいってしまう．よって，トリガー戦略プロファイルは，効率的配分 $(1,1)$ よりも厳密に劣位な配分しか達成しない．例外として，確率 ε がゼロのケースでは，トリガー戦略プロファイルは効率的配分を達成するが，このケースは，協調行動プロファイルがプレイされたか否かを区別できるため，実質的に完全モニタリングと同じである．

　不完全モニタリングのもとで，トリガー戦略プロファイルが完全均衡となるための必要かつ十分な条件は，不等式

$$\delta \geq \frac{1}{2-3\varepsilon}$$

が成立することである．もしプレイヤー i が単独で，トリガー戦略のかわりに非協調行動を第1期から繰り返しプレイするならば，毎期確率 $1-\varepsilon$ で非協調行動プロファイルの繰り返しプレイにおちいり，残りの確率 ε で協調からの逸脱による短期的利益 2 を獲得できる．よって，プレイヤー i は長期利得

$$v_i' = (1-\delta)\Big\{u_i(c/d_i) + \delta\varepsilon v_i\Big\}, \quad \text{すなわち}$$

$$v_i' = \frac{2(1-\delta)}{1-\varepsilon\delta}$$

を獲得する．よって，プレイヤー i がトリガー戦略をプレイするインセンティブをもつためには，不等式 $v_i \geq v_i'$，すなわち $\delta \geq \dfrac{1}{2-3\varepsilon}$ が成立しなければならない．実は，この不等式は，トリガー戦略プロファイルが完全均衡であるための必要かつ十分条件でもある．こうして，両プレイヤーが十分に長期的であれば，上述した修正されたトリガー戦略プロファイルは，繰り返しゲームにおける完全均衡となる．トリガー戦略プロファイルによる完全均衡は，1回限りの

ゲームにおけるナッシュ均衡利得ベクトル$(0,0)$よりもパレート優位な配分を達成する．不完全モニタリングのケースであっても，長期的なプレイヤーを仮定すれば，少なくとも部分的には暗黙の協調が可能である．

もっとも，トリガー戦略プロファイルは，効率的配分$(1,1)$を近似的にも達成させることはできない．よって，次のステップとして，トリガー戦略以外の戦略を使って完全均衡を設計することによって，効率的配分を近似的に達成させることができるかどうか，を明らかにすることが重要である．上述した囚人のジレンマの例とほぼ同じモデルにおいて，ラドナー=マイヤーソン=マスキン(Radner, Myerson, and Maskin (1986))は，もし各プレイヤーが，両プレイヤー共通に観察可能なシグナル，すなわち「公的シグナル」の歴史的経緯にのみ依存する戦略をプレイするならば，効率的配分は完全均衡によって達成できないことを証明した．従来，この論文を根拠にして，不完全モニタリングのもとでは，効率的配分の完全均衡による近似的達成は，一般的にも期待できないだろうと推測されてきた．しかし現在では，この推測は正しくないことがわかっている．

松島(Matsushima (1989))は，ラドナー=マイヤーソン=マスキン論文の悲観的な結果は，公的シグナルの可能性集合の大きさが2であることに強く依存していることを指摘した．公的シグナルとは，両プレイヤーが共に観察できるシグナルのことで，後述する「私的シグナル」と区別される．松島論文は，囚人のジレンマにおいて，公的シグナルの集合が大きければ，たとえモニタリングの精度が非常に低くても，効率的な配分が完全均衡によって近似的に達成できることを示した．ここで，モニタリングの精度が低いとは，行動プロファイルについての条件付きの，公的シグナルの発生確率$p(\omega|a)$が行動プロファイルにあまり強くは依存しないことを意味する．

可能な公的シグナルがGとBのみの場合，シグナルBが観察されたならば，両プレイヤーが共に次期以降ペナルティーを受けるように戦略プロファイルを設計しなければ，両プレイヤーに協調行動プロファイルをプレイするインセンティブを与えることができない．しかし，このようなペナルティーの設計の仕方では，たとえ正しく協調行動プロファイルが選択されたとしても，正の確率εでパレート劣位なペナルティーにおちいることになる．これが原因となって，

効率的配分の完全均衡による達成が妨げられるのである．松島論文は，公的シグナルの集合が大きければ，一方のプレイヤーを罰することを示唆するシグナルと，他方のプレイヤーを罰することを示唆するシグナルとを区別して，完全均衡戦略プロファイルを設計することができることを示した．一方のプレイヤーを罰する際には他方のプレイヤーに有利な配分を与えるように，戦略プロファイルを設計すれば，配分の効率性をそこなうことなく，両プレイヤーに協調行動プロファイルを選択するインセンティブを与えることができる．プレイヤーに対するペナルティーは実質的には他方のプレイヤーへの利得移転に相当するため，ペナルティーの額をいくら大きくしても効率性のロスにはならない．よって，モニタリングの精度が低くても，ペナルティーを大きくすることによって，効率性のロスを生むことなく，協調行動のインセンティブを両プレイヤーに与えることができるのである[2]．

5. 公的モニタリングと私的モニタリング

不完全モニタリングのもとでの繰り返しゲームの考察は，すでに長い研究の歴史をもつ．特に，1990年代には，シグナルが全プレイヤー共通に観察可能な「公的モニタリング」の状況について，数多くの研究がなされた．なかでも，フューデンベルグ=レヴィン=マスキン (Fudenberg, Levine, and Maskin (1994)) は，公的モニタリングの範囲においては一般的な条件のもとで，フォーク定理が成立することを証明した．また，アブリュー=ピアス=スタケッティ (Abreu, Pearce, and Stacchetti (1990)) は，公的シグナルの履歴にのみ依存する完全均衡によって達成可能な配分を，任意の割引ファクターのもとで特定化する定理を示した．これらの研究成果は，当該分野における重要な貢献ではあるけれども，公的モニタリングの仮定に強く依存したものである．

現実の経済環境において公的モニタリングを仮定することは，概して不適切である．経済主体は，自分の利害に影響を与える他者の，不確かな行動を探ろ

---

[2] 近年，神取・小原 (Kandori and Obara (2000)) は，公的シグナルの集合の大きさが2の場合でも，自己の選択した行動の履歴に依存する混合戦略を考慮すれば，効率配分を完全均衡によって達成できる可能性があることを示した．神取・小原論文における戦略設計の仕方は，後述するエリ=ヴァリマキ (Ely and Valimaki (1999)) によく似たものだが，彼らが独立に開発したものである．

うとする際には，まず身近に利用できる情報に注意を向ける．新聞やネット情報などは，たしかに身近に利用できる情報メディアかもしれない．しかし，これらのメディアからの情報は，社会の広範囲に向けて発信する価値のあるものに限定される．また，どのような情報ソースも，最初には，ある特定の経済主体によって私的に観察され，遅れをともなって伝達されたり，不十分にしか人々の注意を喚起できなかったりする．このような情報獲得の遅れや見落しは，低い割引ファクターと同様の，暗黙の協調にとって致命的なマイナス効果を生む．このような状況においては，経済主体は，公的に利用可能な情報を使って暗黙の協調を達成させる可能性には，あまり多くの期待をよせられない．よって，経済主体は，自分だけが私的に観察できたシグナル情報を即座に利用することによって，暗黙の協調を模索しようとする．

再びカルテルの例を検討しよう．複占企業は，自己の売り上げを見て，相手企業がカルテルをやぶったかどうかをモニターする．各企業の売り上げは，少なくとも短期的には，相手企業に知られることのない私的情報である．よって，両企業は，相手は自分をモニターする術をある程度はもっているだろうが，しかし，実際に自分の取引行動をどのようにモニターしたかはわからない，という状況におかれていることになる．

各プレイヤーが，相手プレイヤーの行動を私的にしか観察できないシグナルによってモニターする状況を，私的モニタリングと呼ぶことにしよう．公的モニタリングは，各プレイヤーが私的に観察するシグナルが相互に完全相関しているケースに対応するので，私的モニタリングの特殊ケースと見なすことができる．私的モニタリングという，もう一段一般化された繰り返しゲームの環境を考察することによって，フォーク定理や効率性定理を，単に自分の行動がある程度モニターされているという事実だけから導くことができるかどうかが，われわれの解明すべき問題となる．

私的モニタリングにおける暗黙の協調を考察する場合には，公的モニタリングにはない，均衡分析をするうえでの，本質的な困難がある．再び，囚人のジレンマの繰り返しゲームにおいてトリガー戦略をプレイする状況を考えよう．公的モニタリングのケースでは，両プレイヤーがシグナル B を共通に観察すると，次期以降の戦略プロファイルは，1 回限りのゲームでのナッシュ均衡を

繰り返す非効率な完全均衡に調整（coordinate）される．しかし，私的モニタリングのケースでは，一方のプレイヤーが私的にシグナル B を観察したにもかかわらず，他方のプレイヤーは私的にシグナル G を観察していることが，正の確率で起こる．自分は過去に信用できない行為がなされたことを示唆する情報を得ているにもかかわらず，他の人はそのことを知らないので，次期以降の戦略プロファイルを非協調的な均衡に調整することができない．従来，これが主な理由となって，私的モニタリングのもとでの繰り返しゲーム分析は難しいと考えられてきた．さらには，私的モニタリングのもとでは，フォーク定理や効率性定理は成立しないとさえ推測されてきた．

たとえば，私的シグナル構造が条件付き独立性をみたしているケースを検討しよう．条件付き独立性は，行動プロファイルについての条件付きの，私的シグナルプロファイルの発生確率が，個別の私的シグナルの発生確率の積によって表される，すなわち，

$$p(\omega_1, \omega_2 | a) = p(\omega_1 | a) p_2(\omega_2 | a)$$

がつねに成り立つことを意味する．よって，条件付き独立性は，私的シグナルが完全相関している公的モニタリングのケースとは対極に位置する私的モニタリングの特殊ケースと見なされる．条件付き独立性下でトリガー戦略プロファイルのような純粋戦略プロファイルがプレイされるならば，自分が観察する私的シグナルは，相手がどの私的シグナルを観察したかについてなんら情報を提供しない．したがって，相手が次期以降どのような戦略をとるか，すなわち再びトリガー戦略をプレイするのか，あるいは非協調行動の繰り返し戦略をプレイするのか，についての予想は，今日自分がどの私的シグナルを観察したかにはまったく依存しないことになる．

松島（Matsushima（1991））は，行動決定の仕方を，相手の戦略についての情報を含まない履歴には依存させないとする限定合理性の仮定のもとでは，1回限りのゲームでのナッシュ均衡の繰り返しプレイのみが唯一の純粋戦略完全均衡となることを証明した．この悲観的な結果は，私的シグナルの精度がいくら高くても，そしてプレイヤーがいかに長期的であろうとも成立する．

もっとも，混合戦略完全均衡や，限定合理性をともなわない純粋戦略完全均

衡を考慮するならば，効率性定理やフォーク定理が成立する可能性がでてくるかもしれない．本章の残りの部分は，私的モニタリングのもとで効率性定理やフォーク定理が導かれる可能性を示した，近年の研究成果を紹介する．

6. ほぼ完全な私的モニタリング

関口 (Sekiguchi (1997)) は，私的モニタリングのもとで，効率性定理が成立する可能性があることを示した最初の論文である．関口論文は，条件付き独立性のもとで，前述したような囚人のジレンマの例を考察した．そして，各プレイヤーが，第1期首において，トリガー戦略と非協調行動の繰り返し戦略の，2つの純粋戦略のうちどちらかをランダムに決定する混合戦略をプレイする可能性について検討した．相手が混合戦略をプレイしている場合は，プレイヤーが観察する私的シグナルは，たとえ条件付き独立性のもとであろうとも，相手プレイヤーがどの純粋戦略をプレイしているかについての情報を含むことになる．

たとえば，プレイヤーが第1期末に私的シグナルGを観察した場合，この観察結果は，相手プレイヤーが第1期首において，非協調行動の繰り返し戦略ではなく，トリガー戦略をプレイすることを決定した可能性が高いことを意味する．逆に，私的シグナルBが観察された場合，この観察結果は，非協調行動の繰り返し戦略を選んだ可能性が高いことを意味する．相手プレイヤーが第1期首において決定した純粋戦略がこのように学習される結果，各プレイヤーは，私的シグナルGを観察し続ける限りトリガー戦略をプレイする一方，一度私的シグナルBを観察すれば，以降非協調行動を繰り返すことによって，疑わしい相手を罰するインセンティブをもつ可能性が生まれる．

関口論文は，シグナルの精度が非常に高い，「ほぼ」完全モニタリングのもとでは，上述した混合戦略プロファイルのクラスの中に完全均衡が存在することを証明した．シグナルの精度が完全に近いことを仮定しているので，この完全均衡は効率的配分を近似的に達成する．

関口論文における効率性定理は，ほぼ完全モニタリングであることを仮定しているとはいえ，厳密に完全モニタリングのもとでの効率性定理の論理から直

接導くことができるような，トリヴィアルなものではない．たとえば，プレイヤーが，前期末において，私的シグナルBをはじめて観察したとしよう．よって，相手プレイヤーがすでに非協調行動の繰り返しプレイに戦略を切り替えた可能性が非常に高いと予想される．プレイヤーは，トリガー戦略に従って，自分も今期以降非協調行動の繰り返しプレイに戦略を切り替える．さらに，今期末において，今度は私的シグナルGを観察したとしよう．私的シグナルGは相手が非協調行動をプレイした場合にはほとんど観察されないと仮定するならば，プレイヤーは，相手プレイヤーが非協調行動の繰り返し戦略にすでにスイッチしていたと予想したのはまちがいだったと判断することになる．しかし，だからといって，プレイヤーは相手プレイヤーが次期に協調行動をプレイするとはもはや予想しない．自分は今日非協調行動をプレイしたので，相手プレイヤーは今期末に高い確率で私的シグナルBを観察しているはずである．このことは，次期以降相手プレイヤーは高い確率で非協調行動の繰り返しプレイに戦略を切り替えてくることを意味する．こうして，一度非協調行動の繰り返し戦略に切り替えると，途中で何度も私的シグナルGを観察したとしても，非協調行動の繰り返しプレイを止めようとはしなくなる．以上より，疑わしいと判断された相手プレイヤーを長期にわたって厳しく罰するインセンティヴが維持され，トリガー戦略プロファイルが完全均衡となるのである．暗黙の協調を説明するこのような新しい論理は，公的モニタリングの考察の中からはでてこない性質のものである[3]．

関口論文以降，いくつかの関連論文が登場する．なかでも，エリ=ヴァリマキ (Ely and Valimaki (1999)) による囚人のジレンマの研究は，重要度の高い研究である．エリ=ヴァリマキ論文は，関口論文とは異なるタイプの戦略プロファイルを設計することによって，ほぼ完全なモニタリングのもとでフォーク定理が成立することを証明した．

戦略が私的シグナルの履歴に依存する場合，各プレイヤーは，相手が今期どのような戦略をプレイするかを十分に把握できないまま最適反応を計算しなければならない．このことが原因となって，従来，私的モニタリングのもとでの

---

[3] バシュカール・小原 (Bhaskar and Obara (2000)) は，条件付き独立性をみたさない一般的な囚人のジレンマに，関口論文の効率性定理を拡張した．

繰り返しゲーム分析は，公的モニタリングよりも難しいと考えられてきた．関口論文では，自己の私的シグナルの観察を通じて相手の将来戦略についての予想を改定することが，各プレイヤーから，私的シグナルに応じて行動選択を変更するインセンティブを引き出す原動力になった．

関口論文における均衡設計の仕方とは異なって，エリ=ヴァリマキ論文は，各プレイヤーに，相手がとりうるどの戦略に対しても，最適反応プレイを保証するような戦略プロファイル，すなわち相互交換可能性条件 (interchangeability) をみたす完全均衡の存在可能性を検討した．相手プレイヤーがどの戦略を今期以降プレイするかについて学習しなくても，各プレイヤーが最適反応をプレイできるような完全均衡を分析したのである．

エリ=ヴァリマキ論文は，私的シグナル G を観察した次の期には協調行動を，私的シグナル B を観察した次の期には非協調行動を，各々高い確率でプレイするマルコフ型の戦略を検討した．各プレイヤーにとって，相手プレイヤーが，はたして協調行動を選択することからスタートする戦略をプレイするのか，あるいは非協調行動を選択することからスタートする戦略をプレイするのか，を確率的に判断することは，時間の経過につれて複雑困難な作業になっていく．そこで，エリ=ヴァリマキ論文は，相手プレイヤーが協調行動の選択からスタートする戦略をプレイしようとも，非協調行動の選択からスタートする戦略をプレイしようとも，どちらに対しても最適反応になるように均衡戦略を設計しようと考えたのである．このような均衡戦略が存在するならば自動的に，行動プロファイル (c_1,c_2)，(c_1,d_2)，(d_1,c_2)，(d_1,d_2) の選択からスタートする4通りの戦略プロファイル，およびこれらによる混合戦略プロファイルはすべて，完全均衡になる．この意味において，エリ=ヴァリマキ論文において設計される戦略プロファイルは，相互交換可能性をみたす．

エリ=ヴァリマキ論文は，ほぼ完全モニタリングの状況下で，割引ファクターが1に十分近い，非常に長期的なプレイヤーを想定した場合に，上述した設計の仕方によって，相互交換可能性をみたす完全均衡が存在し，効率的定理が成立することを証明した．また，戦略設計の仕方をさらに発展させることによって，ほぼ完全モニタリングの状況下で，割引ファクターが1に十分近い場合にフォーク定理が成立することをも証明した．

エリ=ヴァリマキ論文では，相互交換可能性のおかげで，相手プレイヤーの戦略予想を綿密に計算しなくても，戦略プロファイルが完全均衡になっているかどうかをチェックできる．これによって，私的モニタリングにおける繰り返しゲームがかなり分析しやすくなった．エリ=ヴァリマキ論文を踏まえるならば，より一般的なシグナル構造においても，相互交換可能性ないしはその修正された条件を仮定することによって，有益な分析結果が得られることが期待できる．次節以降は，修正された相互交換可能性に基づく完全均衡分析が紹介される．

7. 低い精度の私的モニタリング

前節におけるフォーク定理ないしは効率性定理はいずれも，私的モニタリングの精度が非常に高い，ほぼ完全なモニタリング状況に限定されたものだった．よって，次のステップとして，われわれは，私的シグナルの精度が低く，完全モニタリングからかけはなれた状況においても，フォーク定理や効率性定理が成立しうるかどうかを解明しなければならない．

松島 (Matsushima (2001a)) は，囚人のジレンマにおいて，条件付き独立性のもとでは，私的シグナルの精度に関係なくフォーク定理が成立することを証明した．囚人のジレンマの例を再び検討しよう．今度は，確率 ε は，ゼロに近いことを仮定せず，0.5未満の任意の値とする．確率 ε が0.5に近ければ，私的シグナルの精度が非常に低いことになる．

各プレイヤーは，以下のような戦略をプレイする．最初の T 期間において，協調行動をプレイし続ける．この T 期間に私的シグナル G を M 回以上観察したならば，次の T 期間，すなわち第 $T+1$ 期から第 $2T$ 期の間においても，協調行動をプレイし続ける．もし私的シグナル G を観察した回数が M 回未満ならば，次の T 期間は，ある正の確率で非協調行動をプレイし続け，残りの確率で協調行動をプレイし続ける．さらに，第 $T+1$ 期から第 $2T$ 期の間に，私的シグナル G が十分な回数観察されれば，再び次の T 期間で協調行動をプレイし続け，そうでなければ，ある正の確率で非協調行動をプレイし続ける．以下同様にして，各プレイヤーの戦略が定義される．

各プレイヤーは，無限に続くプレイ期間を，T期間ごとの「レヴュー期間」に区切って，各レヴュー期間ごとに相手プレイヤーの行動をモニターした内容を集計する．私的シグナルGの観察された回数がその集計の内容であり，この回数が高ければ高いほど，相手プレイヤーが協調行動を選択し続けた可能性が高いことを意味する．各プレイヤーは，私的シグナルGの観察された回数が閾値Mを上回れば，相手プレイヤーはレヴューに合格したと判断し，次期からスタートするレヴュー期間において協調行動を繰り返すことによって，相手プレイヤーに御褒美を与える．しかし，レヴューに合格しなければ，次期からスタートするレヴュー期間において非協調行動を繰り返すことによって，相手プレイヤーに罰則を与える．このように，一定期間を一区切りにしてレヴューして，集計した内容に基づいて相手を罰するかどうかを決める戦略を，「レヴュー戦略」と呼ぶことにする．

　レヴュー戦略プロファイルは，レヴュー期間Tを十分に大きくとり，閾値Mを$(1-\varepsilon)T$より小さくεTより大きくとるならば，効率的配分$(1,1)$を近似的に達成させることができる．レヴュー戦略プロファイルに従って，第1期からT期間，協調行動プロファイルがプレイされ続ければ，各プレイヤーが観察する私的シグナルGの回数はほぼ確実に$(1-\varepsilon)T$の周辺，すなわちM回以上になる．よって，両プレイヤーは共に，ほぼ確実に相手のレヴューに合格することになり，第$T+1$期以降も協調行動プロファイルをプレイし続けることになる．こうして，レヴュー戦略プロファイルは，効率的配分を近似的に達成する．

　各プレイヤーは，協調行動と非協調行動を織り交ぜることによって，相手プレイヤーに悟られないように，暗黙の協調から逸脱することを試みるかもしれない．しかし，閾値Mを$(1-\varepsilon)T$に近い値に定めるならば，このような部分的な逸脱によって便益を獲得することはできなくなる．閾値Mが$(1-\varepsilon)T$に近い値に定められることによって，わずかな期間数非協調行動を選択しただけでも，レヴューに不合格する確率を十分に高めてしまうからである．

　また，レヴューに不合格になった際に相手プレイヤーが非協調行動の繰り返しプレイに転じる確率を適切に定めれば，非協調行動の繰り返しプレイからスタートするレヴュー戦略と，協調行動の繰り返しプレイからスタートするレヴュー戦略のどちらもが最適反応になる．よって，各レヴュー期間の開始時にお

いて，2種類のレヴュー戦略のいずれもが，相手がどちらのレヴュー戦略をプレイするかに関係なく最適反応になる．この性質は，エリ=ヴァリマキ論文によって提示された相互交換可能性を弱めた条件に対応し，完全均衡の分析を容易にする．

こうして，レヴュー戦略プロファイルをうまく設計することによって，松島論文は，条件付き独立性下で効率性定理を証明し，また，レヴュー戦略をさらに発展させて，フォーク定理も証明した．

これらの定理の証明において，条件付き独立性は以下のような重要な役割をはたす．条件付き独立性がみたされない場合，各プレイヤーは，レヴュー期間中において，自己の私的シグナルの観察から，相手プレイヤーが今期までに私的シグナル G を何回観察したかについて情報を得ることができる．つまり，自分が相手のレヴューに合格できるかどうかを，次第によりよく知るようになる．たとえば，自己の私的シグナルの観察により，相手プレイヤーが私的シグナル G をすでに閾値以上の回数観察した可能性が非常に高いという情報を得たとしよう．よって，今期以降のレヴューの残余期間においてどのような行動決定をするかに関係なく，自分が相手プレイヤーのレヴューに合格することはほぼ明らかであるため，このプレイヤーは，今期以降協調行動を繰り返すインセンティブを失ってしまう．このことは，レヴュー戦略プロファイルが完全均衡にならないことを意味する．

条件付き独立性をみたさないケースの代表例は，お互いの私的シグナルが完全に相関している，公的モニタリングである．よって，上述した理由から，レヴュー戦略プロファイルは，公的モニタリングのもとでは，完全均衡にならない．レヴュー戦略の基本的なアイデアは，もともとは，公的モニタリングにおける繰り返しゲーム研究の経緯の中で提示された．ラドナー (Radner (1985, 1986)) は，その代表的な論文である．しかし，レヴュー戦略の直観的な理解のしやすさにもかかわらず，レヴュー戦略が公的モニタリングに応用できる範囲は，プレイヤーが将来利得をまったく割り引かないケースや，片方のプレイヤーの行動のみが不確実であるケースなどに限られ，あまり広いとはいえない．

松島論文は，公的モニタリングにおいては困難なレヴュー戦略の適用は，条件付き独立性をみたす私的モニタリングにおいては，きわめて容易かつ有用で

あることを示したことになる．もっとも，条件付き独立性は，それ自体かなり私的モニタリングの考察範囲を限定する条件である．したがって，レヴュー戦略設計ないしはその修正案が，条件付き独立性をみたさない私的モニタリングにおいても効率性定理やフォーク定理の証明に役立てることができるかどうかが，次に明らかにされるべきである．

8. 条件付き独立性をみたさない状況への一般化

松島（Matsushima (2001b)）は，条件付き独立性の仮定をみたさない，かなり一般的な2人ゲームにおいても効率性定理が成立することを証明した．レヴュー戦略の基本的な考え方は，各プレイヤーは，レヴュー期間において何回「良いイベント」を観察したかを数えて，その回数が十分に大きいときにのみ相手プレイヤーをレヴューに合格させる，ということである．そして，自分自身が観察する私的シグナルが，相手プレイヤーが良いイベントを観察したかどうかについての情報を含まないことが，レヴュー戦略プロファイルが完全均衡となるために必要な条件である．条件付き独立性は，この性質を保証する条件である．しかし，条件付き独立性をみたさなくても，上述した性質をみたす「良いイベント」をうまく選ぶことができさえすれば，効率性定理やフォーク定理を証明できる．

松島論文は，以下に示されるかなり広範囲の，条件付き独立性をみたさない私的モニタリングにおいて，効率性定理が証明できることを示した．両プレイヤーの私的シグナルは，観察不可能な不確実性要因 θ をつうじて相関していると仮定する．不確実性要因 θ は，行動プロファイルについての条件付き確率 $f(\theta|a)$ によってランダムに決定される．私的シグナルのプロファイルは，行動プロファイルと不確実性要因についての条件付き確率 $p(\omega_1,\omega_2|a,\theta)$ によってランダムに決定される．したがって，行動プロファイルについての条件付きの，私的シグナルプロファイルの発生確率は，

$$p(\omega_1,\omega_2|a)=\sum_{\theta}p(\omega_1,\omega_2|a,\theta)f(\theta|a)$$

である．松島論文は，以下の2つの条件がみたされるならば，効率性定理が成

立することを証明した.

(1) 条件付き確率 $p(\omega_1,\omega_2|a,\theta)$ は条件付き独立性をみたす,すなわち,

$$p(\omega_1,\omega_2|a,\theta)=p_1(\omega_1|a,\theta)p_2(\omega_2|a,\theta)$$

が成立する.

(2) 各プレイヤー $i\in\{1,2\}$ と行動 $a_i\in\{c_i,d_i\}$ について,私的シグナル集合上の確率関数 $p_i(\cdot|a,\theta):\Omega_i\to[0,1]$ は,$(a_j,\theta)\in A_j\times\Xi$ について,線形独立である.ここで,Ω_i,Ξ は各々,プレイヤー i の私的シグナル集合,不確実性要因 θ の可能性集合である.

もしプレイヤー i の私的シグナル集合が,相手プレイヤー i の行動集合と不確実性要因の可能性集合の積に比べて小さくないならば,すなわち,不等式

$$|\Omega_i|\geq|A_j|\times|\Xi|$$

が成立するならば,条件 (1) をみたす私的シグナル構造全体の集合のほぼいたるところすべてにおいて,条件 (2) が成立する.よって,条件 (1) のもとでは,退化ケースを除いて,つねに効率性定理が成立する.また,任意の公的モニタリングのケースは,条件 (1) と (2) をみたすなんらかの私的モニタリングのケースによって近似することができる.よって,松島論文は,公的モニタリングと条件付き独立性という,私的モニタリングの両極端を統合した広範囲にわたって,効率性定理を証明したことになる.

松島論文では,以下のように修正されたレヴュー戦略が設計された.プレイヤー i は,行動 $a_i\in A_i$ を選択して任意の私的シグナル $\omega_i\in\Omega_i$ を観察した場合,確率 $\mu_i(a_i,\omega_i)$ で得点 1 を加算する.T 期間のレヴューの結果,加算された得点が閾値 M 以上であれば相手プレイヤーをレヴューに合格させ,そうでなければ不合格にする.得点 1 の加算を「良いイベント」と呼ぶことにしよう.もし条件 (2) が成り立つならば,行動プロファイルと不確実性要因 θ についての条件付きの,良いイベントの発生確率 $\sum_{\omega_i}\mu_i(a_j,\omega_i)p_i(\omega_i|a,\theta)$ が不確実性要因 θ について一定になるように,確率 $\mu_i(a_i,\omega_i)$ を定めることができる.さらには,

この確率の値が $a_j=c_j$ において最大に, $a_j=d_j$ においてその次の大きさに, それ以外の行動においてはより小さくなるように, 確率 $\mu_i(a_i,\omega_i)$ を定めることができる. つまり, 条件 (2) によって, 「良いイベント」の確率を, 不確実性要因に依存させないように定めることができる. さらには, 条件 (1) より, 相手プレイヤーが「良いイベント」を観察したかどうかについて, 自分の観察した私的シグナルがなんら情報を提供できないことが保証される. こうして, 条件付き独立性の仮定下とほぼ同様の論理を適用することができるようになり, 効率性定理を証明できるのである.

9. カルテルへの応用

カルテルは, 私的モニタリングにおける繰り返しゲームの応用に非常に適した問題領域である. われわれは, かなり一般的な私的モニタリングの2人ゲームにおいて効率性定理が成立することを知った. 本節は, 前節の成果をもとにして, 複占価格競争市場における暗黙のカルテル協調を説明する.

松島 (Matsushima (2001b)) は, 論文の後半部において, 最適なカルテル協調が完全均衡によって近似的に達成できる複占価格競争市場モデルを示した. 今, n 人の消費者が潜在的に存在している. 各消費者は, 企業1か2のどちらか一方から, 1単位ないしはゼロ単位の財を購入する. 企業1および2は, 各期において各々, 自社財価格 $a_1 \in A_1 = \{0,1,\ldots,\overline{a}_1\}$, $a_2 \in A_2 = \{0,1,\ldots,\overline{a}_2\}$ を同時決定する. この決定は消費者には観察可能だが, 相手企業には観察できない. 両企業が生産する財は差別化されており, どちらの財をより選好するかは, 消費者および不確実性要因 $\theta \in \Xi$ ごとに異なる. 各消費者 $h \in \{1,\ldots,n\}$ が実際に財を購入するかどうかは, 価格ベクトル $a \in A$ や「公的な」不確実性要因 θ 以外に, 各々の私的な不確実性要因 $\theta_h \in \Xi_h$ にも依存する. この私的不確実性要因の, 行動プロファイルと公的不確実性要因についての条件付きの発生確率は, 条件付き独立性をみたすことを仮定する.

各企業 $i \in \{1,2\}$ は単位コスト一定で生産するが, そのキャパシティーには上限がある. 個別需要が上限値 $\overline{\omega}_i$ を上回ると, 超過需要が発生することになり, 実際の取引額はこの上限値に一致する. 各企業にとって, この取引額ないしは

売り上げだけが私的に観察可能なシグナルであると仮定する．もし，キャパシティーの上限値に比べて，潜在消費者数が十分に大きければ，この複占モデルにおけるシグナル構造は概して，フル・サポートをもつことになる．よって，シグナルの精度の非常に低い環境をも考察対象となる．

公的な不確実性要因 θ は，市場全体に影響を与えるマクロ的な景気変動要因であり，私的な不確実性要因 θ_h とは区別される．個別企業の私的シグナルである売り上げは，観察不可能なマクロ的景気変動要因 θ をつうじて相関しているため，われわれは，条件付き独立性をみたさないケースを検討していることになる．

松島論文は，上述した複占モデルにおいて，もしキャパシティーの上限値が，価格集合と不確実性要因の可能性集合の積よりも大きければ，すなわち不等式

$$\overline{\omega_i} > (\overline{a_i}+1)|\Xi|$$

が成立するならば，退化ケースを除いて一般に，最適なカルテル協調が，完全均衡によって近似的に達成できることを証明した．この可能性定理は，前節において説明した松島論文の前半部において示された効率性定理から，ほぼ直接的に証明することができる．

カルテルについての初期の考察であるスティグラー（Stigler (1964)）は，企業が取引価格を秘密裏に引き下げることが，カルテルを内部崩壊させる最も効果的な要因だと論じた．しかし，カルテル協調を維持する完全均衡プレイの最中においても，各企業は秘密裏に価格を引き下げることがある．その結果，均衡経路上において，高い価格付けによる協調，低価格競争，アンバランスな市場シェアの配分が，立ち現れては消えるサイクルが発生している．このような変動は，市場競争圧力の強弱によってカルテルが消滅したり発生したりしていることを意味するというよりはむしろ，暗黙のカルテル協調を維持するためのインセンティブが有効に働いていることを示唆している．

従来のカルテルに関する理論分析では，グリーン=ポーター（Green and Porter (1984)）による，公的モニタリングのもとでの繰り返しゲームが有名である．グリーン=ポーター論文は，両企業が同質財を供給する数量競争モデルを考察し，企業に共通の取引価格が需給均衡によって決定されると仮定した．

その結果，各企業が秘密裏に取引価格を変更する可能性は，カルテルの是非を論じるうえで重要であるにもかかわらず，仮定によって排除されてしまった．この点においては，グリーン=ポーター論文は適切なモデル分析といえない．

神取・松島 (Kandori and Matsushima (1998)) は，非常に一般的な私的モニタリングの下で繰り返しゲームを分析し，その際，プレイヤーが相互に，公的に観察可能なメッセージを随時交換できることを仮定した．その結果，フューデンベルグ=レヴィン=マスキン (Fudenberg, Levine, and Maskin (1994)) やアブリュー=ピアス=スタケッティ (Abreu, Pearce, and Stacchetti (1990)) などの，公的モニタリングにおける繰り返しゲーム分析と本質的に同じアプローチによって，フォーク定理を証明することができた．したがって，非常に一般的な価格競争寡占市場において，企業間でメッセージの交換が随時可能ならば，暗黙のカルテル協調が完全均衡によって達成可能であることになる．もっとも，ライバル企業同士がコミュニケーションした事実が外部に発覚されれば，その企業は反トラスト法に違反したと認知され，法的制裁を受けることになる．よって，この場合，ライバル企業間で交渉がなされたかどうかについて監視を強化することは，カルテルに対する有効な抑止力となる．一方，松島論文において示されたカルテルは，企業間のコミュニケーションをともなわないから，法的制裁についても頑強な暗黙の協調関係である．

10. まとめと今後の課題

本章は，私的モニタリングのもとでの繰り返しゲームについての近年の研究成果を，主に2つの松島論文 (Matsushima (2001a, 2001b)) を中心に紹介した．条件付き独立性をみたす囚人のジレンマにおいて，私的シグナルの精度に関係なく，フォーク定理が成立することが示された．条件付き独立性をみたさない一般的な2人ゲームにおいても，効率性定理が成立することが示された．また，複占価格競争市場に応用することによって，最適なカルテル協調が達成できることが示された．

私的モニタリングについての理論研究が進展することによって，繰り返しゲームの応用対象はさらに広がると考えられる．エージェンシーなどの内部組織

における長期的関係においては，モニタリングは主観的査定によって行われることがある．このような場合は，モニタリングの内容を共有することも伝達することも困難であるから，私的モニタリングのモデルによる分析が適切である．

私的モニタリングは，組織と組織との間の関係についての分析に適する．一般に，組織間で共有できる情報は限られているため，公的モニタリングのモデルは不適切である．カルテルは，組織間の関係を扱う，よい一例である．また，環境経済学の問題領域には，複数の独立した企業組織や個人にまたがる相互依存を扱ったものがある．異なる種類の公害を誘発し，その汚染の程度は客観的に査定できない経済主体の行為が，どのような条件下で自主規制されるかは，重要な政策的願意をもつ論点であり，私的モニタリングの繰り返しゲームによって分析されるべきである．

私的モニタリングにおける繰り返しゲームは，理論面においても応用面においても発展途上である．たとえば，3人以上のゲームについては，十分に考察されていない．割引ファクターが低い，プレイヤーがあまり長期的でないケースについては，ほとんどなにもわかっていない．

相互交換可能性をみたさない完全均衡を考慮することによって，より広範囲において暗黙の協調が達成できるかもしれない．しかし，現段階では，関口論文における，幾分制約された，ほぼ完全なモニタリングをみたす囚人のジレンマの例を除いては，われわれはなんの理解にも達していない．

繰り返しゲームの研究は，今後のさらなる進展に託されるところ大である．

参考文献

Abreu, D., D. Pearce, and E. Stacchetti (1990), "Towards a Theory of Discounted Repeated Games with Imperfect Monitoring," *Econometrica* 58, pp.1041-1064.

Bhaskar, V., and I. Obara (2000), "Belief-Based Equilibria in the Repeated Prisoners' Dilemma with Private Monitoring," mimeo.

Ely, J., and J. Valimaki (1999), "A Robust Folk Theorem for the Prisoner's Dilemma," mimeo.

Fudenberg, D., and E. Maskin (1986), "The Folk theorem in Repeated Games with Discounting or with Incomplete Information," *Economet-*

rica 54, pp.533-556.

Fudenberg, D., D. Levine, and E. Maskin (1994), "The Folk Theorem with Imperfect Public Information," *Econometrica* 62, pp.997-1040.

Kandori, M., and H. Matsushima (1998), "Private Observation, Communication and Collusion," *Econometrica* 66, pp.627-652.

Kandori, M., and I. Obara (2000), "Efficiency in Repeated Games Revisited: The Role of Private Strategies," mimeo.

Matsushima, H. (1989), "Efficiency in Repeated Games with Imperfect Monitoring," *Journal of Economic Theory* 48, pp.428-442.

Matsushima, H. (1991), "On the Theory of Repeated Games with Private Information, Part I: Anti-Folk Theorem without Communication," *Economics Letters* 35, pp.253-256.

松島斉 (1994),「過去, 現在, 未来：繰り返しゲームと経済学」, 岩井克人・伊藤元重編『現代の経済理論』東京大学出版会.

Matsushima, H. (2001a), "The Folk Theorem with Private Monitoring," Discussion Paper CIRJE-F-123, University of Tokyo.

Matsushima, H. (2001b), "Repeated Games with Private Monitoring and Secret Price Cuts," mimeo.

Pearce, D. (1992), "Repeated Games: Cooperation and Rationality," in J.-J. Laffont, ed., *Advances in Economic Theory: Sixth World Congress*, Cambridge University Press.

Radner, R. (1985), "Repeated Principal Agent Games with Discounting," *Econometrica* 53, pp.1173-1198.

Radner, R. (1986), "Repeated Partnership Games with Imperfect Monitoring and No Discounting," *Review of Economic Studies* 53, pp.43-47.

Radner, R., R. Myerson, and E. Maskin (1986), "An Example of a Repeated Partnership Game with Discounting and with Uniformly Inefficient Equilibria," *Review of Economic Studies* 53, pp.59-70.

Sekiguchi, T. (1997), "Efficiency in Repeated Prisoner's Dilemma with Private Monitoring," *Journal of Economic Theory* 76, pp.345-361.

Stigler, G. (1964), "A Theory of Oligopoly," *Journal of Political Economy* 72, pp.44-61.

第5章 共有知識と情報頑健均衡

宇井貴志・梶井厚志

1. はじめに

　標準的なゲーム理論の分析では，プレイヤーが「ゲームの構造を完全に知っている」ということが前提となっている．「ゲームの構造を完全に知っている」ことの含意の1つは，各プレイヤーがそれぞれの戦略の組み合わせに対してどのような利得が得られるのかを「知っている」ということである．ここでは，自分の利得のみならず，他のプレイヤーの利得についても「知っている」ことが重要な要件になる．なぜならば，戦略的環境において合理的に行動するためには，他のプレイヤーの戦略の選択を予測する必要があり，そのためには他のプレイヤーの利得がどのようになっているのかを考慮する必要があるからである．

　ところが，チェスや囲碁のような簡単なルールによって成り立つゲームであっても，各プレイヤーの戦略は相当に複雑であり，ましてやその組み合わせにどのような利得が対応しているかをプレイヤーが熟知していることはほとんどありえない．したがって，ゲームの構造をプレイヤーが完全に知っているとみなすことは，明らかに現実に反するのだから，そのような前提に立つゲーム理論には問題があるのではないだろうか．

　この問いは素朴すぎる．なぜならば，経済学者が分析ツールとして用いるゲームとは，チェスや囲碁のような遊技としてのゲームのことではなく[1]，経済現象を抽象化したものであるからである．たとえば，寡占企業の価格設定と

---
1) もちろん，数学的にはチェスや囲碁をゲーム理論におけるゲームと定義することは可能である．

いう現実の経済問題を，プレイヤーが「ゲームの構造を完全に知っている」ということを前提として，囚人のジレンマ・ゲームのような極端に抽象化したモデルを用いて分析することを考えよう．こうした分析手法が役に立つと考えられるのはなぜであろうか．それは，本来複雑な意思決定のプロセスや行動基準を，囚人のジレンマ・ゲームのような簡単なモデルに抽象化することで，それらの背後にある戦略的関係を明らかにすることができるからである．この意味でゲーム理論は役に立つのであるから，囚人のジレンマ・ゲームの構造が，分析対象である現実問題の構造と完全に一致する必要はない．

言い換えると，ゲーム理論のユーザーは，経済現象を抽象化したモデルであるゲームをプレイした結果として理解することが可能である，という仮説を支持しているのである．「ゲームの構造を完全に知っている」という前提は，そうした抽象化のうちの1つなのだ．したがって，現実の難解な「ゲーム」をもってして，経済学でのゲーム理論的アプローチを批判するのは，過度に短絡的な立場であるといえよう．

しかしながら，われわれの考えるゲームが，現実を抽象化した分析手法であるということを受け入れたとしても，「ゲームの構造を完全に知っている」という前提まで承認する論理的必然性はない．つまり，われわれはいかなる場合でも「ゲームの構造を完全に知っている」という前提を受け入れるべきだ，と主張しているわけではない．「ゲームの構造を完全に知っている」という前提の是非は，本来，分析対象と抽象化されたゲームとの関連で議論されるべき性質のものなのである．

実際，プレイヤーたちが「ゲームの構造を完全に知っている」ことにどれほど依存しているかは，分析対象の戦略的環境によるであろうことは容易に推察できる．じゃんけんをする場合，3つの戦略をどう選ぶべきかは，相手がじゃんけんのルールにどれほど精通しているかにはほとんど関係がないであろう．一方，横から車が接近してきつつある交差点の横断歩道を渡る歩行者にとって，その車の運転手がどれほど合理的な人間であるかは重要な問題である．少しでも疑念があれば，信号が青でも渡るのをためらうべきであろう．

抽象化を行う以上，分析対象そのものと，抽象化されたゲームの間には当然「ずれ」がある．ゲーム理論を用いた分析が「ゲームの構造を完全に知ってい

る」という前提に依存しているとすれば，分析の結果がどこまでその前提に依存しているかを，分析者は吟味し認識している必要がある．はじめに述べたように「ゲームの構造を完全に知っている」という前提を，ありえないことだとしてゲーム理論を否定するのは生産的ではない．しかし，分析結果が「ゲームの構造を完全に知っている」という前提にどの程度依存しているのかという点にまったく関心を払わない分析手法には，魂がこもっていないといえるだろう．

すべてのプレイヤーがゲームの構造を完全に知っているようなゲームは完備情報ゲーム（complete information game）と呼ばれる．それと対比して，プレイヤーがゲームの構造を完全には理解していないようなゲームは非完備情報ゲーム（incomplete information game）と呼ばれる．非完備情報ゲームの定式化で現在最も広く受け入れられている定式化はハルサニーによるものである[2]．ハルサニーは，非完備情報ゲームを，お互いの利得に関する情報が不確実であるような非完全情報ゲーム（imperfect information game）として定式化した．非完全情報ゲームのプレイヤーは他のプレイヤーの利得関数を直接に観察することはできないが，利得関数が確率的に与えられるということとその確率分布は知っている．こうした定式化に従うと，ゲームに関する知識の問題は，ゲームに関する（確率論的な）情報の問題に還元することができる．

このようなハルサニーの定式化を受け入れ，「ゲームの構造を完全に知っている」という前提に関する議論，とくにゲームの解の情報に対する頑健性に関する議論を紹介するのが本章の目的である[3]．ハルサニー流の定式化に対しての，批判的な見方はあるものの，この定式化においては「ゲームの構造を完全に知っている」か否かという問題を，通常のゲーム理論の道具立てを使って議論することができるのが大きな長所である．

まず第2節では「ゲームの構造を完全に知っている」という前提とゲームの解の関係について，被支配戦略の繰り返し削除の例を用いて議論する．「ゲームの構造を完全に知っている」ということの意味を説明し，この前提が崩れると，一部の解を正当化することができなくなってしまうことを示す．続く第3

---

[2] Harsanyi (1967, 1968a, 1968b).
[3] ハルサニーの定式化より一般的な知識の定式化については，たとえばKaneko (2002) を参照．プレイヤーの知識とゲームの解に関わる問題のサーベイとしてDekel and Gul (1997) も見よ．

節では「ゲームの構造を完全に知っている」という前提が崩れても，正当化できるようなゲームの解を数学的に定義する．本章では，そうした解を情報頑健均衡と呼ぶ．第4と5節では，具体的にどのような解が情報頑健均衡であるか議論する．最後に第6節では，いくつかの拡張と未解決の問題を紹介する．

2. ゲームの構造に関する知識の定式化

2.1 被支配戦略の繰り返し削除と知識の階層

　表5.1は，被支配戦略の繰り返し削除によって解けるゲームである．具体的には，以下のステップをたどればよい．

1. プレイヤー2の戦略Cは，戦略Lと戦略Rをそれぞれ0.5の確率で混合する戦略により支配される．
2. 戦略Cを削除した後のゲームでは，プレイヤー1の戦略Bは戦略Mに支配される．
3. 戦略C, 戦略Bを削除した後のゲームでは，プレイヤー2の戦略Rは戦略Lに支配される．
4. 戦略C, 戦略B, 戦略Rを削除した後のゲームでは，プレイヤー1の戦略Mは戦略Tに支配される．

以上より，戦略の組(T,L)が被支配戦略の繰り返し削除の結果として得られるゲームの解である．

　戦略の組(T,L)をゲームの解として正当化するためには，2つの前提が必要である．1つ目の前提は「プレイヤーは他のプレイヤーの行動を予測しつつ，自分の期待利得を最大化する」という行動基準である．以下，この行動基準に従った行動を合理的行動 (rational behavior)，合理的行動をとるプレイヤーを合理的なプレイヤー (rational player) と呼ぶ[4]．2つ目の前提は，プレイヤーが「ゲームの構造を完全に知っている」という前提である．このような前提

---
[4] 「他のプレイヤーの行動を予測しつつ」というのは「プレイヤーが戦略的に思考する」と言い換えてもよい．

第5章 共有知識と情報頑健均衡

表5.1 被支配戦略の繰り返し削除によるゲームの解は(T,L)

		プレイヤー2		
		L	C	R
プレイヤー1	T	3, 3	0, 1	0, 0
	M	2, 1	2, 0	2, 0
	B	0, 0	3, 1	1, 3

が上記のステップでどのように用いられているのか，以下で見ていくことにしよう．

　プレイヤー2の戦略Cを削除した理由は，プレイヤー2が合理的なことである．すなわち，合理的なプレイヤーは，被支配戦略Cを選択することはありえない．一方，プレイヤー1の戦略Bを削除した理由は，戦略Cを削除した後のゲームにおいて，プレイヤー1が合理的なことである．

　しかし，なぜ戦略Cを削除した後のゲームを評価すれば十分なのであろうか．その理由は，プレイヤーが「ゲームの構造を完全に知っている」という前提にある．この前提によれば，プレイヤー1が「プレイヤー2が合理的である」ことを知っているはずであるから，プレイヤー2が戦略Cを選ばないことを，プレイヤー1は推論すべきである．つまり，上記の戦略Bを削除するステップでは，プレイヤー2が戦略Cを選ばないことを，プレイヤー1が知っていることを前提としているのである．

　同様に，プレイヤー2の戦略Rを削除した理由は，戦略Bを削除した後のゲームにおいて，プレイヤー2が合理的なことである．戦略Bを削除した後のゲームを評価すれば十分な理由は，プレイヤー1が戦略Bを選ばないことを，プレイヤー2が知っていることである．つまり，戦略Rを削除するためには，プレイヤー2が「プレイヤー1が合理的である」ことと「プレイヤー1が『プレイヤー2が合理的である』ことを知っている」ことの両方を知っている，ということを前提としているのである．

　このように，一見すると単純な被支配戦略の繰り返し削除であるが，その背

後では，知っていることを知っている，またそれを知っている，というような，知識の階層構造が重要な役割を果たしていることが理解されるであろう[5]．

以上の議論をふまえれば，表5.1のゲームで，被支配戦略の繰り返し削除を正当化する知識の構造を，以下のように整理することができる．

1. プレイヤー2は合理的である（戦略Cは使わない）．
2. プレイヤー1は合理的で，かつプレイヤー1は上記1を知っている（戦略Bを使わない）．
3. プレイヤー2は上記2を知っている（戦略Rを使わない）．
4. プレイヤー1は上記3を知っている（戦略Mを使わない）．

「ゲームに関するある事柄を相手が知っている」ことを自分が知っている，という知識のことを，相手の知識より階層が1つ深い知識と呼ぶことにしよう．被支配戦略の繰り返し削除によって表5.1のゲームを解くためには，上の1から4まで成り立っていれば十分なので，プレイヤーの合理性についての知識の階層は3層あればよい．すなわち，知識の階層が3層あれば，被支配戦略の繰り返し削除によって表5.1のゲームを解くことが正当化されるのである．一般に，被支配戦略の繰り返し削除でゲームを解くとき，1つ戦略を削除するのに必要な知識の階層は高々1つである．よって，戦略数が有限であるとき，十分に深い階層までプレイヤーの合理性の知識があれば，繰り返し削除の議論を正当化できる．しかし，戦略数に比べて知識の階層の深さが十分でない場合には，繰り返し削除が正当化できないゲームが存在することになる．

ゲームに関するある事柄が，上に述べたような知識の構造において，すべてのプレイヤーの間で任意の深さまで知られているとき，その事柄は共有知識 (common knowledge) であるという．共有知識という言葉でこれまでの議論の内容をまとめると次のようになる．

結果5.1 プレイヤーの合理性が共有知識であれば，被支配戦略の繰り返し削

---

[5] "rational" という言葉には，これらの階層も理解しているという語感もある．合理性が任意の階層までを含めて成立するときは，プレイヤーは "fully rational" であるという．

除によって解けるゲームでは，プレイヤーは解となる戦略の組を選択する．また，プレイヤーの合理性が共有知識でなければ，被支配戦略の繰り返し削除によって解けるゲームでも，解となる戦略の組が選択されるとは限らない[6]．

しかしながら，以上の議論におけるプレイヤーの知識の構造は，ゲームの外から解釈されたものであって厳密性を欠く．とくに，プレイヤーの合理性を「知らない」場合に，どのような帰結を導けるのか，まったく明らかではない．この点にまで踏み込んでより厳密な議論を行うためには，知識の階層という概念を定式化する必要がある．次節以降では，ハルサニーの定式化に基づきその大枠を説明する[7]．

2.2 知識の階層の表現

プレイヤー1がプレイヤー2が合理的であることを知らない，という状況を表現してみよう．先験的に，プレイヤー1には合理的なタイプ1しかないが，プレイヤー2には合理的なタイプ1と合理的でないタイプ2があるとする．そして，プレイヤー2は自分自身のタイプを知っているが，プレイヤー1は相手のタイプは知らない．すなわち，プレイヤー2のタイプ1とタイプ2にそれぞれ対応する2つの状態ω_1とω_2が存在し，プレイヤー1のもっている情報ではω_1とω_2のどちらが真の状態であるのか判別できない，という状況である．さらに各プレイヤーは，このような状況を理解しているとする．

この状況は表5.2のようにまとめることができる．プレイヤー1はこの表を左からのみ見ることができ，プレイヤー2は上からのみ見ることができる．つまり，プレイヤー1は真の状態が含まれる行がわかり，プレイヤー2は真の状態が含まれる列がわかるが，行や列のどの成分が真の状態であるかは観察できない．もし真の状態がω_1であるならば，プレイヤー2は合理的であるが，プレイヤー1は真の状態がω_1とω_2のいずれであるのか区別できないから，プレイヤー1はプレイヤー2が合理的であることを知らない，ということになる．

---

[6] 弱い意味で支配される戦略に関しては，議論は多少微妙である．Börgers (1994) 参照．
[7] ここでは被支配戦略の繰り返し削除と知識の階層の関係を論じているが，ナッシュ均衡と知識の階層の関係についての議論も数多くなされている．たとえば Brandenburger (1992)，Aumann and Brandenburger (1995)，Polak (1999) など参照．前述の Dekel and Gul (1997) のサーベイも見よ．

さらに付け加えれば、プレイヤー2は表の構造を理解しているから、「プレイヤー1はプレイヤー2が合理的であることを知らない」ことをプレイヤー2は知っているのである．

表5.2 プレイヤー1はプレイヤー2が合理的であることを知らない

		プレイヤー2	
		タイプ1	タイプ2
プレイヤー1	タイプ1	ω_1	ω_2

表5.3はどう解釈できるだろうか．タイプ3のプレイヤー1は合理的でないが、それ以外のすべてのタイプのプレイヤーは合理的であるとする．記号ω_k ($k=1,2,3,4$) が書き込まれている部分が先験的に可能なタイプの組み合わせである．表5.2の場合と同様に、プレイヤー1は真の状態が含まれる行がわかり、プレイヤー2は真の状態が含まれる列がわかるが、行や列のどの成分が真の状態であるかは観察できない．

表5.3 プレイヤーの合理性は共有知識ではない

		プレイヤー2	
		タイプ1	タイプ2
プレイヤー1	タイプ1	ω_1	
	タイプ2	ω_2	ω_3
	タイプ3		ω_4

いま真の状態がω_1で、両プレイヤーともタイプ1であるとする．このとき、両プレイヤーは相手が合理的であることを知っている．なぜならば、タイプ1のプレイヤー1は、プレイヤー2がタイプ1であることを知っており、タイプ1のプレイヤー2は、プレイヤー1がタイプ1かタイプ2であることを知っているからである．

階層が1つ深い知識を考えよう．タイプ1のプレイヤー1は，プレイヤー2がタイプ1であることを知っているので「プレイヤー2はプレイヤー1が合理的であることを知っている」ことを知っている．一方，タイプ1のプレイヤー2も「プレイヤー1はプレイヤー2が合理的であることを知っている」ことを知っている．このことを確かめるには，次のように考えればよい．ポイントは，タイプ2のプレイヤー1が何を知っているかである．タイプ2のプレイヤー1は，プレイヤー2がタイプ1かタイプ2であることを知っている．つまり，プレイヤー2が合理的であることを知っている．ところで，タイプ1のプレイヤー2は，プレイヤー1がタイプ1かタイプ2であることを知っており，タイプ1とタイプ2のプレイヤー1は，プレイヤー2が合理的であることを知っている．以上より，タイプ1のプレイヤー2は「プレイヤー1はプレイヤー2が合理的であることを知っている」ことを知っている，ということが確かめられた．

ところが，階層がさらにもう1つ深い知識については，こうしたことは成り立たない．なぜならば，タイプ2のプレイヤー2は，プレイヤー1がタイプ3（合理的でないタイプ）である可能性を排除できないからである．つまり，タイプ2のプレイヤー2は，プレイヤー1が合理的であるかどうかわからない．そして，タイプ2のプレイヤー1は，プレイヤー2がタイプ2であることを排除できないので「プレイヤー2はプレイヤー1が合理的であることを知っている」かどうかわからない．さらに，タイプ1のプレイヤー2は「プレイヤー1が『プレイヤー2はプレイヤー1が合理的であることを知っている』ことを知っている」かどうかわからない．

以上より，真の状態が ω_1 であるとき，プレイヤーの合理性についての知識の階層を考えると，2層までの知識は成り立っているが，3層の知識は成り立っていない，ということがわかった．つまり，プレイヤーの合理性は共有知識ではない．

表5.2では，プレイヤーの合理性についての知識の階層構造がないという状態を表した．表5.3では，プレイヤーが合理性についての2層の知識はもっているが3層の知識はもっていないという状態を表した．こうした知識の構造の議論を拡張すれば，プレイヤーが合理性についての $k-1$ 層の知識はもっているが k 層の知識はもっていないという状態を表現できることは，容易に想像で

きるであろう．

2.3 確率的な評価を含む知識の階層の表現

前項の設定では「知っている」と「知らない」の2種類の知識しか表現できなかった．本項では，起こりうる状態に関してプレイヤーが事前確率分布をもつとし，確率的な評価を含む知識の階層を表現し，2.1項で議論した被支配戦略の繰り返し削除との関連を吟味してみよう．

表5.1のゲームについて，プレイヤーの知識の構造が以下のようであるとする．

- 各プレイヤーにはタイプ1とタイプ2があり，自分のタイプは観察できる．
- 各タイプは表5.4の事前確率分布によって同時に選ばれる（$0 < \varepsilon < 0.5$）．

表5.4 タイプの事前分布

		プレイヤー2	
		タイプ1	タイプ2
プレイヤー1	タイプ1	0.5	0
	タイプ2	$0.5 - \varepsilon$	ε

- タイプ2のプレイヤー2は合理的ではなく，つねに被支配戦略Cを選択する．それ以外のタイプのプレイヤーは合理的である．
- 以上の設定をプレイヤーは理解している．

両プレイヤーともタイプ1であるとして，プレイヤーの合理性についての知識の階層がどうなっているか考えてみよう．プレイヤー1は，プレイヤー2がタイプ1である条件付き確率は1であると評価している．したがって，プレイヤー1は「プレイヤー2が合理的である」ことを知っている．一方，プレイヤー1はつねに合理的なので，プレイヤー2は「プレイヤー1が合理的である」ことを知っており，また，プレイヤー1は「プレイヤー2が『プレイヤー1が

合理的である』ことを知っている」ことも知っている．しかし，そのときプレイヤー2は「プレイヤー1が『プレイヤー2が合理的である』ことを知っている」ことは知らない．なぜならば，タイプ1のプレイヤー2にとって，プレイヤー1がタイプ2である条件付き確率は0ではなく，タイプ2のプレイヤー1にとって，プレイヤー2がタイプ2（合理的でないタイプ）である条件付き確率も0ではないから，「プレイヤー1が『プレイヤー2が合理的である』ことを知らない」可能性を排除できないからである．以上より，知識の階層は1層であることがわかった．

　プレイヤーの合理性についての知識の階層が3層あれば，被支配戦略の繰り返し削除によって表5.1のゲームを解くことが正当化できたことを思い出そう．それに対し，この例では知識の階層は1層しかない．それにもかかわらず，εが十分に小さければ，被支配戦略の繰り返し削除によって表5.1のゲームを解くことができる．まず，タイプ1のプレイヤー2は合理的であるから，被支配戦略Cは絶対に選択しない．タイプ1のプレイヤー1は，プレイヤー2がタイプ1であると知っているから，タイプ1のプレイヤー1の行動を考えるときには，プレイヤー2の戦略Cを削除して考えることができる．すると，タイプ1のプレイヤー1の戦略Bは被支配戦略となる．

　また，εが十分小さければ，タイプ2のプレイヤー1も，プレイヤー2がタイプ2である可能性は少ないと推論できる．したがって，εが十分小さければ，タイプ2のプレイヤー1は，プレイヤー2が戦略Cを選択する可能性は非常に低いと結論できるから，タイプ2のプレイヤー1にとっても戦略Bは被支配戦略となる．したがって，プレイヤー1の戦略Bはタイプにかかわらず被支配戦略となる．プレイヤー1は両タイプとも合理的なので，プレイヤー2はプレイヤー1が戦略Bを選ぶ可能性を排除できる．したがって，タイプ1のプレイヤー2は，プレイヤー1の戦略Bを削除できるので，タイプ1のプレイヤー2の戦略Rも削除できる．

　このような議論をさらに繰り返せば，（両プレイヤーともタイプ1であるとき）被支配戦略の繰り返し削除によって表5.1のゲームを解くことができる．つまりこの例では，プレイヤーが合理的でない事前確率εが十分に小さいならば，（プレイヤーの合理性が共有知識でないにもかかわらず）その分析結果は

共有知識を前提とした分析結果とほぼ一致する．

そこで次に，表5.1のゲームに，表5.5のもっとデリケートな知識の構造を付与しよう．ここで$0 < \varepsilon < 1$である．タイプ1のプレイヤー2は合理的ではなくつねに被支配戦略Cを選択する．その他の無限個のタイプは合理的である．

表5.5　デリケートなタイプの事前分布

		プレイヤー2			
		タイプ1	タイプ2	タイプ3	⋯
プレイヤー1	タイプ1	ε	$\varepsilon(1-\varepsilon)$	0	0
	タイプ2	0	$\varepsilon(1-\varepsilon)^2$	$\varepsilon(1-\varepsilon)^3$	0
	⋮	0	0	$\varepsilon(1-\varepsilon)^4$	⋯

プレイヤー2がタイプ1（合理的でないタイプ）である確率はεである．一方，タイプ1のプレイヤー1にとってプレイヤー2がタイプ1である条件付き確率は$1/(2-\varepsilon)$である．すなわち，εが小さくても，タイプ1のプレイヤー1は，相手は確率0.5以上で非合理的なタイプであり，その時は戦略Cを選択してくると推論する．したがって，プレイヤー1のタイプ1は戦略Bをとる方が得策かもしれない．するとタイプ2のプレイヤー2にとっても，戦略Rを使用した方が得になるかもしれない．前例のような繰り返し削除の議論はもはや正当化できない．

表5.4と表5.5のいずれの例でも，プレイヤーの合理性は共有知識ではない．しかし，プレイヤー2が合理的でない（被支配戦略Cを選択する）事前確率εが非常に小さい値であるならば，共有知識の前提は少ししか崩れていない，といえるだろう．このとき，前者の例では被支配戦略の繰り返し削除の議論は成り立ち，後者の例では被支配戦略の繰り返し削除の議論が崩れてしまう．つまり，前者の例の分析結果は，共有知識を前提とした分析結果と一致し，後者の例の分析結果は，共有知識を前提とした分析結果とは一致しないのだ．こうした差が生じる理由は，繰り返し削除の正当化のためには，プレイヤーが合理的

でない事前確率だけではなく，プレイヤーが合理的でないという事象の条件付き確率が深く関わっていることにある[8]．

では，どのようなゲームの解や均衡であれば，共有知識の前提が少し崩れた場合でも，（プレイヤーが合理的ではない事前確率が十分に小さいならば）正当化されうるのだろうか．次節以降では，この問題を定式化して議論していく．

3. 情報に関して頑健な均衡

プレイヤーの集合を $\mathscr{I}=\{1,...,I\}$，プレイヤー $i\in\mathscr{I}$ のとりうる行動の集合を A_i とする．ただし A_i は有限集合であると仮定する．行動集合の直積 $A\equiv A_1\times\cdots\times A_I$ を行動空間と呼ぶ．行動空間の元 $a=(a_1,...,a_I)$ を行動の組と呼ぶ．プレイヤー i の利得は，行動空間 A で定義された関数 $g_i:A\to\mathbb{R}$ で与えられる．組 $(\mathscr{I},A,(g_i)_{i\in\mathscr{I}})$ で完備情報ゲームを表すのが標準的であるが，本章では $\mathscr{I}$ と A を固定して議論をするので，記号を減らすために，簡単に $\mathbf{g}\equiv(g_i)_{i\in\mathscr{I}}$ で完備情報ゲームを表すことにする．プレイヤー i 以外の行動の組を a_{-i}，その集合を A_{-i} と表記する．

完備情報ゲーム $\mathbf{g}$ を用いて経済現象を分析したい．もし，実際に「$\mathbf{g}$ が共有知識である」という前提が成り立っているならば問題はない．しかし，この前提が近似的にしか成り立っていないとする．すなわち，次のことを仮定する．

- 完備情報ゲーム $\mathbf{g}$ は，真の分析対象そのものではなく，それを近似したものである．
- 真のゲームは，$\mathbf{g}$ を知識の構造に関してより精緻にしたものである．

この仮定は次のように解釈できる．分析対象は真のゲームによって（より）完全に記述されている．しかし，分析者は真のゲームを知ることはできない．そこで分析者は，プレイヤーが「ゲームの構造を完全に知っている」という前提のもとで，真のゲームを抽象化し，完備情報ゲーム $\mathbf{g}$ をもとに分析を行う．

もし真のゲームにおける分析の帰結が，完備情報ゲーム $\mathbf{g}$ の分析の帰結とほ

---
8) 最初にこの種の問題提起をしたのは Rubinstein (1989) である．

とんど同じであれば，微妙な知識の構造の問題を捨象し，共有知識を前提として分析を行っても不都合はない．完備情報ゲームの均衡で，この意味で不都合が生じないような均衡を，情報に関して頑健な均衡と呼ぶ．本章の目的は情報に関して頑健な均衡の定義を与えることである[9]．

完備情報ゲーム $\mathbf{g}$ を知識の構造に関してより精緻にして得られる真のゲームを，$\mathbf{g}$ の正規精緻化 (canonical elaboration) と呼ぶことにする[10]．$\mathbf{g}$ の正規精緻化におけるプレイヤーには，$\mathbf{g}$ を分析するという立場から見て合理的なタイプと合理的ではないタイプがあるとする．合理的なタイプを通常タイプ (standard type) と呼ぶ．プレイヤー i の通常タイプの集合を T_i^* で表す．ただし T_i^* は可算無限集合であるとする．通常タイプのプレイヤー i の利得は g_i で与えられ，そのプレイヤーはそのことを知っている．合理的ではないタイプを誓約タイプ (committed type) と呼ぶ．記号の濫用になるが誓約タイプの集合を A_i で表す．誓約タイプ $a_i \in A_i$ のプレイヤー i は，他のプレイヤーの行動に関係なく，a_i を選択する（ことを誓約している）．プレイヤー i のタイプ全体の集合はこれらの和集合 $T_i = T_i^* \cup A_i$ となる．よって，非完備情報を表す状態の集合は $T = T_1 \times \cdots \times T_I$ となる．T をタイプ空間，$T^* = T_1^* \times \cdots \times T_I^*$ を通常タイプ空間と呼ぶ．

定義5.1 完備情報ゲーム $\mathbf{g}$ と確率分布 $P \in \Delta(T)$ の組 $(\mathbf{g}, P)$ を，$\mathbf{g}$ の正規精緻化と呼ぶ．

正規精緻化 $(\mathbf{g}, P)$ は，以下の解釈により非完備情報ゲームである[11]．まず，各プレイヤーのタイプは事前確率 $P \in \Delta(T)$ によって与えられる．通常タイプ $t_i \in T_i^*$ のプレイヤー i の利得関数は g_i であり，誓約タイプ $a_i \in A_i$ のプレイヤー i の利得関数は $a_i \in A_i$ が支配戦略になるような利得関数である．プレイヤーの戦略は[12]，自分のタイプに行動を対応させる関数である．各プレイヤー

---

9) 情報に関して頑健な均衡は Kajii and Morris (1997a) によって定義された．ただし，本章のフレームワークは Kajii and Morris (1997b) による．
10) 精緻化の概念は Fudenberg, Kreps, and Levine (1988) による．
11) 非完備情報ゲームについての各種の概念については，岡田 (1996) の第5章を参照．
12) 第3節以降，完備情報ゲームの「戦略」を行動，非完備情報ゲームの「戦略」を戦略と呼び分け

は，他のプレイヤーの戦略を所与として，期待利得を最大化する．数式で表すと，タイプt_iのプレイヤーiの利得関数は，

$$u_i(a,t) = \begin{cases} g_i(a) & t_i \in T_i^* \text{のとき,} \\ 1 & a_i = t_i \in A_i \text{のとき,} \\ 0 & a_i \neq t_i \text{かつ} t_i \in A_i \text{のとき,} \end{cases}$$

で与えられる．プレイヤーiの（混合）戦略とは，関数$\sigma_i : T_i \to \Delta(A_i)$である．以下では，$\sigma_i(a_i|t_i)$で，タイプ$t_i$のプレイヤー$i$が行動$a_i$を選ぶ確率を表すことにする．プレイヤー$i$の戦略全体の集合を$\Sigma_i$と書くことにし，戦略の組を$\sigma \equiv (\sigma_1, \ldots, \sigma_I)$，その集合を$\Sigma \equiv \Sigma_1 \times \cdots \times \Sigma_I$のように書く．プレイヤー$i$以外のプレイヤーの戦略の組を$\sigma_{-i}$，その集合を$\Sigma_{-i}$と表記する．また，$\sigma(a|t) \equiv \prod_{i \in \mathscr{I}} \sigma_i(a_i|t_i)$，$\sigma_{-i}(a_{-i}|t_{-i}) \equiv \prod_{j \neq i} \sigma_j(a_j|t_j)$のように表記する．

正規精緻化$(\mathbf{g}, P)$の均衡を，標準的な非完備情報ゲームのベイジアン・ナッシュ均衡として定義する．

定義5.2 戦略の組σが正規精緻化$(\mathbf{g}, P)$の均衡であるとは，すべての$i \in \mathscr{I}$とすべての$\sigma_i' \in \Sigma_i$に対し，

$$\sum_{t \in T} \sum_{a \in A} u_i(a,t) \sigma(a|t) P(t) \geq \sum_{t \in T} \sum_{a \in A} u_i(a,t) \sigma_i'(a_i|t_i) \sigma_{-i}(a_{-i}|t_{-i}) P(t) \quad (5.1)$$

が成り立つことをいう．

(5.1)式は，σ_iがσ_{-i}への最適反応になっているという条件を表している．この条件は，すべての通常タイプが条件付き期待利得を最大にする行動を選び，すべての誓約タイプがその支配戦略をとることと同値である[13]．すなわち，戦略の組σが正規精緻化$(\mathbf{g}, P)$の均衡であるための必要十分条件は，すべての$i \in \mathscr{I}$, $t_i \in T_i$, $a_i' \in A_i$に対し，

ている．
13) 動的計画法の最適化原理により，事前の期待利得の最大化問題と，タイプを観測した後の事後の期待利得の最大化問題は，数学的に同値である．

$$\sum_{t_{-i}\in T_{-i}}\sum_{a\in A}u_i(a,t)\sigma(a|t)P(t_{-i}|t_i) \geq \sum_{t_{-i}\in T_{-i}}\sum_{a_{-i}\in A_{-i}}u_i((a_i',a_{-i}),t)\sigma_{-i}(a_{-i}|t_{-i})P(t_{-i}|t_i)$$

が成り立つことである．ここで，$P(t_{-i}|t_i) = P(t_i,t_{-i})/\sum_{t_{-i}\in T_{-i}}P(t_i,t_{-i})$ は条件付き確率を表す．

議論の出発点は，分析者は，真のゲームである $\mathbf{g}$ の正規精緻化 $(\mathbf{g},P)$ が何であるかは知らないが，その近似である $\mathbf{g}$ は知っている，ということであった．一方，プレイヤーたちは真の戦略的環境 $(\mathbf{g},P)$ を理解しているということも前提である．これらの自然な帰結として，プレイヤーたちは均衡戦略の組 σ を選択し，分析者は，$(\mathbf{g},P)$ の均衡 σ そのものは観察できないが，σ のもとで選ばれた行動の組 a は観察することができると解釈しよう．そこで均衡 σ に対応した観察可能な対象として，均衡行動分布を以下のように定義する．

定義5.3 行動分布 $\mu \in \Delta(A)$ が正規精緻化 $(\mathbf{g},P)$ の均衡行動分布（equilibrium action distribution, EADと略す）であるとは，$(\mathbf{g},P)$ のある均衡 σ に対して，

$$\mu(a) = \sum_{t\in T}\sigma(a|t)P(t)$$

がすべての $a\in A$ について成立することである．

EADの意味を理解するために，$P(T^*)=1$ となるような正規精緻化 $(\mathbf{g},P)$ を考えよう．各プレイヤーの利得は確率1で $\mathbf{g}$ によって与えられ，そのことを各プレイヤーは知っている．つまり，利得が $\mathbf{g}$ で与えられることが共有知識になっており，その意味で $(\mathbf{g},P)$ は完備情報ゲーム $\mathbf{g}$ と同じである．このとき，$(\mathbf{g},P)$ のEADは，$\mathbf{g}$ の相関均衡（correlated equilibrium）であることが知られている．また，$\mathbf{g}$ の任意のナッシュ均衡は，$P(T^*)=1$ となるような正規精緻化 $(\mathbf{g},P)$ のEADである．

次に，$P(T^*)\cong 1$ であるような正規精緻化 $(\mathbf{g},P)$ を考えよう．たとえば，表5.5で与えられる知識の構造で，ε が0に近いものである．完備情報ゲーム $\mathbf{g}$ は，$(\mathbf{g},P)$ の近似になっている．このとき興味があるのは，$\mathbf{g}$ の均衡が，$(\mathbf{g},P)$ の均衡の近似になっているかどうか，ということである．そこで，情報に関して頑健な均衡を，次のように定義しよう．すなわち，$\mathbf{g}$ の均衡である行動分布 $\mu\in$

$\Delta(A)$が情報に関して頑健であるとは，$P(T^*)\cong 1$であるようなすべての正規精緻化$(\mathbf{g},P)$が，μに非常に近いEADをもつことである．とくに，均衡$a^*\in A$が情報に関して頑健であるとは，$P(T^*)\cong 1$であるようなすべての正規精緻化$(\mathbf{g},P)$が，EADで$\mu'(a^*)\cong 1$となるものをもつことである．こうしたことが成り立っているときには，$\mathbf{g}$が$(\mathbf{g},P)$の近似になっているならば，$\mathbf{g}$の均衡も$(\mathbf{g},P)$の均衡の近似になっていると主張できる．

この定義を数学的に表現するために，$P(T^*)\cong 1$であるようなPを，$\lim_{k\to\infty}P^k(T^*)=1$となるような確率分布の列$\{P^k\}_{k=1}^{\infty}$で表現することにする．

定義5.4 弱収束する確率分布の列$\{P^k\in\Delta(T)\}_{k=1}^{\infty}$で$\lim_{k\to\infty}P^k(T^*)=1$となるものに対して，$(\mathbf{g},\{P^k\}_{k=1}^{\infty})$を正規精緻化列 (canonical elaboration sequence) と呼ぶ．

それぞれのkに対して，$(\mathbf{g},P^k)$は正規精緻化である．正規精緻化$(\mathbf{g},P^k)$のEADをとり，$k\to\infty$のときのEADの極限を極限均衡行動分布と呼ぶ．すなわち，極限均衡行動分布とは，$P(T^*)\cong 1$であるような正規精緻化$(\mathbf{g},P)$のEADのことである

定義3.5 正規精緻化列$(\mathbf{g},\{P^k\}_{k=1}^{\infty})$に対し，行動分布$\mu\in\Delta(A)$が極限均衡行動分布 (limiting equilibrium action distribution, LEADと略す) であるとは，すべての$k\in\mathbb{N}$について正規精緻化$(\mathbf{g},P^k)$のEAD, μ^kが存在し，μ^kがμに弱収束することをいう．

上で述べたように，$P(T^*)=1$となるような正規精緻化$(\mathbf{g},P)$のEADは，$\mathbf{g}$の相関均衡である．実はもっと強い主張が成り立ち，任意のLEADは$\mathbf{g}$の相関均衡である[14]．

結果5.2 行動分布$\mu\in\Delta(A)$が正規精緻化列$(\mathbf{g},\{P^k\}_{k=1}^{\infty})$のLEADであれば，$\mu$は$\mathbf{g}$の相関均衡である．

---

14) Kajii and Morris (1997a) のCorollary 3.5参照．

この結果は以下のステップで証明できる．まず，μ^kが$(\mathbf{g}, P^k)$のEADならば，μ^kは$\mathbf{g}$のε-相関均衡（各プレイヤーの行動はε-最適）であることを示し，次に，極限の性質を使って，$k \to \infty$のときεは0に収束することを示せばよい．

以上の準備のもと，情報に関して頑健な均衡の数学的な定義は次のように与えられる．

定義5.6 行動分布$\mu \in \Delta(A)$が完備情報ゲーム$\mathbf{g}$の情報に関して頑健な均衡 (robust equilibrium to incomplete information, 情報頑健均衡と略す) であるとは，μが**すべて**の正規精緻化列のLEADになることをいう．とくに，$\mu(a^*) = 1$であるとき，行動の組a^*も情報に関して頑健な均衡と呼ぶ．

行動分布μが**ある**特定の正規精緻化列のLEADになっていれば，特定の正規精緻化が真のゲームである場合には，μは頑健であると主張できる．しかし，分析者は真のゲームである正規精緻化を知らないので，情報頑健均衡の定義では，すべての正規精緻化列のLEADになることを要請している．なお，情報頑健均衡μはLEADであるので，結果5.2より$\mathbf{g}$の相関均衡である．

情報頑健均衡は，ナッシュ均衡の精緻化 (equilibrium refinement) と密接に関係している．完全均衡 (perfect equilibrium) は[15]，ある特定の変動ゲームの列に関して安定な均衡であるから，ある特定の正規精緻化列のLEADになるという概念に似ている．一方，強完全均衡 (strictly perfect equilibrium) は[16]，すべての変動ゲームの列に関して安定であることを要求するから，**すべて**の正規精緻化列のLEADになる情報頑健均衡に似ている．しかし，情報頑健均衡は，完全均衡や強完全均衡と以下の2点で異なる．まず，正規精緻化列では，それぞれのゲームにおいて，各プレイヤーのとりうる戦略の集合は一定であるが，完全均衡や強完全均衡における変動ゲームの列では，各プレイヤーの行動に変動ゲーム特有の制約が加わっていて，戦略の集合は一定ではない．より本質的な違いは，完全均衡や強完全均衡における変動ゲームの列では，各プレイヤーの知識が均一になっていることである．正規精緻化の言葉に翻訳すると，

---

[15] Selten (1975).
[16] Okada (1981).

通常タイプが1点のみからなるケースに対応している．前節の例で見たような各プレイヤーの微妙な知識の違いの影響は，完全均衡や強完全均衡の概念ではとらえられていない[17]．

このような本質的な違いにより，完備情報ゲームに複数の完全均衡や強完全均衡が存在しても，情報頑健均衡は1つしか存在しない場合がある．また，一般のゲームで情報頑健均衡が複数存在する例は知られていない[18]．その意味で，情報頑健性は，完全性や強完全性に比べて非常に強い要請だといえる．

では，どのような行動分布が情報に関して頑健になるのだろうか．詳しい結果は，次節以降で論じることにするが，結果5.2から直ちにわかる結果だけ，先に述べておこう．すなわち，結果5.2によれば，すべてのLEADは相関均衡になるので，もし完備情報ゲームが唯一の相関均衡をもてば，すべてのLEADはこの相関均衡と一致する．

結果5.3 完備情報ゲームgが唯一の相関均衡をもてば，その相関均衡は情報頑健均衡である．

唯一の相関均衡をもつクラスのゲームとしては，(非退化)定和ゲームや，被支配戦略の繰り返し削除で解けるゲームなどが知られている．たとえば，通常のルールのもとでの「じゃんけんゲーム」の唯一の相関均衡は，各プレイヤーが3つの戦略を独立に確率1/3で選ぶものであることが知られており，上の結果からこれは情報頑健均衡であることがわかる．ここで，ナッシュ均衡ではなく，相関均衡の一意性を要求している点に注意したい．実際，Kajii and Morris (1997a) は，ナッシュ均衡は唯一であるが，情報頑健均衡が1つも存在しないようなゲームの存在を示している．

---

[17] ナッシュ均衡の精緻化と情報頑健均衡の関係についての議論はKajii and Morris (1997b) を見よ．
[18] 情報頑健均衡が存在するならば必ず一意になるかどうかも未解決問題．

4. p-支配行動の情報頑健性

確率のベクトル $\mathbf{p}=(p_1,\ldots,p_I)\in[0,1]^I$ と行動の組 $a^*\in A$ をそれぞれ 1 つ固定する．プレイヤー i が，自分以外のプレイヤーが確率 p_i 以上で行動の組 a^*_{-i} を選択すると確信しているならば，プレイヤー i の最適反応は必ず a_i^* になっているとする．そして，同じことがすべてのプレイヤーについて成り立っているとする．このとき，a^* を **p**-支配行動と呼ぶ[19]．

定義5.7 行動の組 a^* が **p**-支配行動 (**p**-dominant action) であるとは，すべての $i\in\mathscr{I}$，$a_i\in A_i$，および $\lambda_i(a^*_{-i})\geq p_i$ をみたす $\lambda_i\in\Delta(A_{-i})$ に関して，

$$\sum_{a_{-i}\in A_{-i}} g_i(a_i^*,a_{-i})\lambda_i(a_{-i})\geq \sum_{a_{-i}\in A_{-i}} g_i(a_i,a_{-i})\lambda_i(a_{-i})$$

が成立することをいう．

表5.6のゲームを用いて **p**-支配行動の例を見てみよう．プレイヤー 1 が「プレイヤー 2 は確率 p_2 で行動 L を選び，確率 $1-p_2$ で行動 R を選ぶ」と予測している場合を考える．このとき，プレイヤー 1 が行動 T を選ぶ場合の期待利得は $2p_2+3(1-p_2)=-p_2+3$ であり，行動 B を選ぶ場合の期待利得は $0p_2+4(1-p_2)=-4p_2+4$ である．もし $p_2\geq 1/3$ であれば，行動 T は最適反応であり，$p_2\leq 1/3$ であれば，行動 B が最適反応である．次に，プレイヤー 2 が「プレイヤー 1 は確率 p_1 で行動 T を選び，確率 $1-p_1$ で行動 B を選ぶ」と予測している場合を考える．プレイヤー 1 の場合と同様の計算により，もし $p_1\geq 1/3$ であれば，行動 L は最適反応であり，$p_1\leq 1/3$ であれば，行動 R が最適反応である．したがって，行動の組 (T,L) は $(1/3,1/3)$-支配行動であり，行動の組 (L,R) は $(2/3,2/3)$-支配行動である．

p-支配行動の概念は，標準的な（弱）支配戦略の概念とナッシュ均衡の一般化になっている．もし $\mathbf{p}=(0,\ldots,0)$ であれば，上の定義は，他のプレイヤーの

---

[19] プレイヤーが 2 人の場合について Morris et al. (1995)，一般の場合は Kajii and Morris (1997a)．

表5.6 (T,L)は$(1/3,1/3)$-支配行動

		プレイヤー2	
		L	R
プレイヤー1	T	2, 2	3, 0
	B	0, 3	4, 4

行動と関係なくa_i^*が最適反応になっていることを意味している．すなわち，a_i^*が（弱）支配戦略になっていることと同値である．また，もし$\mathbf{p}=(1,\ldots,1)$であれば，上の定義は，他のプレイヤーが確実に行動の組a_{-i}^*を選ぶときにa_i^*が最適反応になっていることを意味している．すなわち，a^*がナッシュ均衡になっていることと同値である．

ところで，定義によりa^*が$\mathbf{p}$-支配行動であれば，$\mathbf{p}'\geq\mathbf{p}$となる任意の確率ベクトル[20]に対して，$a^*$は$\mathbf{p}'$-支配行動である．したがって，$(1,\ldots,1)$-支配行動であるナッシュ均衡$a^*$に対して，$a^*$が$\mathbf{p}$-支配行動になるような極小の$\mathbf{p}$が存在する．その極小の$\mathbf{p}$が$(0,\ldots,0)$に近ければ，$a^*$が均衡である理由は相手の行動にあまり依存していないので，直感的にa^*は情報に関して頑健であると予想できる．一方，極小の$\mathbf{p}$が$(1,\ldots,1)$に近ければ，a^*が均衡である理由は相手の行動に強く依存しているので，直感的にa^*は情報に関して頑健ではないと予想できる．実際，次の結果が成り立つ．

結果5.4 行動の組a^*が完備情報ゲーム$\mathbf{g}$の$\mathbf{p}$-支配行動であるとする．もし$\sum_{i\in\mathscr{I}}p_i<1$であれば，$a^*$は情報頑健均衡である[21]．

この結果により，表5.6のゲームにおいて，$(1/3,1/3)$-支配行動である行動の組(T,L)は情報頑健均衡である[22]．

---

20) $\mathbf{p}'\geq\mathbf{p}$とは，すべての$i\in\mathscr{I}$について$p_i'\geq p_i$となること．
21) Kajii and Morris (1997a) の Proposition 5.3の特殊ケース．
22) $(2/3,2/3)$-支配行動である(B,R)は情報に関して頑健ではない．Morris et al. (1995) 参照．

この結果の証明の概略を説明しよう．証明では，共有知識の一般化である**p**-共有信念と，その特別な場合である**p**-自明の概念が重要である．まず，**p**-自明の概念から説明しよう．タイプ空間Tとその確率分布$P\in\Delta(T)$が与えられているとする．タイプ空間の部分集合$S\subseteq T$で，各$i\in\mathscr{I}$に対して部分集合$S_i\subseteq T_i$が存在し，$S=S_1\times\cdots\times S_I$と書けるものを単純 (simple) と呼ぶことにする．いま，プレイヤーiのタイプが$t_i\in S_i$であるとする．このプレイヤーが，i以外のすべての$j\in\mathscr{I}$についても，そのタイプが$t_j\in S_j$となる確率を評価すると，条件付き確率を計算して$P(S_{-i}|t_i)=\sum_{t_{-i}\in S_{-i}}P(t_i|t_{-i})$となる．確率のベクトル$\mathbf{p}=(p_1,\ldots,p_I)\in[0,1]^I$が存在して，すべてのプレイヤー$i\in\mathscr{I}$に対して，$t_i\in S_i$ならば$P(S_{-i}|t_i)\geq p_i$が成り立っているとしよう．つまり，タイプ$t_i\in S_i$のプレイヤー$i$は「プレイヤー全体のタイプの組が$S$のどれかである」確率は$p_i$以上であると考えている．このとき，$S$を**p**-自明 (p-evident) であるという．

p-自明の概念を理解するために，$p_1=\cdots=p_I=1$である場合を考えてみよう．単純な部分集合Sが$(1,\ldots,1)$-自明であるとする．定義により，$t_i\in S_i$ならば$P(S_{-i}|t_i)=1$である．つまり，タイプ$t_i\in S_i$のプレイヤーiは「プレイヤー全体のタイプの組がSのどれかである」ということを知っている．さらに，タイプ$t_j\in S_j$のプレイヤーjも「プレイヤー全体のタイプの組がSのどれかである」ということを知っているので，当然，$t_i\in S_i$であることも知っている．言い換えれば，タイプ$t_j\in S_j$のプレイヤーjは「タイプ$t_i\in S_i$のプレイヤーiは『プレイヤー全体のタイプの組がSのどれかである』ということを知っている」ということを知っている．この議論は，何度繰り返しても成り立つので，単純な部分集合Sが$(1,\ldots,1)$-自明であれば「プレイヤー全体のタイプの組がSのどれかである」という事象が，Sに含まれるタイプのプレイヤーの間で共有知識になっていることがわかる[23]．

同じような議論を一般の**p**について行うと，次のことがわかる．単純な部分集合Sが**p**-自明であるとする．タイプ$t_i\in S_i$のプレイヤーiは「プレイヤー全体のタイプの組がSのどれかである」確率はp_i以上であると考えている．さらに，タイプ$t_j\in S_j$のプレイヤーjは「タイプ$t_i\in S_i$のプレイヤーiは『プレイ

---

[23] 逆も成立する．すなわち，単純な部分集合Sがプレイヤーの間で共有知識になっているならば，$(1,\ldots,1)$-自明である．

ヤー全体のタイプの組がSのどれかである』確率はp_i以上であると考えている」確率はp_j以上であると考えている．そして，この議論は，何度繰り返しても成立する．このような状況を「プレイヤー全体のタイプの組がSのどれかである」ということは，Sに含まれるタイプのプレイヤーの間で**p**-共有信念（**p**-common belief）である，という．**p**-共有信念は，共有知識の概念の一般化である[24]．

　p-自明の概念は**p**-支配の概念と密接な関係にある．完備情報ゲーム**g**が**p**-支配行動a^*をもつとし，その正規精緻化を$(\mathbf{g},P)$とする．Sを通常タイプの空間T^*の単純な部分集合で，**p**-自明であるとする．いま，戦略の組$\sigma\in\Sigma$で，S_iに含まれるタイプのプレイヤーは確率1でa_i^*を選ぶようなものを考えよう．すなわち，すべての$i\in\mathscr{I}$，$t_i\in S_i$に対して，$\sigma_i(a_i^*|t_i)=1$となっている．このとき，$t_i\in S_i\subseteq T_i^*$の条件付き期待利得は

$$\sum_{t_{-i}\in T_{-i}}\sum_{a\in A}u_i(a,t)\sigma(a|t)P(t_{-i}|t_i)=\sum_{t_{-i}\in T_{-i}}\sum_{a_{-i}\in A_{-i}}u_i((a_i^*,a_{-i}),t)\sigma_{-i}(a_{-i}|t_{-i})P(t_{-i}|t_i)$$
$$=\sum_{a_{-i}\in A_{-i}}g_i(a_i^*,a_{-i})\left(\sum_{t_{-i}\in T_{-i}}\sigma_{-i}(a_{-i}|t_{-i})P(t_{-i}|t_i)\right)$$

で与えられるが，この式の大きなカッコ内の確率が，a_{-i}^*にどれだけの確率を与えるかを評価してみると

$$\sum_{t_{-i}\in T_{-i}}\sigma_{-i}(a_{-i}^*|t_{-i})P(t_{-i}|t_i)\geq\sum_{t_{-i}\in S_{-i}}\sigma_{-i}(a_{-i}^*|t_{-i})P(t_{-i}|t_i)$$
$$=\sum_{t_{-i}\in S_{-i}}P(t_{-i}|t_i)$$
$$\geq p_i$$

となる．行動の組a^*は**p**-支配行動であるので，タイプ$t_i\in S_i$のプレイヤーiにとって，戦略σ_iは合理的な選択である．この合理的な選択は，S以外のタイプのプレイヤーの戦略にまったく依存していないことに注意したい．このことから出発して議論を進めると，次の結果を示すことができる．

---

24) Monderer and Samet (1989, 1996)による．Kajii and Morris (1997c) も参照．

結果5.5 単純な部分集合 $S \subseteq T^*$ が **p**-自明であるとする．このとき，すべての $i \in \mathbf{N}$, $t_i \in S_i$ に対して，$\sigma_i(a_i^*|t_i)=1$ となるような均衡 σ が存在する．

そのような均衡に対応する EAD を $\mu \in \Delta(A)$ とすると，

$$\mu(a^*) = \sum_{t \in T} \sigma(a^*|t) P(t) \geq \sum_{t \in S} \sigma(a^*|t) P(t) = P(S)$$

となる．つまり，**p**-支配行動の情報頑健性の問題は，**p**-自明で単純な部分集合 $S \subseteq T^*$ で，どれだけ確率の大きいものを選ぶことができるか，という問題に置き換えることができる．その理由を説明しよう．行動の組 a^* が頑健である，というのは，通常タイプの確率が十分に大きいとき，すなわち $P(T^*) \cong 1$ のとき，その EAD で $\mu(a^*) \cong 1$ となるものが存在することであった．もし $P(T^*) \cong 1$ であるとき，T^* の単純な部分集合 S で，**p**-自明であり，かつ $P(S) \cong 1$ となるものを選ぶことができるならば，上での議論により，$\mu(a^*) \geq P(S) \cong 1$ となる EAD が存在することになる．さて，T 上の任意の確率分布に対して，どのような **p**-自明な空間を作れるか，という非常に一般的な問題について，次の結果が知られている[25]．

結果5.6 $\sum_{i \in \mathscr{I}} p_i < 1$ ならば，T^* の単純な部分集合 S で，

$$P(S) \geq 1 - (1 - P(T^*)) \left(\frac{1 - \min_{i \in \mathscr{I}} p_i}{1 - \sum_{i \in \mathscr{I}} p_i} \right)$$

をみたすものが存在する．

結果5.6から，$P(T^*) \cong 1$ ならば $P(S) \cong 1$ となる T^* の単純な部分集合 S が存在するので，**p**-支配行動の情報頑健性は証明された．

---

25) Kajii and Morris (1997a) の Proposition 4.2を簡略化した．

5. ポテンシャル最大化行動の情報頑健性

完備情報ゲーム**g**で,すべてのプレイヤーの利得がつねに等しくなるようなゲームを考えよう.利得に関する利害の対立はまったく存在しないので,このクラスのゲームを,同一利害ゲーム (identical interest game) と呼ぶことにする.たとえば表5.7のゲームは同一利害ゲームである.

表5.7 同一利害ゲーム

		プレイヤー2	
		L	R
プレイヤー1	T	2, 2	0, 0
	B	0, 0	1, 1

プレイヤーの利得関数は同一なので,1つの関数$f: A \to \mathbb{R}$に代表させて表すことにする.つまり,$f = g_1 = \cdots = g_I$である.関数fを最大化するような行動の組a^*は,全員の利得を同時に最大化しているので,**g**のナッシュ均衡である.このようなナッシュ均衡が唯一ならば,それは情報頑健均衡である[26].

結果5.7 完備情報ゲーム**g**が同一利害ゲームであり,$f = g_1 = \cdots = g_I$となるような関数$f: A \to \mathbb{R}$を最大化するような行動の組a^*は唯一であると仮定する.このとき,a^*は情報頑健均衡である.

この結果より,表5.7のゲームの(T, L)は情報頑健均衡である.なお,(T, L)は$(1/3, 1/3)$-支配行動でもあるので,結果5.4も適用できる.ただし,すべての同一利害ゲームにおいて,利得を最大化する行動の組が結果5.4の条件をみたすわけではない.

結果5.7の証明の概略を説明しよう.同一利害ゲーム**g**の正規精緻化を$(\mathbf{g}, P)$

---
[26] Ui (2001a) の Theorem 3 の特殊ケース.

とする. プレイヤー i の戦略のうち, 誓約タイプ $a_i \in A_i$ が自分の支配行動 a_i を確率1で選ぶような戦略の集合を Σ_i^* で表し, そのような戦略の組全体の集合を $\Sigma^* = \Sigma_i^* \times \cdots \times \Sigma_n^*$ と書くことにする. 正規精緻化 $(\mathbf{g}, P)$ の均衡はすべて Σ^* に含まれることに注意したい. さて, 次の式で定義される関数 $U : \Sigma^* \to \mathbb{R}$ を考える.

$$U(\sigma) = \sum_{t \in T} \sum_{a \in A} f(a) \sigma(a|t) P(t) = \sum_{a \in A} f(a) \mu(a). \tag{5.2}$$

ここで $\mu \in \Delta(A)$ は $\mu(a) = \sum_{t \in T} \sigma(a|t) P(t)$ で与えられるものである. 通常タイプの利得関数が f であることに注意すると, $P(T^*) \cong 1$ のとき $U(\sigma)$ の値は各プレイヤーの期待利得を近似している. そして, (f を最大化するような行動の組 a^* が $\mathbf{g}$ の均衡であったのと同様に) U を最大化するような $\sigma \in \Sigma^*$ は $(\mathbf{g}, P)$ の均衡になっていることを示すことができる[27]. このとき μ は $(\mathbf{g}, P)$ の EAD である.

ここでもう一度, (5.2)式を見てみよう. 関数 U の値は $f : A \to \mathbb{R}$ の $\mu \in \Delta(A)$ についての平均値である. f は $a^* \in A$ でのみ最大になるので, $P(T^*) \cong 1$ のときには, U を最大化するような σ に対応する EAD の μ について $\mu(a^*) \cong 1$ でなければならない. このことは $P(T^*) \cong 1$ であるような任意の正規精緻化 $(\mathbf{g}, P)$ で成り立つので, a^* は情報頑健均衡である.

以上の議論により, 同一利害ゲームでは, すべてのプレイヤーの利得を最大化するような行動の組は情報頑健均衡であることがわかった. 同様の議論を, 他の完備情報ゲームに適用することが可能である. そのようなクラスのゲームとして, ポテンシャル・ゲームを紹介しよう[28]. ポテンシャル・ゲームとは, ポテンシャル関数 $f : A \to \mathbb{R}$ をもつようなゲームである. ポテンシャル関数とは, おおざっぱにいうと, プレイヤーの利得関数をポテンシャル関数で置き換えても, 合理的なプレイヤーの行動はまったく変化しないような関数のことである. このことを念頭においたうえで, ポテンシャル・ゲームの定義を見てみよう[29].

---

27) 誓約タイプはつねに自分の支配行動を選ぶので, 誓約タイプの利得を捨象して均衡の条件を考えても問題が生じない. このことにより, U を最大化するような σ が均衡であることを証明できる.
28) Monderer and Shapley (1996).

定義5.8 関数 $f: A \to \mathbb{R}$ が **g** のポテンシャル関数 (potential function) であるとは，すべての $i \in \mathscr{I}$, $a_i, a_i' \in A_i$, $a_{-i} \in A_{-i}$ に関して，

$$g_i(a_i, a_{-i}) - g_i(a_i', a_{-i}) = f(a_i, a_{-i}) - f(a_i', a_{-i}) \tag{5.3}$$

が成り立つことをいう．ポテンシャル関数が存在するとき，**g** をポテンシャル・ゲーム (potential game) と呼ぶ．

同一利害ゲームはポテンシャル・ゲームである．また，表5.8はポテンシャル・ゲームとそのポテンシャル関数の例である．一般に，プレイヤー数が2，行動数が2で，利得行列が対称になっているようなゲームはポテンシャル・ゲームである．

表5.8 ポテンシャル・ゲームとポテンシャル関数

		プレイヤー2	
		L	R
プレイヤー1	T	2, 2	3, 0
	B	0, 3	4, 4

		プレイヤー2	
		L	R
プレイヤー1	T	2	0
	B	0	1

(5.3)式から，任意の $\lambda_i \in \Delta(A_{-i})$ に対して，

$$\sum_{a_{-i} \in A_{-i}} g_i(a_i, a_{-i}) \lambda_i(a_{-i}) - \sum_{a_{-i} \in A_{-i}} g_i(a_i', a_{-i}) \lambda_i(a_{-i})$$
$$= \sum_{a_{-i} \in A_{-i}} f(a_i, a_{-i}) \lambda_i(a_{-i}) - \sum_{a_{-i} \in A_{-i}} f(a_i', a_{-i}) \lambda_i(a_{-i}) \tag{5.4}$$

が成り立つ．(5.4)式の左辺は，プレイヤー i が自分以外のプレイヤーの行動に関して $\lambda_i \in \Delta(A_{-i})$ という予測をしているとき，自分の行動を a_i' から a_i に変更したときの，期待利得の変化幅を表している．(5.4)式の右辺は，同じ変更に対応した，ポテンシャル関数の変化幅を表している．合理的なプレイヤーは

---
[29] ポテンシャル・ゲームは狭いクラスのゲームであるが，Hart and Moore (1989) の不完備契約のモデルなど，応用で重要なクラスのゲームも含んでいる．Ui (2000) 参照．

「他のプレイヤーの行動を予測しつつ,自分の期待利得を最大にする」が,(5.4)式によれば,任意の予測に対して,ある行動の期待利得と他の行動の期待利得の大小関係に関する情報はすべて,ポテンシャル関数に凝縮されていることになる.つまり,ポテンシャル・ゲームにおいては,プレイヤー i の利得関数 g_i をポテンシャル関数 f で置き換えても,合理的なプレイヤーの行動はいっさい変わらない.プレイヤー全員の利得関数をポテンシャル関数と置き換えれば,先に議論した同一利害ゲームを得る.そして,ポテンシャル・ゲームにおける合理的なプレイヤーの行動は,その同一利害ゲームにおける合理的なプレイヤーの行動とまったく同じになる.したがって,同一利害ゲームの情報頑健均衡についての議論は,そのままポテンシャル・ゲームにもあてはまり,次の結果を得る[30]).

結果5.8 完備情報ゲーム **g** がポテンシャル関数 f をもつとする.もし,f を最大化する行動の組 a^* がただ1つであるならば,a^* は情報頑健均衡である.

ところで,結果5.8を用いるためには,まずゲームがポテンシャル関数をもつかどうかを調べなければいけない.もちろん,定義の条件がみたされるかどうか,丁寧にチェックすればよいわけだが,すべての組み合わせの変化幅を調べるのは,非常に手間のかかる場合もある.そこで,簡単に見分ける方法を1つ紹介しよう.

プレイヤーの部分集合 $S \subseteq \mathcal{I}$ に対して,対応する行動の組を $a_S = (a_i)_{i \in S}$,その集合を $A_S = \prod_{i \in S} A_i$ と書くことにする.いま,ある関数 $h_S: A_S \to \mathbb{R}$ があって,

$$g_i(a) = \begin{cases} h_S(a_S) & i \in S \text{のとき,} \\ 0 & i \notin S \text{のとき,} \end{cases}$$

となるようなゲーム **g** を考える.このゲームは $f(a) = h_S(a_S)$ で与えられるポテンシャル関数 f をもつ.ポテンシャル関数の定義の加法性により,このようなゲームの利得を足し合わせて得られるようなゲームもポテンシャル・ゲームである.さらに,すべてのポテンシャル・ゲームは,そのような形に書き表すこ

---
30) Ui (2001a) の Theorem 3.

とができることが知られている[31].

結果5.9 完備情報ゲーム **g** がポテンシャル・ゲームであるための必要十分条件は，関数の族 $\{h_S : A_S \to \mathbb{R}\}_{S \in 2^\mathscr{I}}$ が存在して[32]，すべての $i \in \mathscr{I}$ について

$$g_i(a) = \sum_{S \in 2^\mathscr{I}, i \in S} h_S(a_S)$$

が成り立つことである．このときポテンシャル関数は

$$f(a) = \sum_{S \in 2^\mathscr{I}} h_S(a_S)$$

で与えられる．

この結果の応用例として，次のような共同生産ゲーム **g** を考えよう．A_i はプレイヤー i がとりうる努力水準の集合である．プレイヤーが努力水準の組 $a \in A$ を選択しているとき，全体として $v(a)$ の価値を生産することができる．生産された価値は，プレイヤーに均等に配分される．一方，プレイヤー i が努力水準 a_i を選択するとき，プレイヤー i に $c_i(a_i)$ のコストがかかる．このとき，プレイヤー i の利得関数 g_i は，$g_i(a) = v(a)/I - c_i(a_i)$ で与えられる．結果5.9に照らし合わせて，$\{h_S\}_{S \in 2^\mathscr{I}}$ として，次のようなものを選ぶ．

$$h_S(a_S) \begin{cases} v(a)/I & S = \mathscr{I} \text{のとき}, \\ -c_i(a_i) & S = \{i\} \text{のとき}, \\ 0 & \text{それ以外}. \end{cases}$$

こうした $\{h_S\}_{S \in \mathscr{I}}$ は結果5.9の条件をみたしており，ポテンシャル関数 f は，$f(a) = v(a)/I - \sum_{i \in \mathscr{I}} c_i(a_i)$ で与えられることが直ちにわかる．

---

31) Ui (2000). この結果は協力ゲームの解概念であるシャプレイ値と密接な関係がある．
32) この関数の族をポテンシャル・ゲームの相互作用ポテンシャルと呼ぶ．

6. 拡張と未解決の問題

6.1 一般化ポテンシャル最大化行動の情報頑健性

　表5.6のゲームは，結果5.4と結果5.8のどちらでも適用することができた．しかし一般には，結果5.4と結果5.8の適用できるゲームのクラスは異なっている．また，結果5.4の証明は，ゲームにおける知識の構造に関する考察からなっているが，結果5.8の証明は，ポテンシャル関数を最大化するような均衡が存在する，というロジックからなっており，証明の考え方も異なっているようにみえる．両者を統一し，かつ，より広いクラスのゲームに適用できるような，情報頑健性の十分条件を得ることができれば，情報頑健均衡の応用範囲が拡がるうえに，情報頑健均衡の数学的な性質についての理解を深めることができるであろう．

　最近，Morris (1999) と Ui (2001b) は[33]，一般化ポテンシャル関数を定義し，$\mathbf{p}$-支配行動による情報頑健性の議論と，ポテンシャル関数最大化行動による情報頑健性の議論を統合した．まず Morris (1999) は，ゲームに特性ポテンシャル関数と呼ばれる関数を定義し，特性ポテンシャル関数を最大化するような行動の組は情報頑健均衡であることを示した．さらに，あるゲームに $\sum_{i \in \mathscr{I}} p_i < 1$ をみたす $\mathbf{p}$-支配行動が存在するならば，そのゲームは特性ポテンシャル関数をもち，特性ポテンシャル関数を最大化する行動の組と，$\mathbf{p}$-支配行動とは，一致することを示した．つまり，特性ポテンシャル関数による情報頑健均衡の十分条件は，$\mathbf{p}$-支配行動による情報頑健均衡の十分条件の一般化になっている．一方，Ui (2001b) は，ゲームに一般化ポテンシャル関数と呼ばれる関数を定義し，一般化ポテンシャル関数を最大化するような行動の組は情報頑健均衡であることを示した．さらに，Monderer and Shapley (1996) のポテンシャル関数や，Morris (1999) の特性ポテンシャル関数は，一般化ポテンシャル関数の特別な場合であることを示した．このように，一般化ポテンシャル関数を最大化するような行動の組を考えることで，ポテンシャル関数による情報頑健均衡の十分条件と，$\mathbf{p}$-支配行動による情報頑健均衡の十分条件が統合され，一見，

---

33) この2本の論文は，近い将来1本の論文に統合される予定．

異なるように見える両者の議論は，このレベルまで掘り下げると，実は本質的には同じものである，ということが明らかになった．

一般化ポテンシャル関数の定義はやや込み入っているので，以下では，行動の数が2つであるような完備情報ゲームの場合について，一般化ポテンシャル関数がどのようなものであるか説明をする．

すべてのプレイヤー $i \in \mathscr{I}$ について $A_i = \{0, 1\}$ であるとする．関数 $f: A \to \mathbb{R}$ で，$\mathbf{1} = (1, \ldots, 1) \in A$ において最大になるものを考える．いまプレイヤー i が，他のプレイヤーの行動について，確率分布 $\lambda_i \in \Delta(A_{-i})$ で表されるような予測をしているとする．どのような予測をしているときにプレイヤー i は行動1を選択するかに興味がある．もし f が完備情報ゲーム $\mathbf{g}$ のポテンシャル関数ならば，プレイヤー i の利得関数 g_i を f と置き換えても，プレイヤー i が行動1を選ぶような予測は変わらない．すなわち，(5.4)式より，$\lambda_i \in \Delta(A_{-i})$ について，

$$\sum_{a_{-i} \in A_{-i}} f(1, a_{-i}) \lambda_i(a_{-i}) > \sum_{a_{-i} \in A_{-i}} f(0, a_{-i}) \lambda_i(a_{-i})$$

となることと

$$\sum_{a_{-i} \in A_{-i}} g_i(1, a_{-i}) \lambda_i(a_{-i}) > \sum_{a_{-i} \in A_{-i}} g_i(0, a_{-i}) \lambda_i(a_{-i})$$

となることとは同値である．

このことを次のように一般化してみよう．関数 f があったとして，$\lambda_i \in \Delta(A_{-i})$ について，

$$\sum_{a_{-i} \in A_{-i}} f(1, a_{-i}) \lambda_i(a_{-i}) > \sum_{a_{-i} \in A_{-i}} f(0, a_{-i}) \lambda_i(a_{-i})$$

ならば

$$\sum_{a_{-i} \in A_{-i}} g_i(1, a_{-i}) \lambda_i(a_{-i}) > \sum_{a_{-i} \in A_{-i}} g_i(0, a_{-i}) \lambda_i(a_{-i})$$

が成り立っているとする．言い換えれば，ある予測 $\lambda_i \in \Delta(A_{-i})$ をもつプレイヤー i が，関数 f で評価してみて行動1を選択することが合理的ならば，実際にプレイヤー i の利得関数 g_i で評価してみても行動1を選択することが合理的になっている．ただし，この逆は必ずしも成り立ってはいない点に注意したい．

おおまかにいえば，上の条件をみたすような関数 f が一般化ポテンシャル関

表5.9 ポテンシャル関数をもたないゲームと一般化ポテンシャル関数

		プレイヤー2	
		L	R
プレイヤー1	T	3, 2	0, 0
	B	0, 0	1, 1

		プレイヤー2	
		L	R
プレイヤー1	T	2	0
	B	0	1

数である[34]．そして，**g**が一般化ポテンシャル関数をもつならば，行動の組**1**は情報頑健均衡になる．その証明の大筋は，基本的にポテンシャル・ゲームにおける議論と同じである．

表5.9に（ポテンシャル関数をもたない）完備情報ゲームと，その一般化ポテンシャル関数の例を挙げておく．行動の組(T,L)が一般化ポテンシャル関数を最大化する．なお，行動の組(T,L)は$(1/4,1/3)$-支配均衡なので，結果5.4によっても情報頑健均衡である．

6.2 一般のタイプ空間

前節までは離散的なタイプ空間を前提にして情報頑健性の議論を行ってきたが，より一般のタイプ空間において，情報頑健均衡を定義することが可能である．

プレイヤーiのタイプの集合T_iを$|A|$次元のベクトルの集合とする．すなわち$t_i=(t_i(a))_{a\in A}\in\mathbb{R}^{|A|}$とする[35]．タイプ$t_i$のプレイヤー$i$の利得は

$$u_i(a,t_i)=g_i(a)+t_i(a) \tag{5.5}$$

で与えられるとする．第3節における設定は，t_iを次のようにおくことにより，この設定の特別な場合になっていることが確かめられる．

---

34) 正確にいえば，もう1つ条件が必要である．その条件は，**g**が戦略的補完性をみたすか，または，プレイヤー全員がfを利得関数としてもつような同一利害ゲームが戦略的補完性をみたすか，どちらかが成り立っていることである．

35) プレイヤーiのタイプの集合T_iをA上で定義された関数全体の集合としても数学的には同値である．

$$t_i(a_i, a_{-i}) = \begin{cases} 0 & t_i \text{が通常タイプのとき,} \\ 1 - g_i(a_i, a_{-i}) & t_i \text{が誓約タイプ} a_i \text{のとき,} \\ -g_i(a_i, a_{-i}) & t_i \text{が誓約タイプ} a_i' \neq a_i \text{のとき.} \end{cases}$$

いま t_i は任意の $|A|$ 次元ベクトルの値をとりうるとし,確率変数 $t_1, \ldots, t_I$ の同時確率分布は,確率測度 p で与えられるとする.そして $(\mathbf{g}, p)$ を $\mathbf{g}$ の精緻化と呼ぼう.$\mathbf{g}$ の精緻化も,$\mathbf{g}$ の正規精緻化と同様に不完備情報ゲームである.以下,不完備情報ゲームに関わる各種の記号は,正規精緻化の場合と同じものを用いることにする.精緻化 $(\mathbf{g}, p)$ の均衡は次のように定義される.

定義5.9 戦略の組 σ が精緻化 $(\mathbf{g}, p)$ の均衡であるとは,すべての $i \in \mathscr{I}$ とすべての $\sigma_i' \in \Sigma_i$ に対し,

$$\int_t \sum_{a \in A} (g_i(a) + t_i(a)) \sigma(a|t) dp(t) \geq \int_t \sum_{a \in A} (g_i(a) + t_i(a)) \sigma_i'(a_i|t_i) \sigma_{-i}(a_{-i}|t_{-i}) dp(t)$$

が成立することをいう.

EAD を第3節と同じように定義する.

定義5.10 確率測度の列 $\{p^k\}_{k=1}^{\infty}$ で $k \to \infty$ のとき $\max\limits_{i \in \mathscr{I}, a \in A} |t_i(a)|$ が 0 に確率収束[36]するようなものを考える.$(\mathbf{g}, \{p^k\}_{k=1}^{\infty})$ を精緻化列と呼ぶ.

LEAD を第3節と同じように定義する.一般の場合の情報頑健均衡は次のように定義できる.

定義5.11 行動分布 $\mu \in \Delta(A)$ が完備情報ゲーム $\mathbf{g}$ の情報に関して頑健な均衡であるとは,μ がすべての精緻化列の LEAD になることをいう.

一般のタイプ空間を前提とした情報頑健均衡の十分条件の導出は,今後の課

---

[36] 任意の $\varepsilon > 0$ に対して $\lim\limits_{k \to \infty} \Pr[\max\limits_{i \in \mathscr{I}, a \in A} |t_i(a)| > \varepsilon] = 0$ となること.

題である．一方，連続のタイプ空間を前提とした情報頑健均衡ではない均衡の例は知られている．グローバル・ゲームと呼ばれるクラスのゲームは[37]，そうした例の1つと見なすことができる．

6.3 未解決の問題

すでに述べたように，ナッシュ均衡が一意であっても，そのナッシュ均衡が情報頑健均衡であるとは限らない．一方，情報頑健均衡が存在した場合，その情報頑健均衡が一意であるかについては結論がでていない．

もちろん，退化した完備情報ゲームでは，複数の情報頑健均衡が存在しうる．たとえば，すべての行動が同じ利得をもたらすような完備情報ゲームを考えよう．このようなゲームでは，任意の正規精緻化において，通常タイプのプレイヤーにとってすべての行動が合理的な選択になりうるので，いかなる行動分布もLEADになる．すなわち，（無数にある）すべての相関均衡が情報頑健均衡である．一方，そのような退化した完備情報ゲーム以外に，複数の情報頑健均衡が存在する例は知られていない．直感的に考えると，複数の情報頑健均衡をもつゲームが存在すれば，そのゲームの任意の（$P(T^*) \cong 1$ である）正規精緻化は，情報頑健均衡に対応する複数のEADをもつはずなので，なんらかの意味でナイフ・エッジになっていると想像できる．しかし，いまのところ具体的な例は見つかっていない．

情報頑健均衡の概念そのものについても，本質的な部分に未解決の問題がある．情報頑健均衡の概念を最初に提示したのはKajii and Morris (1997a) である．そこでは，本章で扱った正規精緻化よりも広い概念を用いている．すなわち，正規精緻化においては，合理的でないタイプは必ず誓約タイプであるが，Kajii and Morris (1997a) が考えた精緻化では，合理的でないタイプは必ずしも誓約タイプでなくてもよい．したがって，Kajii and Morris (1997a) の意味での情報頑健均衡は，本章で定義した情報頑健均衡よりも強い概念である．結果5.3と結果5.4はこの強い情報頑健均衡に関しても成立する．

本章の情報頑健均衡の定式化は，Kajii and Morris (1997b) が情報頑健均衡の概念の解説を容易にするために考案したものであるが，彼らは2つの情報

---

[37] Carlsson and van Damme (1993)．Morris and Shin (2000) によるサーベイも参照せよ．

頑健均衡の概念との比較については論じていない．いまのところ，Kajii and Morris (1997a) の情報頑健均衡と，Kajii and Morris (1997b) の情報頑健均衡の概念が同値になるのかどうかは未解決の問題である．

一方，本章で紹介したポテンシャル・ゲームに関する結果は Ui (2001a) によるが，そこでは正規精緻化のみが考慮されている．そして，ポテンシャル・ゲームに関する結果が Kajii and Morris (1997a) の意味での情報頑健均衡の十分条件になっているかどうかはわかっていない．つまり，対象となるゲームのクラスをポテンシャル・ゲームに限定したとしても，2つの概念が同値であるかどうかも未解決の問題である．

情報に関する頑健性は，理論的に重要であり，また直感的にもわかりやすい概念である．しかし，一意性や概念そのものについての重要な未解決な問題が残っている．その意味で，情報に関する頑健性の構造の本質的理解は，今後の課題であるといえるであろう．

参考文献

Aumann, R., and A. Brandenburger (1995), "Epistemic Conditions for Nash Equilibrium," *Econometrica* 63, pp.1161-1180.

Brandenburger, A. (1992), "Knowledge and Equilibrium in Games," *Journal of Economic Perspectives* 6, pp.83-101.

Börgers, T. (1994), "Weak Dominance and Approximate Common Knowledge," *Journal of Economic Theory* 64, pp.265-276.

Brandenburger, A., and E. Dekel (1987), "Common Knowledge with Probability 1," *Journal of Mathematical Economics* 16, pp.237-245.

Carlsson, H., and E. van Damme (1993), "Global Games and Equilibrium Selection," *Econometrica* 61, pp.989-1018.

Dekel, E., and D. Fudenberg (1990), "Rational Behavior with Payoff Uncertainty," *Journal of Economic Theory* 52, pp.243-267.

Dekel, E., and F. Gul (1997), "Rationality and Knowledge in Game Theory," in D. Kreps and K. Wallis, eds., *Advances in Economics and Econometrics: Seventh World Congress of the Econometric Society, Volume 1*, Cambridge University Press.

Harsanyi, J. C. (1967), "Games with Incomplete Information Played by

"Bayesian" Players. Part I," *Management Science* 14, pp.159-182.

Harsanyi, J. C. (1968a), "Games with Incomplete Information Played by "Bayesian" Players. Part II," *Management Science* 14, pp.320-334.

Harsanyi, J. C. (1968b), "Games with Incomplete Information Played by "Bayesian" Players. Part III," *Management Science* 14, pp.486-502.

Hart, O., and J. Moore (1990), "Property Rights and the Nature of the Firm," *Journal of Political Economy* 98, pp.1119-1158.

Kajii, A., and S. Morris (1997a), "The Robustness of Equilibria to Incomplete Information," *Econometrica* 65, pp.1283-1309.

Kajii, A., and S. Morris (1997b), "Refinements and Higher Order Beliefs: A Unified Survey," Northwestern University discussion paper.

Kajii, A., and S. Morris (1997c), "Common **p**-Belief: the General Case," *Games and Economic Behavior* 18, pp.73-82.

Kaneko, M. (2002), "Epistemic Logics and Their Game Theoretic Applications: Introduction," *Economic Theory* 19, pp.7-62.

Monderer, D., and D. Samet (1989), "Approximating Common Knowledge with Common Beliefs," *Games and Economic Behavior* 1, pp.170-190.

Monderer, D., and D. Samet (1996), "Proximity of Information in Games with Incomplete Information," *Mathematics of Operations Research* 21, pp.707-725.

Monderer, D., and L. S. Shapley (1996), "Potential Games," *Games and Economic Behavior* 14, pp.124-143.

Morris, S., R. Rob, and H. Shin (1995), "*p*-Dominance and Belief Potential," *Econometrica* 63, pp.145-157.

Morris, S., and H. Shin (2000), "Global Games: Theory and Applications," forthcoming in the Volume of the Eighth World Congress of the Econometric Society.

Morris, S. (1999), "Potential Methods in Interaction Games," working paper, Yale Univiersity.

Okada, A. (1981), "On Stability of Perfect Equilibrium Points," *International Journal of Game Theory* 10, pp.67-73.

岡田章 (1996),『ゲーム理論』有斐閣.

Polak, B. (1999), "Epistemic Conditions for Nash Equilibrium, and Common Knowledge of Rationality," *Econometrica* 67, pp.673-676.

Rubinstein, A. (1989), "The Electronic Mail Game: Strategic Behavior under Almost Common Knowledge," *American Economic Review* 79, pp.385-391.

Selten, R. (1975), "Reexamination of the Perfectness Concept for Equilibrium points in extensive games," *International Journal of Game Theory* 4, pp.25-55.

Ui, T. (2000), "A Shapley Value Representation of Potential Games," *Games and Economic Behavior* 31, pp.121-135.

Ui, T. (2001a), "Robust Equilibria of Potential Games," *Econometrica* 69, pp.1373-1380.

Ui, T. (2001b), "Generalized Potentials and Robust Sets of Equilibria," working paper, University of Tsukuba.

第6章 規制主体分割の契約理論的基礎：
最適インセンティブ規制への競争効果*

伊藤　秀史

1. はじめに

　マクロ経済政策や規制のあり方についての伝統的議論は，政策や規制を立案・実施する主体（単純に以下では「政府」と呼ぶ）を，社会的厚生を最大化しようとする一枚岩の組織と仮定していることが多い．しかし実際には，政府のさまざまな意思決定者と，決定に影響を与えようとする参加者との間のインタラクションによって特徴づけられる政治過程を通して，政策や規制は決定される．このような政治過程を踏まえた理論的研究が最近盛んになってきた．たとえば米国の政府組織に関する先駆的研究（Wilson 1989）や，経済政策やインセンティブ規制への政治経済学的アプローチ（Dixit 1996, Laffont 2000, Persson and Tabellini 2000）は，政府組織のブラックボックスを開け，「官僚的な」組織の経済合理性や，政策や規制の立案・実施にとっての組織の重要性を主張している．日本においても最近の中央省庁改革（田中・岡田 2000）に代表されるように，政府組織のあり方は無視できない重要な要因であるとの認識が広まりつつある．

　本章の目的は，独占で特徴づけられる産業の規制に焦点を当て，規制主体の組織のあり方，とくに規制主体を分割すべきかどうかという問題を分析するた

＊　本章は，旧通商産業研究所におけるJ.-J. Laffont氏の報告（2000年4月19日）をきっかけに執筆された．契約理論研究会（CTW）および経済産業省「競争促進規制研究会」のメンバーの方々のコメントに感謝したい．

めの理論的な枠組みを提示することにある．たとえば電力規制において次のような問題を具体的に想定することができる．価格政策に対して責任をもつ省庁と環境汚染を防止することに責任をもつ省庁とを分割した方がよいか，それとも同じ電力産業に対する規制当局として一体化した方がよいか．競争的な発電部門や小売部門，不可欠な設備である送配電（ネットワーク）部門ごとに別々の規制主体が存在した方がよいのか，それとも単一の主体が規制した方がよいのか．規制体系の企画立案を行う主体と，規制を実施する主体とを分離した方がよいか．ただし，本章はこれらの個々の設問に答えるよりもむしろ，問題を考えるための一般的な分析枠組みを与えることを意図している．

このような規制の問題を分析するためにはさまざまなアプローチがありうるが，上記の Dixit (1996) および Laffont (2000) と同様に，本章の提示する枠組みは契約理論（contract theory）に基づいている．契約理論をあえて一言で表現すると，「情報の偏在と機会主義的行動により生じるインセンティブの問題を解消するためには，どのような仕組みを設計すればよいか，という問題を分析する理論」である[1]．規制のコンテクストに当てはめると，規制主体が被規制産業（企業）のインセンティブ問題を解消するために規制体系を設計する，という側面と，政府が規制主体のインセンティブ問題を解消するためにさまざまな制度を設計する，という側面を考えることができる．もちろんこれらの2つの側面は互いに関連しあっているが，分析の便宜上区別することのメリットが大きい．この区別は本章の分析枠組みの中心となる特徴である．

本章の構成は以下のとおりである．まず第2節で，規制主体を分割することで何が変わるのか，そしてそのような変化が果たして望ましいのかについて考察する．そして，規制主体分割が便益をもたらすとすれば，それは規制主体が設計する最適規制体系に残された非効率性，ないしは規制主体自身に内在するインセンティブ問題を分割が緩和することが必要であると主張する．関連文献の紹介も行う．本章の中心は第3節で，規制主体を分割することによって競争が行われ，その結果最適規制に残された非効率性が緩和されるための条件を導出する．最適規制の理論モデルは，通常被規制企業が費用構造について契約前

---

[1] 契約理論の教科書には，ほぼレベルの低い順に Macho-Stadler and Pérez-Castrillo (2001), Salanié (1997), 伊藤 (2002) がある．

に私的情報をもっている状況（アドバース・セレクションないしは隠された知識）を仮定するが，そのような仮定のもとでの規制主体分割の分析には，さまざまなテクニカルな問題が生じることが知られている．そこで本章では企業の費用削減努力が規制主体に観察可能でない状況（モラル・ハザードまたは隠された行動）のモデルを分析する．第4節はまとめである．

2. 規制主体分割の分析枠組み

2.1　規制主体分割とは

　規制主体を分割すると何が変わるのだろうか．予想される変化は次の3点にまとめられる．まず第1に意思決定プロセスの変化である．単一の規制主体がいくつかの意思決定を行う場合には，それらの決定の間のコーディネーション（調整）が十分に行われるはずである．しかし規制主体が分割されたならば，それぞれの主体が所轄の決定を独立に行うことができる．それらの決定を事前に調整する努力がなされるかもしれないが，規制主体が統合されている場合と比べると，コーディネーションが不完全となる可能性が高まると予想される．

　第2に情報の細分化・分断である．分割された規制主体は，それぞれの所轄に関わる情報を収集し，その情報に基づいて（独立に）決定を行う．自分の所轄以外の情報に注意を払おうとするインセンティブは弱まると予想される．規制主体が単一の場合でも，内部で個別に情報が収集されるかもしれない．しかし組織としての意思決定に至るプロセスで情報が共有される可能性が高い．

　第3に目的・使命（ミッション）の特定化・明確化である．たとえば消費者による電力消費の節約と電力会社による質の高い電力の供給という2つの目的をもつ主体が2つに分割されれば，それぞれの主体はより狭い目的に特化できる．また，あいまいな目的をよりはっきりした使命に変換することが可能になる場合もあろう．

　ただし，以上の3種類の変化を引き起こすために規制主体の分割が必ずしも必要であるとは限らない．規制主体が単一であっても，その組織上の工夫が同様の変化をもたらす可能性もある．しかし，おそらくこれらの変化は，分割することによってより一層容易に，完全に行われる可能性が高いと予想される．

組織の分割のもたらす効果を内生的にかつ厳密に導出するためには，政府の内部組織と組織の境界のファンダメンタルな分析が必要となり本章の範囲を超える．本章では，規制主体の分割によって上記の変化がもたらされるという前提をおいて議論を進める．

2.2 規制主体分割に便益があるのか？

規制主体を分割することが上記の3種類の変化をもたらすならば，分割された主体の意思決定は，統合された規制主体の意思決定と比べて，社会的厚生にマイナスの効果をもたらすことは明らかである．第1に意思決定が独立ないしは不完全なコーディネーションのもとで行われるのであるから，単一の主体によるコーディネートされた決定よりも劣る可能性がある．第2に情報分断の効果であるが，補完的な情報がうまく利用されないというマイナスの効果がある[2]．第3に，目的・使命が特定化され局所的な目的を追求することになれば，全体の目的からいっそう乖離する可能性がある．

では規制主体を分割することによってプラスの効果が得られるのであろうか．得られるとすれば，それは規制主体分割が，次に掲げる2種類のインセンティブの問題のいずれかを緩和することが必要であると考えられる．第1に，規制主体が設計する最適規制体系自身に非効率性が残っている（ファーストベストではない），というインセンティブの問題である．Laffont and Tirole (1993)に代表される非対称情報下での最適インセンティブ規制の理論のスタンダードな結果によれば，規制主体による最適規制は，完全情報という仮想的な状況での最適解と比較して，(i)企業にレントを残さなければならない，(ii)企業の費用削減（経営）努力インセンティブが不十分，という点で非効率である．規制主体分割によってそれらの非効率性が緩和されるというプラスの効果がもたらされる可能性がある．第2に，規制主体自体が不十分な規制インセンティブに直面しているという問題である．規制主体の目的が社会的厚生の最大化から乖離しているならば，規制主体分割が規制主体のインセンティブにプラスの効果を与えるかもしれない．これらのプラスの効果が確認され，上述の分割自体のコ

---

[2] ただし，特定の分野に特化することによる専門化の便益の可能性もある．いわゆる「政策の企画立案機能と実施機能の分離」は，そのような便益をもたらすことを期待されているのであろう．

ストを上回るならば，分割が望ましいと主張する理論的基礎が得られたことになる．

2.3 文献レビュー

この節では，上記の2種類のインセンティブ問題という視点から，規制主体を分割する便益と関連文献を整理することにしよう．

(1) インセンティブ規制の問題点の緩和

まず，規制主体分割がインセンティブ規制の問題点を緩和する可能性についてまとめよう．第1に分割された規制主体間の競争によって，被規制企業のインセンティブが強化されるという「競争効果」の可能性がある (Dixit 1996, Laffont and Pouyet 2000)．この可能性は本章第3節で詳しく検討される．

第2に，規制主体と被規制企業との間の継続的な関係において，規制主体が（プライス・キャップに）不完全にしかコミットメントできないために生じる問題を，規制主体の分割が緩和する可能性がある．規制主体が最適インセンティブ規制を実施していると仮定しよう．このとき効率的な企業は低い費用を実現することによってレントを獲得するが，その結果効率的な企業であることを規制主体に知らしめることになる．そして，いったん被規制企業の費用構造を把握すれば規制主体は企業にレントを残す必要がなくなり，レントがなくなるまで価格を引き下げることが望ましくなる．しかし，このような価格引き下げの可能性を予想するならば，効率的な企業はレント獲得のために自らの費用構造についての情報を開示することを渋ってしまう．この問題は，いったん決めたプライス・キャップに長期的にコミットメントできず，長期的関係を通して得られる情報に応じてプライス・キャップを改訂したいという誘惑に負けてしまうために生じる問題で，ラチェット効果 (ratchet effects) と呼ばれている．

規制主体を分割するプラスの効果として，このような被規制企業のインセンティブ問題を緩和する可能性が指摘されている (Martimort 1996, Martimort 1999, Olsen and Torsvik 1993, Olsen and Torsvik 1995)．規制主体が分割され互いに共通の被規制企業に対する規制を独立に行うようになると，規制主体が互いに牽制し合う結果厳しいプライス・キャップが課され，効率的企業のレ

ントは小さくなってしまう．その結果，規制主体が統合されている場合と比べて，効率的企業が費用構造に関する情報を隠匿することのメリットが小さくなり，プライス・キャップへのコミットメントができない状況でも情報開示を促進することができるようになる．

　第3に，規制主体と企業間の癒着を防止しやすくするという効果がある(Laffont and Martimort 1999)．規制主体には企業の費用構造を明らかにする追加情報を入手する可能性があると仮定しよう．もしもそのような追加情報が得られないならば，非対称情報下の最適インセンティブ規制にしたがって効率的な企業にレントを与えなければならない．しかし，もしも追加情報が得られて企業の費用構造が明らかになれば，効率的企業にレントを与える必要はない．したがって，追加情報をもつ規制主体と効率的な企業は，共謀して情報を隠匿しレントを手に入れようとするインセンティブをもつ．規制主体を分割しその結果情報が分断されれば，このような共謀は難しくなり，癒着の問題を緩和することができる．

(2) 規制主体内部のインセンティブ問題

　次に規制主体自身のインセンティブ問題に移ろう．Wilson (1989) およびTirole (1994) は，民間の企業（とくに株式会社）組織と比べて政府官僚組織には次のような互いに関連した特徴があることを強調している．第1に，目標が多次元で，優先順位づけが難しい．第2に成果の評価が難しい．多次元の目標に対する成果を包括する指標があれば最も望ましいが，株式会社にとっての利益のような会計指標も市場指標も存在しない．個々の目標の評価が可能だとしても，それらの間のウェイトづけは容易でない．さらに個々の目標に対する成果をどう評価するかという問題も少なくない．どの程度の費用で生産させるか，どの程度環境汚染を削減するか，どの程度の利益を被規制企業に認めるか，などの問題がある．この評価の問題のひとつの源泉は，多くの省庁が自身の管轄において独占的な地位にあるために，成果を比較することができないという点にある．

　日本の中央省庁改革においては，「取り組むべき重要政策課題，行政目的・任務を軸に再編」するという「目的別省編成」を新たに原則のひとつとし，そ

れを受けて，中央省庁等改革基本法は，「国の行政が担うべき主要な任務を基軸として，一の省ができる限り総合性及び包括性をもった行政機能を担うこと」と規定している（田中・岡田 2000, p.84）．このような編成原理は，上記の特徴への対応として理解できる．

　政府組織が多次元の，評価の難しい目的で特徴づけられるとすると，官僚は多様な職務・活動間に労力や時間を配分するという意思決定に直面する．そして不完全な評価しか利用可能でない状況で適切な努力配分に導くためには，官僚の報酬やキャリアが評価に強く依存しない，いわゆる弱いインセンティブが最適になることが理論的に導かれている．まず明示的な報酬については，Holmstrom and Milgrom (1991) に基づいて Milgrom and Roberts (1992) が「均等報酬原理」と呼ぶ特徴が成立する．均等報酬原理によれば，官僚の享受する限界便益は，成果を観察・評価することが難しい活動・業務に対する弱いインセンティブに均質化されてしまう．なぜならば，もしも評価が容易な職務に強く依存する報酬を与えると，評価の難しい職務への努力を犠牲にしてしまうからである．また，評価に基づいて出世の可能性が広がる暗黙のインセンティブに注目しても，職務・活動が多次元であいまいなほど，そのような暗黙のインセンティブが効きにくくなるという理論的結果が得られている (Dewatripont et al. 1999)．

　政府組織の目標に対してせいぜい弱いインセンティブしか与えられないのであれば，官僚の行動が政府の目標とは異なる，私的な利益追求に向かうことを防止することがいっそう重要となる．こうして弱いインセンティブは，官僚の行動に対してさまざまな制約を課すという制度によって補完されることになる (Holmstrom and Milgrom 1991, Holmstrom and Milgrom 1994)．弱いインセンティブと厳しい制約の組み合わせは，このように内生的に導かれる経済合理性のある特徴である．Wilson (1989) は豊富な事例に基づいて，官僚は多くの制約下にあり，しかもそれらの制約には一定の合理性があるものの，官僚が前向きな決定を実施することを難しくするという問題点を指摘している．弱いインセンティブと厳しい制約の組み合わせが所与の組織のもとで最適であるとしても，効率的（ファーストベスト）ではなく，次善（セカンドベスト）の状態にとどまっているのである．

規制主体を分割することによって，このような政府組織内のインセンティブ問題を緩和できる可能性がある．第1に規制主体を分割することによって，パフォーマンスの比較（ベンチマーキング）が可能となり，強力なインセンティブを与えることで生じるコストを削減できる．第2に，分割による職務・活動次元の減少，目標の明確化が，明示的および暗黙のインセンティブを改善する可能性が指摘されている（Holmstrom and Milgrom 1991, Dewatripont et al. 1999）．第3に，分割による情報細分化・遮断が，相反する情報に直面して前向きな決定が滞り現状維持寄りの政策がとられる（「すくみ」の発生）問題を緩和するかもしれない（Dewatripont and Tirole 1999）．

規制主体を分割することが組織内部の意思決定やインセンティブにどのような影響を与えるか，に関する厳密な理論研究は，まだ第1歩を踏み出したに過ぎない．本章ではこの問題の分析を行わないが，将来性のある重要な研究テーマであることを指摘しておこう．

(3) モデル化の視点

ここまでは2種類のインセンティブ問題という次元で文献を整理したが，モデル化の視点から整理することもできる．規制主体分割という問題を契約理論的に分析する際に，規制主体をプリンシパルとエージェント関係の枠組みのどこに位置づけるかという視点である（図6.1）．まず第1に，Dixit (1996), Laffont and Pouyet (2000), Martimort (1996), Martimort (1999), Olsen and Torsvik (1993), Olsen and Torsvik (1995) などは，図6.1(A)のように，規制主体をエージェントである被規制企業を規律づけるプリンシパルとして位置づけている．この視点では，単一プリンシパルのケースと複数プリンシパルのケースの比較分析を行うことになる．本章の中心である次節の分析もこの視点である．第2に図6.1(B)のように，Laffont and Martimort (1999) は規制主体を企業の技術に関する情報収集者と位置づけており，規制主体と企業はさらに上位に位置するプリンシパル（図では「政府」と記しているが，具体的には政府内の内閣や議会など）によって規律づけられる．この視点での分析は，中間に位置する情報収集者が単一のケースと複数に分割されたケースの間の比較となる．最後に規制主体自体の内部のインセンティブ問題を分析するDew-

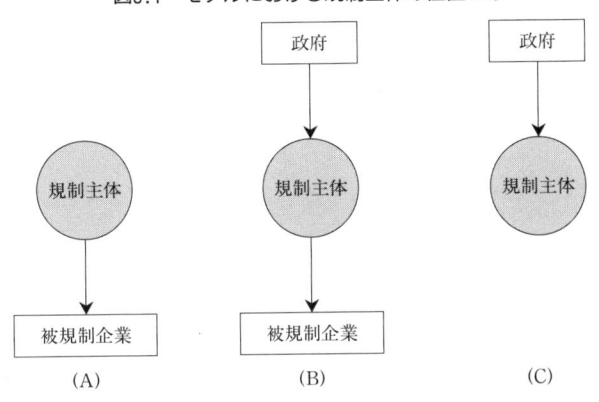

第6章　規制主体分割の契約理論的基礎：最適インセンティブ規制への競争効果　161

図6.1　モデルにおける規制主体の位置づけ

atripont et al. (1999) および Dewatripont and Tirole (1999) は，図6.1(C) のように，被規制企業を捨象して規制主体をエージェントと位置づけている．このような視点では，単一のエージェントと複数エージェントの間の比較が分析の中心となる．

3. 規制主体分割による「競争効果」の分析

本章の残りでは，前節でまとめた規制主体分割がもたらす効果のうち，規制主体間の競争によりインセンティブ規制の問題点を緩和する可能性に焦点を当てた分析を行う．インセンティブ規制の分析としては，Laffont and Tirole (1993) に代表されるように，被規制企業（エージェント）と規制主体（プリンシパル）との間に費用構造についての情報の非対称性が存在するモデルがよく知られている．そこでは2種類の情報の非対称性が仮定されている．企業に本来備わっている外生的な生産技術に関する情報の非対称性（アドバース・セレクションまたは隠された知識）と，企業の費用削減のための経営努力に関する情報の非対称性（モラル・ハザードまたは隠された行動）の2種類である．残念ながら，彼らのモデルを規制主体が分割されたケースに拡張すると，いくつかのテクニカルな問題が生じることが知られている[3]．そこで本章ではア

---

3) 彼らのモデルはアドバース・セレクションのみのモデルと同様に分析できる．しかし，アドバー

ドバース・セレクションの問題を捨象し，純粋なモラル・ハザードのもとでのインセンティブ規制のモデルを分析する．分析自体は，Holmstrom and Milgrom (1991) および Dixit (1996, Appendix) のモデルをインセンティブ規制に応用したものである．まず第3.1節で規制主体が単一の組織であるケースにおけるインセンティブ規制のモデルを分析し，続いて第3.2節で，規制主体が分割されたケースでの最適規制を導出する．

3.1 インセンティブ規制のモラル・ハザード・モデル

(1) モデル

まず最初に，政府組織は単一の規制主体と同一視されると仮定しよう（後に第3.2節でこの仮定を緩め，規制主体が分割されたケースを分析する）．この規制主体が独占企業からなる産業を規制する．単純化のため企業は分割不可能な財またはプロジェクトを生み出すと仮定する．企業は2種類の活動 $i=1,2$ に従事し，活動 i によって生み出されるプロジェクトのもたらす粗消費者余剰を S_i，その生産費用を C_i と記す．生産費用 C_i は次の式で与えられる．

$$C_i = \bar{c}_i - e_i + \varepsilon_i.$$

ここで $\bar{c}_i$ は正の定数，$e_i \geq 0$ は企業の選択する費用削減努力，そして ε_i は企業がコントロールできない不確定要因を表す確率変数で，平均ゼロ，分散 σ_i^2 の正規分布にしたがうと仮定する．また ε_1 と ε_2 は独立と仮定する．企業は費用削減活動により私的な費用 $d(e_1, e_2)$ を不効用として被る．ここで

$$d(e_1, e_2) = \frac{e_1^2 + e_2^2}{2} + s e_1 e_2$$

ス・セレクションのもとで規制主体が分割され，複数のプリンシパルが単一のエージェントを規制する状況では，表明原理 (revelation principle) が必ずしも成立しないという問題がある (Martimort and Stole 2001a)．Laffont and Pouyet (2000) は，Martimort and Stole (2001a) によって提示された分析手法を用いて，このようなテクニカルな問題を克服して規制主体分割の競争効果を分析している．しかし，彼らのモデルは企業の生産技術に関する私的情報を表すパラメータ（タイプ）が連続に分布すると仮定しており，分析が複雑でその論理と結果を理解することが難しい．一方可能なタイプが2種類で，かつ誘因両立的 (incentive compatible) な直接表明メカニズム (direct revelation mechanism) に限定した分析では，均衡解が存在するとは限らないという問題がある (Martimont and Stole 2001b)．

を仮定する．ただし$s \in (-1,1)$は定数で，費用代替性の程度を表す．たとえば$s=0$ならば2種類の活動は互いに独立だが，$s>0$となると一方の活動の限界不効用は他の活動の増加関数となる．一方$s<0$ならば，2種類の活動間には費用補完性があり，一方の活動水準を上げれば他方の活動の限界不効用が低下するという関係が成り立つ．

規制主体はe_iおよびε_iを観察できないが，生産費用C_1, C_2は財務諸表等を通して規制主体にも観察かつ立証可能であると仮定する．よって政府は企業に対して支払う価格Pを，実現した費用(C_1, C_2)に依存させることができる．ここでPは(C_1, C_2)に対して線形であると仮定する[4]．さらに解釈を容易にするために，Pは次の式で与えられると仮定する．

$$P = p_1 + p_2 + \alpha_1(C_1 - p_1) + \alpha_2(C_2 - p_2) + t.$$

ここで$(\alpha_1, \alpha_2, p_1, p_2, t)$は規制主体があらかじめに決定するパラメータである．このうちp_1, p_2はそれぞれ活動1，活動2に対する目標価格と解釈することができる．そして活動iの実際の費用C_iが目標価格p_iを上回ると，その上回った額のうちα_iの比率分が目標価格に上乗せされて支払われる．たとえば$\alpha_i=0$ならば活動iに対する支払いはp_iという固定価格契約となり，$\alpha_i=1$ならば$P=C_1+C_2+t$で，実現した費用分をすべて返済するコストプラス契約となる．以下ではα_1, α_2をシェア係数と呼ぶ．最後の項tはコストプラスの際に企業に残す利潤に対応する．被規制企業の利潤は

$$\pi = P - C_1 - C_2 = (1-\alpha_1)(p_1 - C_1) + (1-\alpha_2)(p_2 - C_2) + t$$

となる．

企業の利得Uを

$$U = E[\pi] - d(e_1, e_2) - \frac{r}{2}\text{Var}(\pi)$$

と仮定する．ここで$E[\cdot]$は$(\varepsilon_1, \varepsilon_2)$に関する期待値を，$r$は正の定数で企業の絶対的リスク回避度を表す．すなわち，企業の選好は絶対的リスク回避度が一

---

[4] この仮定は，分析されるモデルの背景に別のダイナミックなモデルが存在すると論じることによって正当化することができる．Holmstrom and Milgrom (1987)，伊藤 (2002, 第4章) を参照せよ．

定の効用関数で表せると仮定しており，Uは期待効用の確実同値額に等しい．最後の項はリスク・プレミアムである．利潤 π は確率変数 $(\varepsilon_1, \varepsilon_2)$ を含むので，

$$E[\pi] = (1-\alpha_1)(p_1 - \overline{c}_1 + e_1) + (1-\alpha_2)(p_2 - \overline{c}_2 + e_2) + t,$$
$$\mathrm{Var}(\pi) = (1-\alpha_1)^2 \sigma_1^2 + (1-\alpha_2)^2 \sigma_2^2,$$

となる．

プロジェクトのもたらす粗消費者余剰の和を $S = S_1 + S_2$ と書くと，社会的余剰（の期待値）は消費者余剰と企業の利得の和

$$W = E[S - (1+\lambda)P] + U$$
$$= S - (1+\lambda)\left(\overline{c}_1 - e_1 + \overline{c}_2 - e_2 + d(e_1, e_2) + \frac{r}{2}\mathrm{Var}(\pi)\right) - \lambda U \qquad (6.1)$$

となる．ただし $\lambda > 0$ は定数で，税制度の非効率性を表す．すなわち，政府は価格 P を税収から支払うが，1円の税収を得るためには $(1+\lambda)$ 円の税金を消費者から徴収しなければならない．言い換えれば λP は税制度の非効率性により失われる厚生損失である．単一の規制主体の目的は W を最大にする規制体系 $M = (\alpha_1, \alpha_2, p_1, p_2, t)$ を選択することである．ただし，規制主体は企業の利得 U が $\overline{U}$ 以上であることを保証しなければならないと仮定する．

(2) ベンチマーク

まずベンチマークとして，企業の費用削減のための経営努力が観察・立証可能なために，規制主体が特定の努力を強制できる理想的なケースを分析しよう．規制主体の解く問題は次のように表される．

$$\max_{e_1, e_2, M} W \quad \text{subject to} \quad U \geq \overline{U}. \qquad (\mathrm{FB}_1)$$

W の定義 (6.1) より，最適解において制約式は等号で成立しなければならない．よって制約式を代入すると，明らかに $\alpha_1 = \alpha_2 = 1$ がリスク・プレミアムを最小化（ゼロ）するので望ましい．そして最適（ファーストベスト）な努力水準は，一階条件 $1 = d_1(e_1, e_2) = d_2(e_1, e_2)$ をみたす．ただし $d_i \equiv \partial d / \partial e_i$ である．ファーストベストの努力水準を e_1^{fb}, e_2^{fb} と書くと，

第**6**章　規制主体分割の契約理論的基礎：最適インセンティブ規制への競争効果　　165

$$e^{fb} \equiv e_1^{fb} = e_2^{fb} = \frac{1}{1+s} \tag{6.2}$$

で与えられる．なお，(p_1, p_2) は企業の利得にも社会的余剰にも影響を与えないので任意，t は $\alpha_1 = \alpha_2 = 1$ および e^{fb} を所与として $U = \overline{U}$ をみたす水準に決められる．

したがって，ファーストベストの規制体系はコストプラス契約となっていることに注意されたい．この理由は以下のように説明される．コストプラス契約によって，実現した費用が完全に返済され企業の利潤は一定額 t になる．企業は利潤が変動することを好まない（リスク回避的）ので，コストプラス契約を通して費用の変動リスクを規制主体がすべて負担すれば，所与の費用削減努力のもとで企業に一定の利得を保証するために必要な期待支払額を最小化できるのである．そしてそのような契約の下で政府は，社会的余剰を最大にするファーストベストの努力水準を企業に強制する．この結果は，モラル・ハザードの問題が存在しないときには最適規制体系になんら非効率性は生じないことを示している．

(3)　モラル・ハザードのもとでの最適規制

続いて規制主体が企業の費用削減努力を観察できないケースにおいて，最適規制体系を導出する．規制体系 $M = (\alpha_1, \alpha_2, p_1, p_2, t)$ を所与として，企業は U を最大にする努力 (e_1, e_2) を選択するので，内点解を仮定すると誘因両立制約の一階条件は

$$1 - \alpha_1 = d_1(e_1, e_2) = e_1 + se_2, \tag{6.3}$$

$$1 - \alpha_2 = d_2(e_1, e_2) = se_1 + e_2 \tag{6.4}$$

となる．規制主体は次のような最適化問題を解く．

$$\max_{e_1, e_2, M} W \quad \text{subject to (6.3), (6.4), and } U \geq \overline{U}. \tag{P_1}$$

規制主体は特定の経営努力を企業に強制できないので，ファーストベストの問題（FB_1）と比べて，誘因両立制約（6.3）および（6.4）が追加されていることに注意してほしい．

この問題を解くために，まず誘因両立制約より企業の努力供給関数を求める．企業の努力は $\beta_1 \equiv 1-\alpha_1$ および $\beta_2 \equiv 1-\alpha_2$ に依存するので，努力供給関数を $e_1^*(\beta_1,\beta_2)$, $e_2^*(\beta_1,\beta_2)$ と書くと，

$$e_1^*(\beta_1,\beta_2) = \frac{\beta_1 - s\beta_2}{1-s^2}, \tag{6.5}$$

$$e_2^*(\beta_1,\beta_2) = \frac{\beta_2 - s\beta_1}{1-s^2} \tag{6.6}$$

となる[5]．残りのパラメータ (p_1,p_2,t) は誘因両立制約に影響を与えないので，いったん (β_1,β_2) および (e_1,e_2) が決まれば，(p_1,p_2,t) は参加制約 $U \geq \overline{U}$ を等号でみたすように決めればよい．したがって，努力供給関数および $U = \overline{U}$ を目的関数に代入すると，規制主体の問題 (P_1) は

$$\min_{\beta_1,\beta_2} \overline{c}_1 - e_1^*(\beta_1,\beta_2) + \overline{c}_2 - e_2^*(\beta_1,\beta_2)$$
$$+ d(e_1^*(\beta_1,\beta_2), e_2^*(\beta_1,\beta_2)) + \frac{r}{2}(\beta_1^2 \sigma_1^2 + \beta_2^2 \sigma_2^2) \tag{P_1'}$$

となる．(β_1,β_2) について一階条件を求め整理すると，

$$(1+r\sigma_1^2(1-s^2))\beta_1 - s\beta_2 = 1-s,$$
$$-s\beta_1 + (1+r\sigma_2^2(1-s^2))\beta_2 = 1-s.$$

簡単化のために $\sigma_1^2 = \sigma_2^2 \ (= \sigma^2$ と記す$)$ のケースについて解くと，最適（通常のセカンドベスト）なシェア係数 (α_1^*, α_2^*) は

$$1 - \alpha^* \equiv 1 - \alpha_1^* = 1 - \alpha_2^* = \frac{1}{1+(1+s)r\sigma^2} \tag{6.7}$$

となる．このときの費用削減努力は (6.5) 式および (6.6) 式によって

$$e^* \equiv e_1^* = e_2^* = \frac{1}{1+s}(1-\alpha^*) \tag{6.8}$$

と決まる．

---

[5] 厳密には努力は非負でなければならないので $e_i^*(\beta_1,\beta_2) = \max\left[\frac{\beta_i - s\beta_j}{1-s^2}, 0\right]$ となるが，(6.5)，(6.6)式で定義しても分析結果は変わらない．

ファーストベストとは異なり,セカンドベストの規制体系はコストプラス契約とは異なる $(1-\alpha^*>0)$. また $1-\alpha^*<1$ なので固定価格契約でもなく,実際の費用が目標価格を上回ると,規制主体は上回った額の一定の割合を価格に上乗せすることを認める費用分担方式となっている.費用は企業にも規制主体にもコントロールできない要因によって変動するので,このような規制体系は企業と規制主体がリスクを分担しあっている状態と解釈できる.ファーストベストの規制体系ではすべてのリスクを規制主体が負担するが,もしもそのような規制体系が採用されれば企業の利潤は一定となり,費用削減努力は努力の不効用を増加させるのみである.したがってコストプラス契約のもとでの企業は費用削減のために経営努力を行うインセンティブをもたない.したがって規制主体は,シェア係数を1から減少させ企業にリスクを分担させることによって,費用削減努力のインセンティブを与えることを選択する.しかし企業はリスク回避的なので,シェア係数を減少させると,企業に一定の利得を保証するために必要な期待支払額が増加する.最適なシェア係数は,インセンティブを与えることによるこれらの便益と費用をバランスさせる水準で決定され,それは固定価格契約の水準 ($\alpha_1=\alpha_2=0$) よりは高い.その結果 (6.8) 式より $e^*<e^{fb}$,すなわち企業の費用削減努力はファーストベストの水準と比べて過小になる.このような最適インセンティブ規制の非効率性は,企業によってコントロールできない不確定要因の分散が大きいほど,また2種類の活動の費用代替性が大きいほど増大することを指摘しておこう.

3.2 規制主体の分割:複数プリンシパルのモデル

(1) モデル

前節のモデルを変更して,規制主体を活動 $i=1,2$ に沿って2つに分割しよう.そして活動 i の生産費用 $C_i=\bar{c}_i-e_i+\varepsilon_i$ は,規制主体 i にのみ観察かつ立証可能と仮定する(情報の分断).したがって,規制主体 i は実現した費用 C_i に依存した価格 P_i を支払う[6].さらに前節と同様に,規制主体 i が提示する価格体系 P_i は次のような線形式で与えられると仮定する.

---

6) 各規制主体が (C_1, C_2) に依存した価格体系を提示できるケースについては,本節の最後で論じる.

$$P_i = p_i + \alpha_i(C_i - p_i) + t_i.$$

ここで $t = t_1 + t_2$ とおくことによって $P = P_1 + P_2$ が成立することを確認してほしい．規制主体 i の提示する規制体系を $M_i = (\alpha_i, p_i, t_i)$ と表す．

規制主体 i の目的関数は，

$$\begin{aligned} W_i &= E[S_i - (1+\lambda)P_i] + \delta_i U \\ &= S_i - (1+\lambda)\left(\bar{c}_i - e_i + d(e_1, e_2) + \frac{r}{2}\mathrm{Var}(\pi) - E[P_j - C_j]\right) \quad (6.9) \\ &\quad - (1+\lambda-\delta_i)U \end{aligned}$$

と書ける（$i \neq j$）．ただし $\delta_i \geq 0$ は定数で，規制主体 i が消費者余剰と比べてどの程度企業の利得を重視するかを表すパラメータである．前節のケースと同様に，規制主体は企業の利得を引き下げようとすると仮定する（すなわち $\delta_i < 1+\lambda$）．

(2) ベンチマーク

規制主体が単一の場合と同様に，まず規制主体 i は経営努力 e_i を観察・立証できるために，特定の努力を強制できるケースを分析しよう．規制主体 i の問題は，他の規制主体の規制体系を所与として，

$$\max_{e_i, M_i} W_i \quad \text{subject to} \quad U \geq \bar{U}. \qquad (\text{FB}_2)$$

で与えられる．この問題の解は，(6.9)式より $\alpha_i = 1$ となり，(p_i, t_i) は参加制約を等号でみたす水準となる．そして最適な努力水準は $1 = d_i(e_1, e_2)$，すなわち (6.2) 式で与えられるファーストベストの努力 e^{fb} と等しくなる．したがって，企業の経営努力を観察・立証できる場合には，規制主体の分割の有無にかかわらず効率的な結果を実現することができる．

(3) モラル・ハザードのもとでの最適規制

企業の費用削減努力が規制主体に観察可能でない状況では，規制主体の規制体系 (M_1, M_2) を所与として，企業は利得を最大にする努力を選択する．誘因両

立制約の一階条件は,規制主体が単一の場合と同様に (6.3), (6.4)式で与えられる.規制主体 i の解く問題は,他の主体 j の規制体系を所与として,

$$\max_{e_i, M_i} W_i \quad \text{subject to (6.3), (6.4), and } U \geq \overline{U} \tag{P_2}$$

となる.これまでと同様に (p_i, t_i) は参加制約を等号でみたすように決まるので,企業の努力供給関数 (6.5), (6.6)式を目的関数に代入して $\beta_i = 1 - \alpha_i$ について解けばよい. (6.9)式より規制主体 i の問題は,

$$\min_{\beta_i} \overline{c}_i - e_i^*(\beta_1, \beta_2) + d(e_1^*(\beta_1, \beta_2), e_2^*(\beta_1, \beta_2)) \\ + \frac{r}{2}(\beta_1^2 \sigma_1^2 + \beta_2^2 \sigma_2^2) + \beta_j(\overline{c}_j - e_j(\beta_1, \beta_2)) \tag{P_2'}$$

と書き直せる.一階条件を求めて整理すると,最適なシェア係数 $(\alpha_1^{**}, \alpha_2^{**})$ は

$$1 - \alpha_i^{**} = \frac{1}{1 + (1 - s^2) r \sigma_i^2} \tag{6.10}$$

となる.簡単化のために $\sigma^2 = \sigma_1^2 = \sigma_2^2$ を仮定してこのときの共通のシェア係数を α^{**} と記すと,(6.7)式および (6.10)式より

$$1 - \alpha^{**} > 1 - \alpha^* \quad \Leftrightarrow \quad s > 0.$$

同様にこのときの費用削減努力は,

$$e^{**} \equiv e_1^{**} = e_2^{**} = \frac{1}{1+s}(1 - \alpha^{**}) \tag{6.11}$$

となるので,

$$e^{**} > e^* \quad \Leftrightarrow \quad s > 0$$

という関係が成立する.このように費用削減努力が増加するとき,規制主体分割は「正の競争効果をもたらす」と呼ぶことにしよう.

2種類の活動間に費用代替性があると,各規制主体は自分の管轄の活動の方に希少な努力を向けさせようとして競争する関係にある.この結果,規制主体の分割によって,単一の規制主体のケースよりも被規制企業からより大きな経営努力を引き出すことができるようになる.他方活動間に費用補完性がある

($s<0$) と,各規制主体は他の規制主体の規制体系に「ただ乗り」しようとして,規制主体が統合されているときよりもいっそう低い努力しか引き出せなくなる.この場合には規制主体分割に競争効果はなく,むしろ統合された規制主体の方が大きな経営努力を引き出すことができる.

(4) 情報の分断の重要性

最後に,規制主体分割が「情報の分断」をともなわない場合には,ともなう場合の結果がどのように変わるかを分析しておこう.これまでの仮定を変更して,規制主体が $i=1,2$ に分割されても,各規制主体にとって (C_1, C_2) が観察・立証可能であると仮定しよう.すると規制主体 i の提示する価格 P_i は (C_1, C_2) に依存させることができる.これまでと同様に線形の価格体系を仮定して,

$$P_i = p_{i1} + p_{i2} + \alpha_{i1}(C_1 - p_{i1}) + \alpha_{i2}(C_2 - p_{i2}) + t_i$$

と書くことにしよう.

分析上の変更点は価格体系 P_i のみである.企業の誘因両立制約 (6.3),(6.4),努力供給関数 (6.5),(6.6)式に変更はない.ただし $\alpha_j = \alpha_{1j} + \alpha_{2j}$, $\beta_j = 1 - \alpha_{1j} - \alpha_{2j}$ であることに注意しておこう.規制主体 i の問題も (P_2) から本質的な変更はないが,(P_2') において規制主体 i は,目的関数を最小化する $(\alpha_{i1}, \alpha_{i2})$ を選択する.

この変更された状況における最適なシェア係数を $\widehat{\alpha}_{ij}$, $\widehat{\alpha}_j$ と記すと,次の結果が得られる ($\sigma^2 = \sigma_1^2 = \sigma_2^2$ を仮定).

$$1 - \widehat{\alpha} \equiv 1 - \widehat{\alpha}_1 = 1 - \widehat{\alpha}_2 = \frac{1}{1 + 2(1+s) r\sigma_2} < 1 - \alpha^* \qquad (6.12)$$

すなわち,企業の直面するインセンティブは,規制主体が統合されているケースよりも弱くなってしまう.したがって,選択される経営努力もいっそう過小となる.費用代替性があるときに情報の分断をともなう規制主体分割によって得られた正の競争効果は,情報が分断されなければ失われてしまう.言い換えれば,**規制主体分割が正の競争効果をもたらすためには,分割によって情報が細分化・分断されることが必要である**.

この変化を理解するためにもう少し詳しく結果を記せば,個々のシェア係数

は，

$$\hat{a}_{ij} = \frac{(1+s)\,r\sigma^2}{1+2(1+s)\,r\sigma^2}$$

となる．したがって，たとえば規制主体1は，自分の管轄の消費者余剰に直接影響を与える活動1に対して，

$$1-\hat{a}_{11} = \frac{1+(1+s)\,r\sigma^2}{1+2(1+s)\,r\sigma^2} > 1-a^*$$

という強力なインセンティブを与えている．しかし実際に企業が直面する活動1に関する努力インセンティブは$1-\hat{a}_{11}-\hat{a}_{21}$であり，(6.12)式によってこの値は$1-a^*$よりも小さい．すなわち，活動1に対する努力の恩恵を直接受けない規制主体2が，その努力を引き出すインセンティブを引き下げているのである．情報の分断なしに規制主体が分割されると，規制主体間の競争は，互いに相手の足を引っ張りあう契約上の負の外部性を生み出してしまうのである．

4. おわりに

本章の中心にあるモデル分析の結果をまとめよう．被規制企業の費用削減努力が観察できないという非対称情報下において，最適インセンティブ規制は限界費用の上昇の一部を価格に転嫁することを認める費用分担形式である．しかしこの結果，企業の費用削減努力は理想的なファーストベストの水準を下回り，また企業は制御できない不確定要因のリスクを分担しなければならない．

規制主体の分割は，このような最適インセンティブ規制に残された問題を緩和する可能性がある．規制主体の管轄にある企業活動を，互いに代替的な活動に分け，それぞれ別々の主体の規制下に再編することによって，自らの管轄の活動に経営努力を向けさせようとする規制主体間の競争効果が働き，費用削減努力の水準を引き上げることができる．

このような正の競争効果が生み出されるためには2つの条件がみたされなければならない．第1に，企業の諸活動を軸に規制主体を再編することになるが，それぞれの所轄の活動間が企業にとって代替的となるような編成が必要である．もしも活動間が補完的だと，正の競争効果は得られず，規制主体の分割は最適

インセンティブ規制下における企業の過小経営努力の問題をより深刻なものにしてしまう．第2に，規制主体の分割によって主体間の情報の細分化・分断が行われることが必要である．

しかし本章の分析結果は，正の競争効果がもたらされる場合には規定主体を分割した方がよい，という主張にはならないことを注意しておこう．問題 (P_1) に定式化されているように，規制主体が単一の場合には，規制主体は社会的余剰 W を最大化しようとしている．統合された規制主体は「正しい」目的を最大化しようとしているのである．一方規制主体が分割された場合には，問題 (P_2) が示すように，各規制主体は自分の管轄に関連した目的関数を最大化しようとしており，社会的余剰を最大化していない．さらに2つの問題の制約式は同一である．したがって，被規制企業の費用削減努力が増加したとしても，分割下での社会的余剰がセカンドベストの社会的余剰を上回ることはない．言い換えれば，**規制主体分割が社会的余剰を高めるためには，統合されているときの規制主体の目的が社会的余剰の最大化から乖離していることが必要なのである．**

本章では，規制主体が最適インセンティブ規制を行うという前提で議論を進めてきた．しかし理論的な成果と現実の規制制度の間にはいまだにかなりの距離がある．インセンティブ規制が実施されなければ，本章で展開された規制主体の統合と分割の比較分析に価値はない．インセンティブ規制を実践していくための努力がこれからいっそう必要とされるだろう．

理論的な課題は，企業が費用構造に関する技術情報を私的情報として保有している状況への拡張である．本章の基本的なメッセージはそのような拡張に対して頑強 (robust) であると予想しているが，テクニカルな問題を解決しながら規制主体分割の理論的基礎をより強固なものにしていかなければならない．

参考文献

Dewatripont, M., I. Jewitt, and J. Tirole (1999), "The Economics of Career Concerns, Part II: Application to Missions and Accountability of Government Agencies," *Review of Economic Studies* 66, pp.199-217.

Dewatripont, M., and J. Tirole (1999), "Advocates," *Journal of Political*

Economy 107, pp.1-39.
Dixit, A. K. (1996), *The Making of Economic Policy: A Transaction-Cost Politics Perspective*, The MIT Press, Cambridge, MA(北村行伸訳『経済政策の政治経済学——取引費用アプローチ』日本経済新聞社, 2000).
Holmstrom, B., and P. Milgrom (1987), "Aggregation and Linearity in the Provision of Intertemporal Incentives," *Econometrica* 55, pp.303-328.
Holmstrom, B., and P. Milgrom (1991), "Multitask Principal-Agent Analyses: Incentive Contracts, Asset Ownership, and Job Design," *Journal of Law, Economics, and Organization* 7 (Special Issue), pp.24-52.
Holmstrom, B., and P. Milgrom (1994), "The Firm as an Incentive System," *American Economic Review* 84(4), pp.972-990.
伊藤秀史 (2002),『契約の経済理論 (仮題)』有斐閣.
Laffont, J.-J. (2000), *Incentives and Political Economy*, Oxford University Press, Oxford.
Laffont, J.-J., and D. Martimort (1999), "Separation of Regulators against Collusive Behavior," *Rand Journal of Economics* 30, pp.232-262.
Laffont, J.-J., and J. Pouyet (2000), "The Subsidiarity Bias in Regulation," mimeo.
Laffont, J.-J., and J. Tirole (1993), *A Theory of Incentives in Procurement and Regulation*, The MIT Press, Cambridge, MA.
Macho-Stadler, I., and J. D. Pérez-Castrillo (2001), *An Introduction to the Economics of Information, Incentives and Contracts*, Oxford University Press, Oxford, second edition.
Martimort, D. (1996), "The Multiprincipal Nature of Government," *European Economic Review* 40, pp.673-685.
Martimort, D. (1999), "Renegotiation Design with Multiple Regulators," *Journal of Economic Theory* 88, pp.261-293.
Martimort, D., and L. Stole (2001a), "The Revelation and Delegation Principles in Common Agency Games," forthcoming in *Econometrica*.
Martimort, D., and L. Stole (2001b), "Common Agency Equilibria with Discrete Mechanisms and Discrete Types," mimeo.
Milgrom, P., and J. Roberts (1992), *Economics, Organization and Manage-*

ment, Prentice Hall, Englewood Cliffs, NJ (奥野正寛ほか訳『組織の経済学』NTT 出版, 1997).

Olsen, T. E., and G. Torsvik (1993), "The Ratchet Effect in Common Agency: Implications for Regulation and Privatization," *Journal of Law, Economics, and Organization* 9, pp.136-58.

Olsen, T. E., and G. Torsvik (1995), "Intertemporal Common Agency and Organizational Design: How Much Decentralization?," *European Economic Review* 39, pp.1405-1428.

Persson, T., and G. Tabellini (2000), *Political Economics: Explaining Economic Policy*, The MIT Press, Cambridge, MA.

Salanié, B. (1997), *The Economics of Contracts: A Primer*, The MIT Press, Cambridge, MA (細江守紀ほか訳『契約の経済学』勁草書房, 2000).

田中一昭・岡田彰 (2000),『中央省庁改革』日本評論社.

Tirole, J. (1994), "The Internal Organization of Government," *Oxford Economic Papers* 46, pp.1-29.

Wilson, J. Q. (1989), *Bureaucracy: What Government Agencies Do and Why They Do It*, Basic Books, New York.

第7章 社会的ジレンマ研究の新しい動向

山岸 俊男

1. 社会的ジレンマと実験ゲーム研究

　本章は，実験ゲーム研究の流れの中で発展してきた，社会的ジレンマ研究の新しい動向について紹介するのが目的である．社会的ジレンマとは，集団の中にパレート劣性なナッシュ均衡が存在する状態を意味する．しかしこの定義は，ゲーム理論に関心のある読者を除く多くの読者にとっては不親切であり，したがってもう少し詳しい説明が必要だろう．そこで，この定義を説明するために，ある集団の中で人々がaとbという2種類の行動のいずれかを選択する状態を考えていただくことにする．人々がaという行動をとれば，Aという事態が生じる．人々がbという行動をとれば，別の結果であるBという事態が生じる．そして，この集団に属する人々は全員，Bの事態の方がAの事態よりも望ましいと考えている，とする．さて，人々はaとbのどちらの行動をとるだろうか？　単純に考えれば答えは明白で，もちろん人々はbの行動をとるように思われる．しかし，そうとは限らない．実際，全員がBの事態をAの事態よりも好ましく思っていながら（つまり結果がパレート劣性），全員がbではなくaの行動をとってしまうことになる（ナッシュ均衡）というのが，社会的ジレンマの状況である．何かペテンにかけられた気がするかもしれないが，具体的な例を考えてみれば，こういった状況がよくあることに気がつくだろう．

　たとえば中国の国営企業の効率の悪さを表現するために，日本での公務員の怠惰な様子を表す「親方日の丸（国が保証してくれるから何をしていても大丈夫だという態度）」と同じような意味で，「大釜の飯（あるいは鉄椀の飯）」と

いう言葉がある．話を単純にするために，国営企業の従業員が全員，一生懸命に働いて給料が上がる方が，低い給料で怠けている状態より望ましいと考えているとしよう．ここでは，給料が上がる状態がB，低い給料のままの状態がAで，まじめに働くという行動がb，怠けるという行動がaに相当する．ここで問題なのは，自分だけ一生懸命に働いたところで事態にほとんど何の変化も生まれないということである．他の従業員の行動が同じであれば，1人だけが一生懸命に働いてみたところで何も変わらないだろう．そして，何も変わらないなら，1人だけまじめに働くよりも適当に怠けていた方がましである．このことは，皆が怠けるという行動をとる状態がナッシュ均衡（他者の行動が同じである限り，誰も行動を変えようとは思わない状態）にあることを意味する．そしてその均衡状態で生み出される事態は，誰にとっても好ましくない（つまりパレート劣性な），低い給料のままという状態なのである．このような社会的ジレンマは，社会主義国の国営企業だけではなく，われわれの身の回りにいくらでも存在している．

　社会的ジレンマ研究は，これまで主として実験ゲーム研究というかたちで発展してきた．実験ゲーム研究というのは，実験室の中に社会的ジレンマに代表されるような関係を作り出し，そこで実験参加者が実際にどう行動するかを調べる研究である．ゲーム理論が主として数学者や経済学者などのゲーム理論家によって発展させられてきたのに対して，（近年になって実験経済学が隆盛になるまでは）実験ゲーム研究は主として心理学者によって推進されてきた．そして，実験ゲーム研究は，社会心理学の1つの研究分野である協力と競争研究の中に含まれることが多く，したがって実験ゲーム研究の中で社会的ジレンマが扱われる場合には，全員にとってより望ましい事態を生み出す行動が協力行動，より望ましくない事態を生み出す行動が非協力行動と呼ばれている．このような社会的ジレンマ研究は，これまで，どのような人々がどのような場合に協力行動をとるかを明らかにすることを主な目的として行われてきた．これまでの社会的ジレンマ研究の具体的な内容についてはここでは詳しく紹介しないが，より詳しく知りたい読者には，Dawes (1980), Edney and Harper (1978), Kollock (1998), Komorita and Parks (1995, 1996), Messick and Brewer (1983), Orbell and Dawes (1981), Pruitt and Kimmel (1977),

Stroebe and Frey (1982), 山岸 (1990a, 1990b), Yamagishi (1995) などの展望論文を推奨する.

2. ミニチュア模型型実験ゲーム研究の成果

　少し個人的な話になってしまうが，私が日本で大学院の学生だった頃，つまり今から30年ほど前，社会心理学の勉強をしていて，実験ゲーム研究の話を読む機会があった．そのときの感想は，正直なところ，「世の中にこれほどつまらない研究があるとは！」という驚きであった．現在でも，社会的ジレンマの研究をしているというと，「なんてオタクな研究をしているのか」という顔をされることがよくある．この反応を受けることが嫌なため，「ゲーム」とか「プレイヤー」という言葉を論文から一切排除していた時期もあるほどだ．しかし，このような30年前の私自身の反応にも，現在の多くの人々の反応にも，十分な理由が存在していると思われる．実際，実験ゲーム研究には，多くの人をして「つまらない」と思わせる側面が存在しているからである．しかしこの状態は，1990年代に入って大きく変化している．本章の目的は，実験ゲーム研究ないし社会的ジレンマ研究の1990年代に入ってからの新しい動きには，これまでの実験ゲーム研究のオタクさを払拭するのに十分な「おもしろさ」が備わっていることを宣伝することにある．

　今から振り返ってみると，実験ゲームのつまらなさは，現実のミニチュア模型を実験室に作り出して，そこで人々がどう行動するかを観察することで，現実社会での人間の行動についての記述的な理論を作り出そうとするアプローチにあったのだと思われる．このアプローチ，すなわち実験室に作った実験用ゲームを現実のミニチュア模型だと考えるアプローチでは，社会的ジレンマ・ゲームは，現実社会に存在する多くの社会問題を抽象化したものだと考えられている．社会的ジレンマとして抽象化されている社会問題は，思いつくままに数え上げるだけでも，公害問題，環境汚染問題，地球温暖化問題，自然資源の乱獲・乱用問題などといった一連の環境問題から，保護主義政策，軍備拡大などの政治問題，職場での労働生産性の問題や就職におけるいわゆる青田刈り問題などの経済問題，受験戦争などの教育問題，そしてさらにはゴミの違反排出な

どの日常生活での問題に至るまで，さまざまなレベルに存在している[1]．これらの問題のそれぞれが，社会的ジレンマとしての性質をもっていることは明らかであり，したがってこれらの問題を社会的ジレンマ問題として研究すること自体には，なんら「つまらなさ」が内在しているわけではない．むしろその逆で，われわれの直面する重要な社会問題を扱っているという意味で，エキサイティングな研究として受けとめられても当然だろう．

　それではなぜ実験ゲーム研究は「つまらない」と感じられたのだろう？　実は，実験ゲーム研究の「つまらなさ」は，このような研究対象そのものにあるのではなく，その方法論的アプローチにある（あった？）のだと考えられる．それは，先にも述べたように，実験室に作った実験ゲーム状況を現実社会のミニチュア模型と考えるアプローチであり，さらには，ミニチュア模型で得られた結果を，ある程度の留保のもとでではあるが，そのまま現実に還元しようとするアプローチである．このような，実験室で得られた実験結果をそのまま現実社会へと一般化しようとするアプローチのもつ限界は，多くの人々の目に明白であるように思われる．実験ゲーム研究に対してしばしばなされる一般化の限界に対する批判，つまり，学生にゲームをさせた結果を，どうして社会で一般の人々がとる行動へと一般化できるのかという批判は，このアプローチの問題を適切についたものであり，このアプローチに立つ実験ゲーム研究がオタク的に見える最大の原因でもある．もし一般化が可能でないのであれば，現実社会のミニチュア模型の中での被験者の行動を調べることに，一体どういった意味があるのか．実験ゲーム研究が与える「つまらない」研究だという印象は，このような，研究者が自ら作り上げたオモチャの世界で意味のない細部の観察を行っている，という印象に基づいているのだろう．

　また，このアプローチに立つ実験ゲーム研究を「つまらなく」しているもう1つの原因は，そこで扱われている変数が，理論的な背景をもたないかたちで導入されている点にもある．つまり，ミニチュア模型を与えられた研究者が，その模型を使って，「この部分をこう変えてみたらどうなるだろう」，「あの部分をちょっと変えてみたらどうなるだろう」という，いわば「思いつき」的に，

---

[1] これらの問題がどのように社会的ジレンマとしての側面をもっているかについては，山岸 (1990, 2000) を参照されたい．

第7章 社会的ジレンマ研究の新しい動向

考えられる限りの変数を操作して，数千の記述的な実験研究を実施してきたという点である．現実社会のミニチュア模型が与えられているという前提に立てば，どのような要因が人々の行動を決めているかを調べてみようという気になるのは当然な話で，実際に実験ゲーム研究のほとんどは，基本的には社会的ジレンマ状況における協力・非協力の程度に影響を与える要因を特定する目的で行われている．たとえば，性別によって協力率が違うだろうかといった誰でも思いつくような要因から始まって，プレイヤーのもっているさまざまな態度や信念，社会的動機などの個人差要因，あるいはプレイヤー間の匿名性やコミュニケーションの効果などといった環境要因，そして同じ社会的ジレンマの利得構造を公共財を皆で作り出すというかたちでフレームするか，あるいはすでに存在する資源を有効に利用していくというかたちでフレームするかによる協力率の差などといった，ゲーム構造そのものに関する要因に至るまで，さまざまな要因が実験参加者の協力率に与える影響が調べられてきた．そしてその結果，膨大な量の実験結果の集積がなされた．

　この種の，つまり現実のミニチュア模型としての実験参加者の行動の記述を目的としたアプローチをとる実験ゲームの問題は，膨大な知見は生み出すが，意味のある理論を生み出さない点にある．たとえば1997年12月に北海道大学の学生を被験者として行った実験で，女性の方が男性よりも協力率が高いという結果が得られたとする．このことは，それ以外の時期に，北大の学生以外の被験者を用いた場合に，同じ結果が得られるだろうという保証を何も与えない．これに対して，さまざまな場所でさまざまなタイプの被験者を用いて何度も追試実験を行って，ある程度の一貫性のある結果のみを受け入れるようにすればよいという反論も可能だろう．しかし，実はこの反論は，重大な問題を抱えている．それは，われわれは過去の人間を被験者として実験を行うこともできなければ，将来の人間を被験者として実験を行うこともできないからである．われわれは縄文時代人の間でも同様な協力率の男女差が存在したかどうかを知るすべをもっていない．したがって，こういった記述を目的とした研究から可能なのは，せいぜい，20世紀末の資本主義社会に見られる男女の協力傾向の違いでしかありえない．時代が変われば，また社会のあり方が変われば，今われわれが観察している男女差は異なったものとなる可能性がある．そうすると，記

述を目的とした実験ゲーム研究は，巨大な標本箱の中に，たとえば「何年何月どこどこで採集された男女差の標本」というラベルを貼った標本を採集し続ける，終わることのない夏休みの昆虫採集の連続だということになる．

このような「昆虫採集」型研究の不毛さは，実は今から30年も前に，Pruitt and Kimmel (1977) が，それまでに行われた千を越える数の実験ゲーム研究の成果を検討した「20年にわたる実験ゲーム研究」という論文で指摘した点である．彼らはそれまでの実験研究のほとんどが，ここで「昆虫採集型」と呼んでいる記述型の研究であり，意味のある理論発展を生み出してこなかったことを指摘している．その後すでに30年が経過したが，これから紹介する新しい発展が生まれる80年代末までは，彼らの指摘にもかかわらず，基本的には同じ型の研究がほとんどだったといってよい．

それでも，このような「昆虫採集型」の研究がまったく何も生み出さなかったわけではない．いくつかの知見は，かなり多くの研究に一貫して見られており，社会的ジレンマに直面した人間の行動についての，ある程度普遍的な傾向性が明らかにされていると考えられるからである．その中でもとくに重要なのは，以下に述べる2つの知見である．

1つ目の知見は，2人のプレイヤーが，2者間の社会的ジレンマである囚人のジレンマに直面している場合，そのジレンマが1回限りのものである場合と，同じ相手との間で何度も繰り返される場合とで，実験参加者の行動が違っているという知見である．これは，応報戦略についてのアクセルロッドの有名な研究 (Axelrod, 1984) の後では，いうまでもないほど当然の結果と考えられている．アクセルロッドは，囚人のジレンマで最も有利な行動戦略を調べるために戦略のコンピュータ・トーナメントを行い，一番単純な応報戦略が，その他の複雑な戦略よりも全体として良い得点をあげることを明らかにした．応報戦略（TFT：Tit-for-tat）とは，同じ相手との間で繰り返し囚人のジレンマをプレイするときに用いられる戦略であり，初回は協力行動をとり，2回目以降は前回に相手が協力している限りは協力し，相手が非協力をとれば非協力を返すというものである．相手にこの戦略をとられると，囚人のジレンマでの自分の選択の結果は，相互協力か相互非協力のいずれかになって，一方的に搾取するとか搾取されることがなくなる．そうなると，応報戦略をとっている相手に対

第**7**章 社会的ジレンマ研究の新しい動向

しては，非協力的に行動して相互非協力を生み出すよりは，協力的に行動して相互協力を生み出す方が得だということになり，いくら利己的な人間でも，あるいは利己的な人間であればあるほど，非協力ではなく協力行動をとるようになる．したがって，同じ相手との間で囚人のジレンマが繰り返される場合には，「海老で鯛を釣る」，「損して得とれ」というかたちでの，「利他的利己主義」（山岸，1994）に基づく相互協力が生まれる可能性がある．実際，実験の結果もコンピュータ・シミュレーションの結果も，この結論をおおむね支持している．これに対して，初めて出会った相手，そして2度と会うことのないと考えられる相手との間で1回だけ囚人のジレンマがプレイされる場合には，利他的利己主義の原理に基づく相互協力が生まれる余地がない．そのため，1回限りの囚人のジレンマでの協力行動は，繰り返しのあるジレンマでの行動と大きく異なることになる．

　これまでの実験ゲーム研究が生み出した2つ目の一貫した知見は，相手の行動に対する期待が，プレイヤー自身の行動と密接に結びついているという知見である．囚人のジレンマにおいては，相手の選択の如何にかかわらず非協力が自分に有利な結果を生み出すため，プレイヤーが自分の利益だけを考えているのであれば，相手がどちらの手をとっているかなど気にする必要はないはずである．ところが，実際に実験をしてみると，多くの参加者は相手の手を気にして，相手が協力してくれるのなら協力してもいいが，相手が非協力の手をとっているのに協力するのは絶対に嫌だ，と考える傾向にあることがわかる．これは，繰り返しのあるゲームの場合には当然の反応だが，重要なのは，1回限りのゲームの場合にも，多くの参加者が相手の選択を気にしている点である．このように，自分の利益だけを気にしている人間であれば気にならないはずの相手の行動を，実験の参加者は非常に強く気にすることが実験を繰り返すなかでわかってきた．この知見は，これから紹介する新しい発展に直接つながっていく．

3. 新しい動き

　上にあげた，実験ゲーム研究の2つの主要な知見のうち最初の知見，つまり

繰り返しのあるゲームでは利他的利己主義の原理に基づく相互協力の可能性が存在しているという知見は，いわば，それまでの実験ゲーム研究の1つの到達点を示している．それに対して，2つ目の主要な知見である，相手の行動を気にするという知見は，新しい発展の基盤を提供している．つまり，最初の知見は，自己利益を合理的に追求するという，ゲーム理論と同じ前提からする，社会的ジレンマでの協力行動説明の基本原理としての利他的利己主義の原理を確立したものである．それに対して2つ目の知見は，実験の参加者が古典的なゲーム理論で想定されている合理的人間ではないことを明らかにすると同時に，なぜ人間は（たとえば1回限りの囚人のジレンマで相手の行動を気にするといった）一見非合理的な行動をするのだろうという，新しい問いを生み出すもとになった．この，なぜ人々は一見非合理的な行動をとるのだろうという問いが，これから紹介する新しい研究の原動力となったのである．

　非常に大まかにいうと，それまでの社会的ジレンマに関する実験ゲーム研究の多くが，社会的ジレンマで協力するのはどういう種類の人なのだろう，あるいは，どういう条件がそろったときに協力するようになるのだろうという問いを追究してきたのに対して，1990年代に入ってから目につくようになってきた新しい動きでは，合理的に考えれば協力しないはずの場面で人々が実際に協力するのはどうしてだろう，という問いを追究するようになったということができる．もちろんそれまでの社会的ジレンマ研究においても，合理的に考えれば協力しないはずの場面で人々が実際に協力するのは，人々が進んで協力したいと思う動機づけをもっているからだという，社会的動機という観点からの説明はなされてきた．新しい動きがそうした古典的アプローチと異なるのは，人々が協力したいと思う動機をもっているという説明で納得しないで，なぜそうした動機をもっているのかという，もう一段深いレベルでの問いを追究している点にある．

　この「新しい動き」はいくつかの側面に表れていて，それらの側面が一体となって新しい潮流を生み出しているように見える．ここでは，その中でもとくに目につく以下の3つの側面について紹介することにする．具体的には，まず，コンピュータ・シミュレーションが研究方法として一般に受け入れられるようになったことがあげられる．次に，個々の囚人のジレンマ関係を独立したかた

ちで扱う「強制的プレイ」パラダイムではなく，それらの関係が埋め込まれているより大きな社会的環境を視野に入れた，「選択的プレイ」パラダイムが採用されるようになったことが，2番目の側面としてあげられる．そして最後に，人々の心理的な特性を所与として受け入れるのではなく，そのような特性の存在そのものを説明しようとする，進化心理学的アプローチに基づく研究が行われるようになってきたことがあげられる．以下，それぞれについて紹介することにしたい．

4. コンピュータ・シミュレーションの導入

　先にも少し紹介したように，これまでの実験ゲーム研究の多くは，社会的ジレンマ状況で協力的な行動をとりやすいのはどのような特性の持ち主なのかとか，いかなる条件が存在している場合かを，実験参加者の特性を比較したり，実験条件を操作したりして調べてきた．そうした研究の特徴は，（たとえば協力的な社会的動機の持ち主であるといった）個人の特性のかたちをとるか，（たとえば非協力の誘惑がどの程度強いかといった）個人に直接に働きかける環境要因のかたちをとるかの別はあれ，個人のレベルで働く要因を中心としたものだという点にある．このことは，集団全体に生じる結果を単に個人の行動の単純な寄せ集めとして考えていることを意味しており，個人間の複雑な相互作用が生み出す創発現象に目が向けられていなかったことを意味している．このような，マイクロレベルの要因への固着から社会的ジレンマ研究が脱出するきっかけを提供したのが，コンピュータ・シミュレーションの導入である．

　社会的ジレンマの研究に最初にコンピュータ・シミュレーションを導入したのは，先に紹介したアクセルロッドだが，彼の行ったコンピュータ・シミュレーションは，新しい動きの一環として位置づけられるよりは，古い研究の頂点に立つものとして位置づけられる．彼のシミュレーションが明らかにしたことは，個人の特性としての応報戦略が囚人のジレンマで有利な結果をもたらす，という点である．この意味で，つまり研究の焦点があくまで個人に直接に関連したマイクロレベルに合わされていたという意味で，古いパラダイムにのっとった研究であったといえるだろう．これに対して，1990年代に入ってから盛ん

に行われるようになったコンピュータ・シミュレーション研究の特徴は，単純な行動原理をもつ個人から成り立っている集団においても，個人の行動原理だけに注目していたのでは説明できないマクロな現象が生まれることを示すものである．このような現象は一般に複雑系の現象として扱われているが，新しいコンピュータ・シミュレーションは，社会的ジレンマでの人々の行動の分布が，個々の個人の行動原理や，個人をめぐる環境要因を単純に足し合わせた結果として生まれるのではなく，複雑な相互作用の結果として，いわば予期せざる結果として生まれることもあるのだ，という点に心理学者の目を開かせる役割を果たしたということができるだろう．つまり，コンピュータ・シミュレーションの導入は，個人の行動原理を明らかにする役に立ったというよりは，心理学者を核とする実験ゲーム研究者の目を，個人に直接接しているマイクロな要因への固着から解き放ち，よりマクロな現象へと向けさせる触媒の役割を果たしつつあると考えられる．

5. 選択的プレイの導入

　上にも述べたように，実験ゲーム研究の多くは，実験室に作ったミニチュア社会での参加者の行動の観察を目的としていた．1990年代に入ってから，実験ゲーム研究者は，それまで実験室で用いられていたゲームが，現実社会のミニチュア模型としても重要な点で大きな限界をもつことに気づくようになってきた．その1つの限界は，特定のゲームへの参加が強制されており，そこから自由に離脱する自由が与えられていないという点にある．たとえば2人の参加者の間で囚人のジレンマ・ゲームがプレイされる場面を考えてみよう．それぞれの参加者は，協力か非協力のいずれかの手を選択する自由が与えられている．しかし，「こんな相手とプレイをするのは嫌だ，もっとまともな相手とプレイをしたい」と思っても，相手を選択する自由は与えられていない．現実に存在する囚人のジレンマの中には，このように関係が「強制」されている場合もあるだろう．たとえばソ連解体以前の米ソ関係がこれにあたる．それぞれの国は，いくら相手を無視しようとしても無視しきることはできない．望むと望まざるにかかわらず，軍拡のジレンマに直面せざるをえなかったわけである．しかし，

この種の強制された関係は，現実社会に見られる関係を典型的に代表しているとは思えない．現実社会でわれわれが直面する関係は，多くの場合，少なくともある程度の離脱可能性を含んでいるからである．結婚や友人関係といった比較的長続きをする関係においてさえ，現在の相手を捨て，別の相手に乗り換える可能性が残されている．これまでの実験ゲーム研究においては，このような相手からの離脱と新たな相手の選択可能性がほとんど無視されてきた．

しかし1990年代に入ってからは，相手の選択可能性を視野に入れることで，そうではない場合には考えられない多くの可能性が開かれることが次第に明らかになってきた．ここで，このような相手の選択までも含めたかたちでのゲームを，「選択的プレイ」パラダイムを用いたゲームと呼ぶことにしよう．この選択的プレイ状況の導入は，その後の社会的ジレンマ研究の中で，単に現実のより適切なミニチュア模型の導入以上の意味をもつことになった．選択的プレイ状況を考えることで，それまでに問われなかった新しいかたちの問いが意味をもつようになったからである．その新しい問いとは，先に簡単に触れた，非合理的な心理特性のもつ意味についての問いである．

この意味で選択的プレイ状況を用いた最初の研究は，オーベルとドウズ(Orbell and Dawes, 1991, 1993)による研究だろう．彼らは，社会的ジレンマ状況への加入・非加入が自由に選択できる一種の選択的プレイ状況を使った実験を行い，「誤った合意性 (false consensus)」と呼ばれる心理特性の存在が，1回限りの社会的ジレンマでの協力行動を有利なものとしていることを明らかにした．誤った合意性とは，他人は自分と同じような態度や心理特性をもつと考える傾向であり，他人の態度や特性についての十分な情報が存在しないときによく起こる現象だとされている．この誤った合意性は，社会的ジレンマ場面では，協力者は他のメンバーも協力的であると考え，非協力者は他のメンバーが非協力的だと考える傾向として表れる．オーベルとドウズが明らかにしたのは，このような「誤った」情報判断を人々が行うことで，協力者が非協力者よりも多くの利益を得る状態が**社会的に作り出される**という点である．

ここで，人々が社会的ジレンマ状況へ参入すべきかすべきでないかの選択に直面している場面を考えてみよう．社会的ジレンマ状況では，多くの人が協力すれば大きな利益が得られる．しかし協力者の比率が少なければ，参入しない

場合に比べ損をしてしまう．したがって，みなが協力している状態にある社会的ジレンマ状況には，協力者も非協力者も参入したがるだろう．逆に，あまり協力者のいない社会的ジレンマ状況へは，誰も参入しようとはしないだろう．つまり，ある社会的ジレンマ状況への参入・非参入の選択が可能な選択的プレイ状況では，そこでの協力率の予想が，人々の参入・非参入の選択を決定することになる．多くの人が協力すると予想する人は参入し，あまり協力する人間はいないだろうと予想する人は参入しないだろう．このような状況では，協力的な人間の方が非協力的な人間よりもより大きな利益をあげることができるというのが，オーベルとドウズの主張である．その理由は，そういった社会的ジレンマに参入する「楽観的な」人たちは，誤った合意性が働いている限り，同時に協力的な人たちであるからだ．逆に，非協力的な人たちは誤った合理性に基づいて他人も非協力的であると考え，社会的ジレンマ状況へ参入しようとはしない．その結果，選択的プレイ状況のもとで社会的ジレンマ状況へ参入するのは，その多くが協力的な人間であるということになる．（そして，協力的で「楽観的」な人たちの予想は実際にあてはまることになり，非協力的で「悲観的」な人たちの予想は確かめる機会が与えられない．）そうなると，その社会的ジレンマでの協力率は人口全体での協力率を上回り，参加して協力した人たちの利益の方が，参加しない人たちの利益よりも大きいという事態が生まれる可能性がある．オーベルとドウズは選択的プレイ状況での社会的ジレンマの実験を行い，実際に社会的ジレンマに参加して協力した人たちの利益が，参加しなかった人たちの利益よりも大きくなることを明らかにしている．

　このオーベルとドウズたちの実験は，一見非合理的な行動，つまり他人は自分と同じだと考えたり，1回限りの社会的ジレンマで協力したりする行動が，実は自己利益を生み出している可能性があることを明らかにすると同時に，そのような「非合理的」認知傾向や行動傾向が自己利益を生み出すためには，選択的プレイ状況を前提とする必要があることを示した点で，大きな意味をもつものである．社会的ジレンマ研究の新しい動きのもつ意味は，この点，すなわち現実のミニチュア模型を実験室にこしらえて，その中での実験参加者の行動を記述するというアプローチから，**非合理的行動のもつ意味を明らかにするアプローチへの転換**にあったといえる．これは，もう少し違った視点から見れば，

実験ゲーム研究への進化理論の導入が新しいアプローチを生み出したということもできるだろう．この点について，次の節でもう少し詳しく見てみることにしよう．

6. 利他的利己主義から利己的利他主義へ

これまでの実験ゲーム研究の主要な知見の1つは，繰り返しのあるゲームでの相互協力行動が，「海老で鯛を釣る」とか「損して得とれ」という諺に代表される，利他的利己主義（山岸，1990）の観点から理解可能だということを示したことにある．この利他的利己主義の観点は，本書全体のテーマであるゲーム理論からの社会的ジレンマへのアプローチを特徴づける観点でもある．個人は自己利益の最大化を図り「利己的に」行動するが，その利己的な自己利益の達成のためには，関係の性質によっては，自分にとっての直接の利益を犠牲にする一見利他的な行動をとることもある，という観点である．

これに対して，上に紹介した新しいアプローチの特徴は，利他的利己主義の逆である，利己的利他主義の観点に基づくアプローチだということができる．利己的利他主義というのは，純粋に利他的に（あるいは自己利益を無視して）行動することで，結果として自己利益がもたらされる場合の行動をさすために，筆者（山岸，1994）が作った言葉である．このアプローチのおもしろさは，自己利益を考慮しないで行動する人の方が，与えられた状況の中で最大限に自己利益を追求しながら行動する人よりも，結果として大きな自己利益を得る可能性があることを示している点にある．そして，その可能性が存在するのは，自己利益を無視した行動が自己利益を生み出す環境が，人間社会には存在しているからである．つまり，このアプローチの中心的なゴールは，人間の心のさまざまな（非合理的な）心の性質の源を，その性質を「適応的」にしている社会環境の中に求めることにある．

ここで紹介している新しいアプローチは，基本的には進化心理学の考え方を社会的ジレンマ研究に導入したものである．つまり，囚人のジレンマや社会的ジレンマに代表される相互依存関係の中で，特定の（非合理的な）心理特性が適応に有利に働くことを示すことで，相互依存関係に直面した人間の行動の意

味を明らかにしようとするアプローチである．ここではまず，進化心理学的な観点から相互依存関係における非合理的な心理特性の意味を明らかにするアプローチの，1つのお手本的な研究とみなされているコスミデスの研究を紹介しよう．

7. 裏切り者を捜せ！

コスミデス（Cosmides, 1989）が注目したのは，人類の進化の過程で相互依存関係が果たしてきたと考えられる役割である．人間は互いに協力的な関係を形成し維持することで繁栄してきたわけだが，そういった協力的な関係においても，多くの場合「ただ乗り」の可能性が含まれている．そこでコスミデスは，人間の進化の過程に存在していた社会的ジレンマ問題が，人間の脳の中に，「裏切り者」を見つけるための「モジュール」を進化させてきたと主張している．進化心理学では，特定の適応課題の解決に専門化された領域特定的認知モジュールが，進化の過程で主として社会的な環境からくる淘汰圧により形成されてきたと考えられている．

コスミデスは，そうした情報処理モジュールの1つに，社会的ジレンマ状況（彼女は，社会的交換状況と呼んでいる）において「裏切り者を捜す」ために特化したモジュールが存在しているだろうと考えた．そうしたモジュールをもっていると，社会的ジレンマ状況で相互協力を達成しながら，非協力者に甘い汁を吸われて酷い目に遭わされなくてすむという大きな適応上の利点が存在する．もちろん，「裏切り者探索モジュール」がなくても，一般的な認知能力を使って裏切りそうな人間を見つけることは可能である．しかしそれは，10万円のパソコンでできる仕事のために10億円のスーパーコンピュータを使うようなもので，人間の限られた認知能力を有効に使うためには効率的ではない．一般的な認知資源を裏切り者の探索のためにつねに使っていれば，それ以外のもっと生産的な目的のために使うことができなくなってしまうからである．したがって，つねに裏切り者の可能性に目を光らせる役割を，その役割だけに特化したモジュールに割り当てた方が，人間の限られた認知能力をより有効に使えることになり，適応に有利に働くと考えられる．

コスミデスは，人間の脳にはこのような裏切り者探索用のモジュールが備わっていることを，心理学で古くから研究されてきたウェーソンの4枚カード問題を使って証明しようとした．この4枚カード問題については，囲み記事をご覧いただきたい．このカード問題の正解はEと7なのだが，多くの場合，人々はEと7ではなく，Eと4を選ぶ「確証バイアス」を示すなど，論理的に考えれば簡単に解けるはずのこの問題に対する正答率があまり高くないことが，これまでに行われた多くの研究でよく知られている．これまでの研究では，課題をより現実的で具体的なものにしたり (Wason and Shapiro, 1971; Johnson-Laird et al., 1972)，被験者の経験に直接に結びついたものにすることによって (Griggs and Cox, 1982)，そして実用推論スキーマと関連する内容のものとすることによって (Cheng and Holyoak) 飛躍的に向上することが知られているが，コスミデスとトゥービーが明らかにしたことは，これまでの研究で4枚カード問題の正答率を向上させた原因が，こうした材料の具体性や「実用推論スキーマ」によるものではなく，社会的交換を行う動物としての人間（つまり社会的ジレンマの中で暮らしている人間）の心の仕組みである認知的アーキテクチャの中に組み込まれた，「裏切り者探索モジュール」の存在によるものだという点である．彼らはこのことを，カードの内容を，ある集団の中で掟を破っている人間がいるかどうかを見つけるという文脈に載せると正答率が飛躍

4枚カード問題

一方の面には数字が，他方の面にはアルファベットが書いてあるカードが何枚かあります．これらの中から4枚のカードを選んで，片面だけが見えるように並べたとします．

| E | K | 4 | 7 |

さて，これらの4枚のカードについて，「もしあるカードの片面に母音が書いてあるならば，そのカードのもう一方の面には偶数が書いてある」という規則が成り立っているかどうかを確かめたいのですが，そのために裏面に何が書かれているかを必ず見なければならないカードを選んでください．

的に向上することで示している．「母音の裏は偶数」という規則が成立していることを知るために必要なカードについての正答を導けない人も，たとえば，「キャッサバの根を食べるのなら，入れ墨をしていなければならない」という規則を破っている人がいるかどうかについて問われると，「キャッサバの根を食べた」カードと，「入れ墨をしていない」カードを正しく指摘する[2]．

　ここで重要なのは，コスミデスの具体的な研究の内容そのものではなく，われわれの心には社会的ジレンマの解決に必要なメカニズムが組み込まれているという主張であり，社会的ジレンマ場面で多くの人々が一見非合理的に行動するのは，人々がそのようなメカニズムに基づいて行動しているからだという主張である．そしてさらに，われわれの心にそのようなメカニズムが組み込まれているのは，それが淘汰圧によって選択された結果だという主張である．最後の主張は，そのようなメカニズムをもった人間の方が，そうではない人間よりも，たとえ実験室における通常のカード問題の正答率が低くなったとしても，現実の社会的交換場面でより大きな利益を得ることを意味している．つまり，人間の心に特定の認知特性が組み込まれているのは，その認知特性を適応的にしている（主として社会的な）環境が存在している（あるいはしていた）からだという基本的な観点が，進化心理学の観点だということができる．

　このような認知の仕組みは，ここで紹介した4枚カード問題における正答率の低さから見てもわかるように，とても「合理的な」判断を下すのに適した仕組みではない．このことは，合理的でない判断を下すような心の仕組みを身につけた人間が，合理的な心の持ち主よりも大きな利益を得ることを可能とする社会的環境が存在している，あるいは存在してきたことを意味するものである．この進化心理学の基本的な観点を，私は「利己的利他主義」という言葉で呼んでいる．つまり利己的利他主義とは，より正確には「利己的非利己主義」と呼

---

[2]　この場合には，許可スキーマ（Cheng and Holyoak, 1985）による説明と変わらないように見えるが，コスミデスとトゥービーは，社会的交換における裏切り者探索モジュールによる説明と許可スキーマによる説明とを対比させる条件を用いた実験を行い，彼らの説の正しさが証明されたとしている．ただし，コスミデスらの実験結果の解釈に関してはCheng and Holyoak (1989)，林(2001)，高野・大久保・石川・藤井 (2001) らにより疑義が出されており，筆者自身もその解釈の妥当性に大きな疑問を抱いている．ここでコスミデスらの研究を紹介するのは，その議論の大枠を紹介するためである．

ぶべきだが，自己利益を意識的に追究しない心の仕組みを人間がもっているのは，それが結果として自己利益を生み出すからだという観点である．この観点からすれば，人間の心の仕組みを理解するためには，その仕組みを支えている社会的環境のあり方に目を向ける必要がある，ということになる．コスミデスとトゥービーの場合には，その心の仕組みとは4枚カード問題に見られる人間の「非論理性」であり，その仕組みを支えているのは，彼らが社会的交換と呼ぶ社会的ジレンマの存在である．

8. 順序付き囚人のジレンマ実験

さて，これで社会的ジレンマ研究の新しい流れがどのようなものであるか，大まかな流れについて紹介した．一番重要な点は，人々の心の性質の起源を社会的環境の中に求める点である．ここでは最後に，この観点から筆者たちが行った一連の実験研究について紹介したい．最初に紹介する研究は，順序付きの囚人のジレンマに関する日米比較実験である (Hayashi, Ostrom, Walker, and Yamagishi, 1998)．この実験では6つの条件が使われた．そのうちの1つは，普通の1回限りの囚人のジレンマである．実験の参加者にはまず500円（アメリカでは5ドル）が実験参加の謝礼として支払われることが告げられ，そのお金をペアになったもう1人の参加者に渡すかどうかを決めるようにと教示される．実験参加者は相手が誰なのかを知ることはできない．また，500円を渡したかどうかは，実験者を含む誰にもわからないように設定されている．もし参加者が500円を渡す決定をすれば，相手はその2倍の1000円をもらうことができる．同様に，相手も参加者と同じ決定をすることが告げられる．もし相手が500円を渡してくれれば，自分は1000円を実験者からもらうことができる．このように，この実験では互いに相手に500円を渡しあう決定をすれば互いが実験者から1000円を受け取るが，互いに渡さなければ最初の500円ずつしか手に入らない．しかし，相手が500円を渡してくれていてもいなくても，自分は相手に500円を渡さなければその分が自分の手元に残り，その分だけ自分の利益が大きくなる．たとえば相手が500円を渡してくれているときには，自分も相手に500円を渡せば自分の利益は1000円だけだが，相手に500円を渡さないでお

けば，その分を足した1500円が自分のものとなる．また，相手が500円を渡してくれていない場合には，自分の500円を相手に渡してしまえば自分の利益はゼロになるが，自分の500円を相手に渡さなければ，その分だけは自分のものとして確保しておける．このように，自分の500円は相手に渡さない方が得だが，互いにそうすると，結局は500円ずつしか手に入れることができない．これが，この実験で用いられた囚人のジレンマの内容である．

　最初の条件では，互いが同時に，相手の決定を知らないまま自分の500円を相手に渡すかどうかの決定をする．これは，通常の1回限りの囚人のジレンマ実験での決定のやり方で，この実験では「同時決定条件」と呼ばれている．残りの5つの条件では，これと少し違ったやり方，つまり2人の参加者のうちの一方が最初に決定を下し，その後でもう一方の参加者が決定を下すやり方がとられた．このやり方は，さらに，以下に述べるように5つの方法に分けられている．まず，参加者が最初に決定して，その後で相手が決定するやり方があるが，その際，参加者の決定内容を相手に伝えた後で相手が決定を下す場合（自分先／教える条件）と，参加者の決定内容を知らされないまま，参加者がすでに決定を終えていることだけが伝えられた後で相手が決定を下す場合（自分先／教えない条件）とに分けられる．また，相手が先に決定を下しその後で自分が決定するというやり方がとられた場合も，相手がすでに決定してしまっていることだけが伝えられて，その決定内容に関しては伝えられないまま自分の決定を下す場合（相手先／教えられない条件），相手がすでに500円を渡してくれる決定をしたことが伝えられたうえで決定を下す場合（相手先／協力条件），そして相手がすでに500円を渡してくれない決定をしたことが伝えられたうえで決定を下す場合（相手先／非協力条件）に分けられる．

　これがこの実験の内容についての簡単な説明である．次に結果について紹介しよう．以下の説明では，相手に500円を渡す決定を協力行動，渡さない決定を非協力行動と呼ぶことにする．まず興味深いのは，相手先／協力条件と相手先／非協力条件の比較である．この2つの条件の間には，協力率，つまり相手に500円を渡す決定をした人間の比率には，大きな差があった．まず，相手先／非協力条件で，つまり相手が500円を渡してくれない決定をしたことがわかっている場合に協力する（相手に500円を渡す）人間は，日本でもアメリカ

でもほとんどいなかった（日本人の協力率12%，アメリカ人の協力率0%）．これに対して，相手が500円を渡してくれる決定をしたことがわかっている条件では，日米いずれの場合にも，過半数の参加者がその相手に500円を渡す決定をしていた（日本人の協力率75%，アメリカ人の協力率61%）．さらに，日米いずれの場合にも，自分の決定結果が相手に知らされることがわかっている自分先／教える条件での協力率（日本人の協力率83%，アメリカ人の協力率56%）は，同時条件での協力率（日本人の協力率56%，アメリカ人の協力率36%）よりも高くなっている．これらの結果は，日米いずれにおいても，過半数の参加者が，相手が協力する限り自分も協力しようとしていたと同時に，相手もそのように考えるだろうと思っていたことを示している．また，この実験は韓国でも追試されており（Cho and Choi, 1998），同様な結果が得られている（同時条件での協力率46%，相手先／非協力での協力率0%，相手先／協力での協力率73%，自分先／教えるでの協力率55%）．

　それでは，相手先／教えられない条件ではどうだろう．この条件は，相手の決定がわからないまま決定を下さなければならないという点では，同時条件となんら変わらない．また，この点では，自分先／教えない条件も同じである．つまり，これら3つの条件は，相手の決定を知らないまま自分の決定を下すという点ではまったく同じであり，参加者の行動が条件によって変わってくるだろうと考える根拠は，すぐには思いあたらない．そして，アメリカ人参加者の間では，実際，これら3つの条件の間で協力率にほとんど差が見られなかった（同時条件での協力率36%，自分先／教えない条件での協力率32%，相手先／教えられない条件での協力率38%）．ところが，日本人参加者の間では，同時条件での協力率（56%）と自分先／教えない条件での協力率（64%）の間にはあまり大きな差が見られなかったのに対して，相手先／教えられない条件での協力率（12%）はきわめて低くなっている．なぜ，相手の決定を知らないまま自分の決定を下すという点ではまったく同じはずなのに，相手がすでに決定を下していると協力率が下がってしまうのか．また，なぜ，その協力率の低下がアメリカ人の間では起こらなくて，日本人の間でだけ起こったのだろうか．

　この疑問に対してHayashi et al. (1997)は，日米社会における「コントロール幻想」の強さの違いによる説明を提出している．この実験では，自分先／

教える条件を除いては，自分が500円を相手に渡すか渡さないかによって相手の行動に影響を与えることのできる可能性はない．相手先条件では，すでに相手は決定を下してしまっているため，自分がどちらの決定をしようと，その結果によって相手の行動が変わるわけはない．また，自分先条件でも，自分の決定の結果が相手に教えられない限り，相手の決定が自分の決定によって左右される可能性はない．その点では同時条件でも同じである．しかし，次に紹介する最小条件集団実験でも明らかにされているように，多くの実験参加者は，それでもなお自分の行動によって相手の決定を左右できると思いこむ傾向がある．この傾向を，Hayashi et al. (1997) は，Karp, Jin, Shinotsuka, and Yamagishi (1993) にならって「コントロール幻想」と呼んでいる．このコントロール幻想の持ち主は，同時条件でも自分先／教えない条件でも，自分が協力すれば相手も協力してくれるだろうと思って相手に500円を渡す．しかし，相手先／教えられない条件では，すでに相手が決定を下してしまっていることが明白なため，コントロール幻想の持ち主でさえ，自分が協力したからといって相手も協力するようになってくれるだろうとは思えないはずである．したがって，コントロール幻想の持ち主の間では，同時条件および自分先／教える条件と相手先／教えられない条件との間に協力率の差が生まれるだろうと予想される．実は，Hayashi et al. (1997) の研究は，このコントロール幻想が日本人の間でアメリカ人の場合よりもより強いだろうという仮定に基づいて，同時条件および自分先／教える条件と相手先／教えられない条件との間の協力率の差がとくに日本人の間で顕著に生まれるだろうという仮説をテストするために行われたものである．そして実験の結果は，先に紹介したように，この予測通りのものとなっている．

9. 最小条件集団実験

　ここで，「コントロール幻想」なるものが本当に存在しているかどうか疑問に思っている読者のために，別の実験 (Karp et al., 1993) の紹介をしておこう．この実験は，最小条件集団実験と呼ばれる実験の1つである．最小条件集団実験とは，Tajfel, Billig, Bundy, and Flament (1971) が，「内集団ひい

き」が起こるための条件を明らかにするためのコントロール条件として，純粋に名目的な集団（最小条件集団）を実験室に作り，その集団にいかなる要因を追加することで内集団ひいきが起こるかを調べようとした実験がもとになっている．ところがこの Tajfel et al. (1971) の実験では，実験参加者の間に何の利害関係も相互作用もない，純粋に名目的な集団を実験室に作った場合でさえ，人々は内集団ひいきを示す——自集団の成員の1人と外集団の成員の1人に実験参加の報酬を分配するように頼まれると，自分の集団の成員に多く分ける——ことが明らかにされた．このことは，自分の集団を優遇（内集団ひいき）し，外集団に対して差別的に行動する（外集団差別）傾向が，それまで考えられていたように集団間の利害の葛藤に由来するものではなく，単なる社会的カテゴリーにより引き起こされる現象であることを示すものだと解釈されてきた．

これに対して，Karp et al. (1993) は，このような，集団内にも集団間にも相互作用も利害関係も存在しない純粋に名目的な最小条件集団においてさえ，人々はコントロール幻想をもち，自集団の成員を優遇することで，自分も自集団の仲間から優遇してもらえると考え内集団ひいきを行ったことを示している．Tajfel et al. の実験では，それぞれの参加者は他の参加者の間で報酬の分配を行ったが，実は彼ら自身も他の参加者から報酬を分配してもらう立場にいた．もちろん，最小条件集団では，1回限りの囚人のジレンマの場合と同様に，現実には自分の集団の成員を優遇しても，そのことが理由で自分が自集団の他の成員から優遇されることはありえない．しかし，実験参加者の多くは，自分の集団の成員に報酬を多く分配すれば，自分も同じ集団の成員から多くの報酬の分配を受けることができると考えていた．Karp et al. はこのことを，同じ最小条件集団でも，参加者が受け取る報酬の額があらかじめ決まっており，他の参加者によって報酬の額が決定されない場合には，参加者はとくに自集団の成員を優遇しないことを示す実験結果によって明らかにした．さらに神・山岸・清成 (1996) は，この Karp et al. の結論を補強するために，別の最小条件集団実験での事後質問紙の分析から，最小条件集団で内集団ひいきを示すのはコントロール幻想の持ち主だけ，つまり事後質問紙の「この実験で，自分の集団のメンバーに多く報酬を分配すれば，自分の集団のメンバーもあなたに多く分配してくれるだろうと思いましたか」という質問に，肯定的に答えている参加

者だけだという結果を明らかにしている．

　最小条件集団における内集団ひいき的行動に重要なのは，単なる社会的カテゴリーの共有なのではなく，コントロール幻想に基づく内集団ひいきの互酬性の期待であるという上述の実験結果は，最小条件集団を用いた囚人のジレンマ実験（神・山岸，1997）においても明らかにされている．この実験では，参加者は上述の実験の場合と同様に，些細な基準によって2つのグループに分けられ，その後，自分の集団（内集団）から選ばれた相手や，もう1つの集団（外集団）から選ばれた相手との間で，それぞれ1回限りの囚人のジレンマ・ゲームを行う．この種の実験はこれまでにも何度も行われており（Brewer and Kramer, 1986; Kollock, 1997; Kramer and Brewer, 1984），相手が内集団の成員である場合には，相手が外集団の成員である場合よりも高い協力率が得られている．これらの実験の場合にも，内集団と外集団との区別は名目的なカテゴリーに基づいており，集団内にも集団間にも相互作用は存在しない．したがって，これらの実験の結果は，人々のもつ内集団成員（つまり同じ社会的カテゴリーを共有する人々）に対する選好のみにより生み出されると考えられてきた．簡単にいえば，人々は同じ社会的カテゴリーにアイデンティティの一部を委ね，同じカテゴリーを共有する人々に対しては，それ以外の人々に対するよりもより強い親近感や好意を感じている．だから，最小条件集団での内集団成員に対してさえ好意的に振る舞うのだと考えられていた．

　これに対して神と山岸は，最小条件集団として作られた内集団成員に対して協力率が高くなるのは，人々が内集団成員からは自分に対する好意的な行動が期待できると感じているからであり，とくに内集団成員に対して好意をもっているからではないことを，次のような実験を使って明らかにしている．この実験では，まずコントロール条件として，相手の集団所属性がわからない条件を設定している．そして実験条件として，相手が内集団の成員であり，相手もそのことを知っていると告げられる「内集団相互条件」と，相手が外集団の成員であり，相手もそのことを知っていると告げられる「外集団相互条件」とが作られた．これら2つの条件は，これまでの実験で用いられてきた内集団条件と外集団条件とに対応している．この実験がこれまでの実験と違っているのは，これらの条件に加えて，「内集団一方条件」と「外集団一方条件」という2つ

の条件が新たにつけ加えられた点にある．内集団一方条件では，相手は内集団の成員ではあるが，相手はそのことを知らされていないと告げられる．また外集団一方条件では，相手は外集団の成員ではあるが，相手はそのことを知らされていないと告げられる．いずれの場合にも，囚人のジレンマをプレイする相手が内集団の成員ないし外集団の成員であるという点では，これまでの実験で用いられてきた内集団相互条件や外集団相互条件と同じである．ただし，そのことを知っているのは自分だけで，相手は自分が内集団の成員であること，あるいは外集団の成員であることを知らない．もし，これまでの解釈が正しければ，つまり内集団成員に対する選好が内集団成員に対する高い協力率の原因であるとすれば，重要なのは相手が内集団成員であるか外集団成員であるかだけで，相手がそのことを知っているかどうかはどうでもよいはずである．これに対して，内集団成員からの「お返し」を期待して内集団成員に対して協力しているという神と山岸の考え方が正しければ，相手が内集団成員であっても，相手がそのことを知らない限り協力率は高くならないだろうと予測される．いくら相手が内集団成員であっても，そのことを相手が知らなければ，相手から好意的な行動を期待することができないからである．したがって，相手からの好意的な行動を期待して相手に対して好意的に振る舞うという，コントロール幻想ないし「内集団ひいきの互酬性の期待」に基づく内集団成員への協力率の向上は，内集団相互条件では起こるが，内集団一方条件では起こらないいと予測される．実験の結果は，内集団相互条件での協力率がそれ以外の4条件での協力率よりも有意に高く，それ以外の4条件の間に有意な協力率の差が見られないという，神と山岸の予測を支持するものであった．同様の結果は，同じようなデザインを用いた清成（2002）の実験においても，より明確なかたちで確認されている．

　上に紹介した一連の実験結果は，最小条件集団として作られた内集団の成員でさえ人々が優遇するのは，人々が同じ集団の仲間を好む傾向をもっているからだというこれまでの解釈が間違っており，集団内部の人間に対してはコントロール幻想をもち，いわば「お返し」を期待しているからだということを示している[3]．つまり，最小条件集団のような，集団内部に何の相互作用もない

---

3) この「お返し」は，必ずしも同じ相手から期待しているとは限らない．自分の仲間を優遇すると，

純粋な社会的カテゴリーの共有によってのみ成り立っている集団[4]においてさえ，人々があたかも互いに影響を与えあう関係にあるかのように感じ，行動していることを示しているわけである．

　もちろん，最小条件集団実験においては，コントロール幻想はあくまでも幻想であり，内集団の成員を優遇したからといって，そのことが理由で自分が優遇されるようになるわけではない．つまり，ここで紹介された一連の実験に参加した人々の多くは，純粋に名目的な社会的カテゴリーの共有によってのみ成立している集団の中でも，自分の行動が他者の行動に影響を与えていると考える，「愚かな」心の性質（＝コントロール幻想）をもっているわけである．こういった「愚かな」心の性質は，これまでは多くの場合，人間の認知能力の制約に由来する一種の手抜きだと考えられてきた．このことを，たとえばFiske and Taylor (1991) は，人間は「認知的けち (cognitive miser)」だという言葉で表現している．要するに，この考え方によれば，最小条件集団においてもお互いに影響を与えあう関係にあると人々が思ってしまうのは，人々が「いいかげんに」状況を判断しているからだ，ということになる．逆にいえば，ちゃんと「真剣に」考えるためには認知的なコストがかかりすぎるため，集団では相互に影響を与えあう関係にあるととりあえず判断してしまうということである．

　しかし，この認知的けちないし認知的な手抜きという観点からすれば，そのような傾向にいわゆる「文化差」が存在している理由が説明できない．先に紹介したHayashi et al. (1997) の実験の結果は，コントロール幻想の強さにかなり大きな日米差があることを示唆している．この差を説明しようとすれば，単なる認知的手抜き以外の説明原理を考えなくてはならない．Hayashi et al.の結果が示唆するとおり，日本人の方がアメリカ人よりもより強くコントロール幻想を抱いているとすれば，その差はどうして生み出されているのか？　この疑問に答えるための原理の1つとして，コントロール幻想をもつことが生み

同じ集団の誰かが自分を優遇してくれるだろうという，内集団ひいきの**一般的互酬性**の期待のかたちをとることも多いと考えられる．内集団ひいきの一般的互酬性の期待は，言い換えれば，集団の内部で一般交換が成立しているという期待だということもできる．
4）　社会学や社会心理学では通常，このような場合には集合 (collectivity) という言葉を用いることで，相互作用のある集団 (group) と区別している．

出す利益の違いを考えることができるという議論を，Hayashi et al. は提出している．つまり，日本人の方がアメリカ人よりもより強くコントロール幻想を抱いているのは，コントロール幻想をもつことで得られる利益と損失の大きさが，日本社会とアメリカ社会とで異なっており，コントロール幻想をもった人間は，日本社会ではアメリカ社会でよりも得るものが大きく失うものが小さいからだ，というわけである．

10. 社会的環境と心との相互形成

ここで，前節で最後に述べられた点についてもう少し詳しく検討することにしよう．この点に関する Hayashi et al.や筆者の考え方は，基本的には認知的けちの考え方と同じだが，認知コスト節約という意味の他に，いわば「手抜きの効用」とでもいうべき面が存在することを強調する点で，単なる認知的けちの考え方と少し違っている．先に紹介した最小条件集団実験では，実験状況を正確に認知して正しく判断すれば，自分が内集団成員を優遇したからといって自分が「お返し」に優遇されるはずがないことは明らかである．言い換えれば，この実験でコントロール幻想に従って行動した参加者は，実際には存在しない関係を存在していると考える，統計学の用語を用いると第1種のエラーをおかしたことになる．統計学を少しでも学んだことがある人は，この第1種のエラーの他に，もう1つのエラー，つまり第2種のエラーが統計的検定の際に存在することを知っているはずである．この実験に即していえば，実際に影響を与えあう関係が存在している場面でそれが存在していないと判断してしまうエラーである．この第2種のエラーは，先に紹介した最小条件集団実験の場面では存在しないが，現実の多くの集団場面では存在する可能性がある．現実には，ある場面が本当に互いに影響を与えあって相互協力状態を作り上げることのできる場面，つまり，いま親切にしておけば後からお返しが期待できる場面なのか，それとも親切が「浪費」されてしまう場面なのか判断がつきかねる事態は多々あるだろう．そうした場面では，いずれかのエラーをおかしてしまう可能性があるが，コントロール幻想をもっている人はそうでない人に比べ，第1種のエラーをおかす可能性が大きく，第2種のエラーをおかす可能性が小さ

い．そうなると，第1種のエラーを余分におかすことで被る損害の大きさが，第2種のエラーを減少させることで減らすことのできる損害の大きさよりも小さなときには，コントロール幻想をもっている方がもっていないよりも，全体として大きな利益を確保することができることになる．

このように考えると，人々がコントロール幻想をもちやすい社会とは，上述の第1種のエラーよりも第2種のエラーの方が重大な結果を生み出しやすい社会なのではないかと考えられる．つまり，本当はお返しが期待できないのにお返しを期待することで親切を浪費するコストよりも，本当は互いに協力しあってうまくやっていけるはずなのに，「旅の恥はかき捨て」的に行動して関係を壊してしまうことのコストの方が大きな社会である．ここで重要なのは，第2種のエラーの生み出す後者のコストの大きさが，新たな相手との間にどの程度容易に関係を形成できるかによって決まってくる点である．現在の相手との間の関係が壊れても新しい相手との間に新たな関係を容易に形成できる場合には，第2種のエラーが生み出す損害の大きさはそれほどでもない．しかし，新しい相手を見つけることが困難な場合には，第2種のエラーが生み出す損害はきわめて大きくなり，第2種のエラーが起こらないようにすることが最重要課題となる可能性がある．その場合には，多少第1種のエラーが多く起こるようになっても，第2種のエラーを減らす方がいい．つまり，新しい相手を見つけることが困難な状況では，コントロール幻想をもっていた方がもっていないよりも結局は自分に有利な結果を生み出す可能性が大きくなると考えられる．コントロール幻想の強さの日米差は，このような，第1種のエラーと第2種のエラーの生み出す損害の大きさの違いによって説明できるだろうと Hayashi et al. は考えている．つまり，アメリカ社会は日本社会に比べ，既存の関係から離れた人間が新しい関係をより容易に作り出すことが可能な社会であり，したがって第2種のエラーが生み出す損害がより小さな社会だということである．

このことは，より一般的には，社会的な環境が心の性質を生み出す可能性を示唆している．具体的には，既存の関係をうまく継続して，その中で相互協力関係を作り出し維持していくことが重要な社会環境が，コントロール幻想を個人の適応に有利な心の性質にしている可能性である．これは，心の性質の背後にその性質を適応的にしている社会関係の性質を想定する，広い意味での進化

論的な（より正確には適応論的な）観点からの心の理解の一例として考えることができる．そして同時に，ここで，逆の関係も同時に考えることができるだろう．つまり，社会関係の性質が心の性質を生み出しているだけではなく，そのようにして生み出された心の性質が，特定の形態の社会的環境を生み出しているという関係である．たとえば，多くの人々がコントロール幻想をもち内集団ひいき的に行動することで，既存の関係から離れた人間にとって新しい関係の相手を求めることがより困難な状況が生まれる可能性である．ほとんどの人が内集団ひいき的に行動している社会では，既存の集団や関係に新たに参入することが困難だからである．終身雇用制が一般的であった時代の日本社会で，中途退職者が新たに職を求めるときの困難さがこの良い例だろう．上の分析では，コントロール幻想をもち内集団ひいき的に行動することが適応的となるのは，既存の関係から離れた人間が新たな関係に参入することが困難な社会においてであることが示されたが，実は，そのような社会は，人々が内集団ひいき的に行動することで作られ維持されているのである．つまり，ここでは，（関係や集団が外部に対して閉ざされているという）社会的環境の性質が（コントロール幻想という）心の性質を適応的にしていると同時に，その心の性質に基づいて人々が（内集団ひいき的に）行動することで，（関係や集団を外部に対して閉ざすというかたちで）社会的環境そのものを生産あるいは再生産しているのである．

11. まとめ

本章で紹介してきた社会的ジレンマ研究における新しいアプローチの「おもしろさ」は，人間の心と社会的環境との間の相互形成関係を分析するための1つの視点を提供している点にある．このアプローチにおいては，実験室に作られた社会的ジレンマ状況は現実のミニチュア模型としてとらえられているのではなく，人間の心の性質とその意味を理解するための道具としての意味をもつものと考えられている．たとえば，内集団ひいきという，これまで人間に普遍的な心の性質と考えられてきた性質も，社会的ジレンマ状況を道具として使うことで，特定の社会的環境のもとで適応的となる——したがってその特定の社

会的環境のもとで多くの人々に共有されるようになる――性質なのだということを理解する糸口が与えられる．このような視点から心と社会との関係を解明しようとする試みはまだ緒についたばかりだが，進化ゲームという大きな枠組みを共有するかたちで，社会的ジレンマを研究している社会心理学者をはじめとする心理学者だけではなく，ゲーム理論との関係をより深く保っている実験経済学者や行動経済学者，また動物行動学者や進化生物学者などまで巻き込んだかたちで現在進行しつつある，人間／社会科学の再編成の動きの一環としてとらえることができるだろう．

参考文献

Axelrod, Robert (1984), *The Evolution of Cooperation*, Basic Books, New York（松田裕之訳『つきあい方の科学』ミネルヴァ書房，1998）．

Brewer, M. B., and R. M. Kramer (1986), "Choice Behavior in Social Dilemmas: Effect of Social Identity, Group Size, and Decision Framing," *Journal of Personality and Social Psychology* 50, pp.593-604.

Cheng, P. W., and K. J. Holyoak (1985), "Pragmatic Reasoning Schemas," *Cognitive Psychology* 17, pp.391-416.

Cheng, P. W., and K. J. Holyoak (1989), "On the Natural Selection of Reasoning Theories," *Cognition* 33, pp.285-313.

Cho, K., and B. Choi (1999), "A Cross-societal Study of Trust and Reciprocity: Korea, Japan, and U.S.A.," Paper presented at the WOW II, Workshop for the Political Theory and Policy Analysis, Indiana University, June 16-19.

Cosmides, L. (1989), "The Logic of Social Exchange: Has Natural Selection Shaped How Humans Reason? Studies with the Wason Selection Task," *Cognition* 31, pp.187-276.

Dawes, Robyn M. (1980), "Social Dilemmas," *Annual Review of Psychology* 31, pp.169-193.

Edney, Julian J., and Christopher S. Harper (1978), "The Commons Dilemma: A Review of Contributions from Psychology," *Environmental Management* 2, pp.491-507.

Fiske, S. T., and S. E. Taylor (1991), *Social Cognition* (2nd. Ed.), McGraw-Hill, New York.

郵便はがき

恐縮ですが
切手をお貼
り下さい

112-0005

東京都文京区
水道二丁目一番一号

勁草書房
愛読者カード係

――――――――――――――――――――――――――――

（小社へのご意見・ご要望などお知らせください。）

本カードをお送りいただいた方に「総合図書目録」をお送りいたします。
HPを開いております。ご利用下さい。http://www.keisoshobo.co.jp
裏面の「書籍注文書」を小社刊行図書のご注文にご利用ください。
より早く、確実にご指定の書店でお求めいただけます。
近くに書店がない場合は宅配便で直送いたします。配達時に商品と引換えに、本代と
送料をお支払い下さい。送料は、何冊でも1件につき380円です。(2002年1月現在)

愛読者カード

50227-4 C3033

本書名　ゲーム理論の新展開

ふりがな
お名前　　　　　　　　　　　　　（　　　歳）

　　　　　　　　　　　　　　　　ご職業

ご住所　〒　　　　　　　　　電話（　　）　－

メールアドレス

メールマガジンを始めました。配信ご希望の方はアドレスをご記入下さい。

本書を何でお知りになりましたか　　書店店頭（　　　　　書店）
http://www.keisoshobo.co.jp
目録、書評、チラシ、その他（　　　）新聞広告（　　　新聞）

本書についてご意見・ご感想をお聞かせ下さい。(ご返事の一部はホームページにも掲載いたします。)

◇書籍注文書◇

最寄りご指定書店

市　　　町(区)

　　　書店

(書名)	¥	(　) 部
(書名)	¥	(　) 部
(書名)	¥	(　) 部
(書名)	¥	(　) 部

Grigg, R. A., and J. R. Cox (1982), "The Elusive Thematic-materials Effect in Wason's Selection Task," *British Journal of Psychology* 73, pp.407-420.

林直保子 (2001),「社会的交換と推論：4枚カード問題を用いた実験研究」『心理学研究』72, pp.29-35.

Hayashi, N., E. Ostrom, J. Walker, and T. Yamagishi (1998), "Reciprocity, Trust, and the Illusion of Control: A Cross-societal Study," *Hokkaido Behavioral Science Report*, No. SP-3.

神信人・山岸俊男 (1997),「社会的ジレンマにおける集団協力ヒューリスティクスの効果」『社会心理学研究』12, pp.190-198.

神信人・山岸俊男・清成透子 (1996),「双方向依存性と"最小条件集団パラダイム"」『心理学研究』67, pp.77-83.

Johnson-Laird, P. N., P. Legrenzi, and M. S. Legrenzi (1972), "Reasoning and a Sense of Reality," *British Journal of Psychology* 63, pp.395-400.

Karp, D., N. Jin, T. Yamagishi, and H. Shinotsuka (1993), "Raising the Minimum in the Minimal Group Paradigm," *Japanese Journal of Experimental Social Psychology* 32, pp.231-240.

清成透子 (2002),「一般交換システムに対する期待：閉ざされた互酬性の期待に関する実験研究」『心理学研究』（印刷中）.

Kollock, P. (1997), "Transforming Social Dilemmas: Group Identity and Cooperation," in P. Danielson, ed., *Modeling Rational and Moral Agents,* Oxford University Press, Oxford, pp.186-210.

Kollock, P. (1998), "Social Dilemmas: The Anatomy of Cooperation," *Annual Review of Sociology* 24, pp.183-214.

Komorita, S. S., and C. D. Parks (1995), "Interpersonal Relations: Mixed-motive Interaction," *Annual Review of Psychology* 46, pp.183-207.

Komorita, S. S., and C. D. Parks (1996), *Social Dilemmas*, Westview Press.

Kramer, R. M., and M. B. Brewer (1984), "Effect of Group Identity on Resource Use in a Simulated Commons Dilemma," *Journal of Personality and Social Psychology* 46, pp.1044-1057.

Messick, David M., and Marilynn B. Brewer, (1983), "Solving Social Dilemmas: A Review," in L. Wheeler, ed., *Review of Personality and Social Psychology*, Vol.4, Sage, Beverly Hills, California, pp.11-14

Orbell, John, and Robyn M. Dawes (1981), "Social Dilemmas," in G. Stephenson and J. H. Davis, eds., *Progress in Applied Social Psychology*, Vol. 1, Wiley, Chichester, pp.37-65

Orbell, J., and R. M. Dawes (1991), "A Cognitive Miser Theory of Cooperator's Advantage," *American Political Science Review* 85, pp.515-528.

Orbell, J., and R. M. Dawes (1993), "Social Welfare, Cooperator's Advantage, and the Option of Not Playing the Game," *American Sociological Review* 58, pp.787-800.

Pruitt, Dean G., and Melvin J. Kimmel (1977), "Twenty Years of Experimental Gaming: Critique, Synthesis, and Suggestions for the Future," *Annual Review of Psychology* 28, pp.363-392.

Stroebe, Wolfgang, and Bruno S. Frey (1982), "Self-interest and Collective Action: The Economics and Psychology of Public Goods," *British Journal of Social Psychology* 21, pp.121-137.

Tajfel, H., M. Billig, R. Bundy, and C. Flament (1971), "Social Categorization in Intergroup Behaviour," *Journal of Social Psychology* 1, pp. 149-178.

高野陽太郎・大久保街亜・石川淳・藤井大毅 (2001), 「推論能力は遺伝するか? Wason 選択課題における Cosmides 説の検討」『認知科学』8, pp.287-300.

Wason, P. C., and D. Shapiro (1971), "Natural and Contrived Experience in a Reasoning Problem," *The Quarterly Journal of Experimental Psychology* 23, pp.63-71.

山岸俊男 (1990a), 『社会的ジレンマのしくみ—「自分1人ぐらいの心理」の招くもの』サイエンス社.

山岸俊男 (1990b), 「社会的ジレンマ研究の主要な理論的アプローチ」『心理学評論』32, pp.262-294.

山岸俊男 (1994), 「Robert H. Frank 著, Passions within Reason 書評」『理論と方法』9, pp.237-239.

山岸俊男 (2000), 『社会的ジレンマ—「いじめ」から「環境破壊」まで』PHP 研究所.

Yamagishi, T. (1995), "Social Dilemmas," in Karen S. Cook, Gary Fine, and James House, eds., *Sociological Perspectives on Social Psychology*, Allyn and Bacon, Boston, pp.311-335.

第8章　グループ形成と非協力 n 人交渉ゲーム*

岡田　章

1. はじめに

　現代の社会を構成するさまざまな経済主体（個人，企業組織，国家など）の間の相互依存関係はますます複雑で多様なものとなっている．その結果，それぞれの目的を追求する複数の経済主体の間で利害の対立や競争が激しくなる一方，協調・協力関係の可能性も大きく拡大している．21世紀の国際社会を展望するとき，自由で豊かな社会の構築のために経済主体の間の協力が必要不可欠であることが多くの人々によって強く認識されている．

　社会を構成する行動主体の間でいかにして協力関係が可能であるかという問題に対する理解と知識を深めることは，社会科学の基本的な研究課題の1つである．ゲーム理論は，社会的状況における複数の行動主体の相互依存関係を解明する数学的理論であり，利害の対立と協力の問題を考察する統一的な理論としてその役割が期待されている．近年，ゲーム理論を用いて社会的協力の問題を考察する基礎的な研究が，経済学ばかりでなく，政治学，経営学，哲学，社会学，心理学，生物学などの広範囲な学問分野で精力的に行われている．

　協力とは何か，についてはさまざまな定義がなされている．たとえば，広辞苑では，「ある目的のために心をあわせて努力すること」，日本語大辞典では，「同じ目的のために力を合わせること」とある．Oxford English Dictionary では，cooperate を，1. to work together, act in conjunction (with another

---

*　本章の執筆にあたり，林田修（大阪経済大学），穂刈亨（京都大学経済研究所）と福住多一（神戸大学大学院）の各氏から貴重なコメントを頂いた．ここに感謝の意を表したい．

person or thing, to an end or in a work), 2. to practise economic cooperation, とある．本章では，協力の意味をできるだけ広くとり，協力とは，「ある一定の正の利得を生み出す共同行為」を意味するものとする．ここで，利得としては物質的，金銭的な利得ばかりでなく，精神的な喜びや効用，満足をも含めて考える．

このような意味では，経済主体が営むすべての経済活動は，2人の主体の目的が完全に相反する例外的な場合（ゼロ和2人ゲーム）を除いては，なんらかの意味で協力と関わりをもつといえる．一般の非ゼロ和n人ゲームの状況では，個々の経済主体の目的が必ずしも同じでなく主体間で利害の対立がある一方で，互いに協力することによってより多くの利得を得ることが可能である．現実の経済社会において，個人，企業組織，国家などのさまざまなレベルにおいて多くの協力関係の例を見つけることができる．たとえば，家族，結婚，友人関係などの個人間の社会的関係から，市場での財の交換や売買，企業組織における雇用，労働，生産，企業間の提携，連合，合併，研究・開発投資の共同事業，情報ネットワーク，地域共同体，コミュニティ，さらに，国家間の国際貿易，経済協力，地球環境保全など，その協力の形態は多種多様である．また，社会において協力を実現する方法やメカニズムも多様であり，現在，ゲーム理論を用いてモラル，信頼，利他主義，慣習，規範，文化，長期的関係，進化と学習，コミュニケーション，組織，交渉，仲裁，契約，制度，法などさまざまな視点から協力の問題が多くの人々によって研究されている．

本章では，外部の主体によってデザインされたメカニズムや仲裁に頼るのではなく，経済主体（当事者）が自発的な交渉や話し合いによって協力の実現を目指す状況を考える．現実の多くの例が示すように，経済主体が協力をめぐって交渉するとき，必ずしも合意が成立するとは限らない．また，協力が合意される場合でも全員が協力するとは限らない．一般に，協力を目的として形成される経済主体のグループや組織を提携と呼ぶ．交渉では，(1) 誰と協力するか（提携形成），(2) 協力によって生ずる共同利得をいかに分配するか（利得分配），が主要な問題である．本章では，提携形成を含むn人交渉問題の非協力ゲーム理論による最近の研究成果を解説する．ゲーム理論の基本的な用語については拙書 (1996) を参照されたい．

本章の構成は，以下のとおりである．第2節では，提携形ゲームを用いて一般の n 人交渉問題を定式化し， n 人交渉問題の例として企業の創設，市場での財の交換，CO_2 排出量の国際取引を示す．第3節では，交渉問題に対するゲーム理論の2つのアプローチ（協力ゲーム理論と非協力ゲーム理論）について述べる．第4節では，Selten (1981) による n 人交渉問題の非協力ゲームモデルとその基本定理について述べる．第5節では，逐次交渉モデルにおける合意の遅れの可能性について考察する．第6節では，コースの定理など資源配分の交渉に関する経済学の文献に大きな影響を与えてきた「効率性原理」について非協力交渉ゲーム理論の視点から考察する．第7節では，非協力 n 人交渉ゲームの最近の研究動向について概説する．第8節では，非協力 n 人交渉ゲーム理論の研究アプローチを批判的に再検討し，今後の研究課題について述べる．

2. n 人交渉問題

プレイヤーの提携形成を許す n 人交渉問題は，**提携形ゲーム** (N, v) によって表現される．ここで，$N=\{1, \ldots, n\}$（$n \geq 2$ は自然数）はプレイヤーの集合であり，N の非空な部分集合 S をプレイヤーの**提携** (coalition) という．プレイヤーの実現可能な提携の集合を Σ とおく．v は Σ 上の実数値関数であり，提携 $S \in \Sigma$ に対して提携 S の総利得（または総余剰）$v(S)$ を対応させる．提携 S のメンバーは，もし合意が成立するならば提携の総利得 $v(S)$ をメンバー間で自由に分配することができる．関数 v を提携形ゲームの**特性関数** (characteristic function) といい，提携形ゲームを特性関数形ゲームともいう．

以下では，ゲームの特性関数 v に関して次の条件を仮定する．
(i) （0-正規化）$v(\{i\})=0, \ i=1, \ldots, n$
(ii) （優加法性）$S \cap T = \phi$ ならば $v(S \cup T) \geq v(S) + v(T)$
(iii) （正の利得）$v(N) > 0$.

n 人交渉におけるプレイヤーの主要な関心は，
(1) 提携形成：プレイヤーの間でどのような提携が形成されるか，
(2) 利得分配：提携の総利得がメンバーの間でどのように分配されるか，
である．

フォン・ノイマン（J. von Neumann）とモルゲンシュテルン（O. Morgenstern）の共同研究（1944）以後，一般の非ゼロ和 n 人ゲームにおける提携形成と利得分配の問題の分析がゲーム理論の大きな研究テーマであった．次節で，n 人交渉問題に対するゲーム理論の 2 つの研究アプローチを解説する．

次に，n 人交渉問題の 4 つの例を述べる．

例 8.1 ベンチャー企業の創設

3 人の労働者 1, 2, 3 がインターネット関連のベンチャー企業を起こそうと計画している．労働者の生産性（技能）は同じではなく，企業の予想収益は参加する労働者の組み合わせによって異なる．労働者の組み合わせと企業の予想収益は，ゲームの特性関数によって次のように与えられる．

$$v(\{1,2,3\})=10$$
$$v(\{1,2\})=7, \ v(\{1,3\})=6, \ v(\{2,3\})=4$$
$$v(\{1\})=v(\{2\})=v(\{3\})=0$$

3 人の労働者がベンチャー企業の創設と収益の分配について自由に交渉するとき，交渉の結果はどのようになるであろうか．効率的な（最大収益が予想される）3 人全員による企業の創設は合意されるであろうか．また，総収益 10 が 3 人の間でどのように分配されるであろうか．

例 8.2 企業資産の所有形態と労働者のインセンティブ

上のゲームをさらに精緻化し，企業の創設に際して企業資産は誰が所有するのが社会的に最適であるか，企業資産の所有形態が雇用者の人的資本への投資に対するインセンティブにどのような影響を与えるか，など企業理論の基本問題を考察することができる．以下の説明は，Hart and Moore (1990) による．

いま，例 8.1 のベンチャー企業の資産としてコンピュータ・ネットワークを考える．3 人の労働者の専門的技能は異なり，労働者 1 はソフト開発，労働者 2 は財務管理，労働者 3 はマーケティングの技能をもつ．ただし，財務管理の知識をもつ労働者は市場に数多く存在し，労働者 1 と労働者 3 は必要があれば労働者 2 の代わりになる他の労働者を費用ゼロで雇うことができるとする．

次に，企業資産（コンピュータ・ネットワーク）の所有形態を考える．ここで，資産の所有者は他人が資産を使用することを排除できる権利（残余コントロール権）をもつとする．このとき，誰が企業資産を所有するかによって，3人の労働者によって創設される企業の収益は異なる．企業資産を所有しない労働者のいかなる提携も正の収益を得られない．

(i) 労働者2が企業資産を所有する場合

企業収益は労働者の組み合わせによって次のように与えられる．

$$v(\{1,2,3\})=10$$
$$v(\{1,2\})=7, \quad v(\{1,3\})=0, \quad v(\{2,3\})=4$$
$$v(\{1\})=v(\{2\})=v(\{3\})=0$$

例8.1と比べて，労働者1，3による企業収益は0であることに注意する．労働者2が企業資産のコンピュータ・ネットワークを所有するので，労働者1と3だけではベンチャー企業を創設することはできない．

(ii) 労働者3が企業資産を所有する場合

労働者2と同じ財務管理の能力をもつ労働者は市場に多数存在し，労働者1と3は労働者2の代わりとなる労働者を（費用ゼロで）雇用できるから，この場合の企業収益は次のようになる．

$$v(\{1,2,3\})=10$$
$$v(\{1,2\})=0, \quad v(\{1,3\})=10, \quad v(\{2,3\})=4$$
$$v(\{1\})=v(\{2\})=0, \quad v(3)=4$$

ここで，労働者3が単独でも収益4を得るのは，労働者2の代わりとなる労働者を費用ゼロで雇用できるからである．

次に，専門技能への投資に対する労働者のインセンティブを考える．例として，労働者1（コンピュータ技術者）が企業を創設する交渉の前にインターネット事業に必要なソフト開発の技術を獲得するための投資機会をもつとする．投資費用は4とする．労働者1が人的資本に投資しない場合，労働者1はベンチャー企業に参加できずその利得は0である．労働者1の投資決定は企業収益とその分配に依存する．議論を簡単にするために，上のそれぞれの所有形態の

もとで最大収益が得られる労働者の組み合わせによって企業が創設され，収益は労働者によって均等に分配されるとする．すなわち，ケース(i)では，3人の労働者による企業が創設され各人は10/3を得る．ケース(ii)では，労働者1と3によって企業が創設されそれぞれ5を得る（労働者1と3は労働者2の協力なしに最大収益10を得ることに注意する）．ケース(i)では，投資コストを含めた労働者1の純利得(10/3－4)は負であり，労働者1は技能に投資するインセンティブをもたず，3人全員による効率的なベンチャー企業は創設されない．ケース(ii)では，労働者1の純利得(5－4)は正であり，最大収益10のベンチャー企業が創設され企業資産の所有形態は社会的に最適である．労働者1が企業資産を所有する場合でも同じ結果が成立する．

一般に，企業資産の最適所有の問題はn人提携形ゲームを用いて次のように定式化できる．$N=\{1,\ldots,n\}$をプレイヤーの集合とし，$A=\{a_1,\ldots,a_k\}$を企業資産の集合とする．資産の所有ルールαは，プレイヤーの各提携$S\subset N$に対して，Sのメンバーが所有する資産の集合$\alpha(S)\subset A$を定める．ゲームのルールは，次のようである．最初に，各プレイヤーiが人的資本（技能）への投資レベルx_iをそれぞれ独立に選択する．投資の費用関数を$C_i(x_i)$とする．次に，提携Sの利得が

$$v(S,\alpha(S)|x), \quad x=(x_1,\ldots,x_n)$$

で表されるn人提携形ゲームがプレイされる．

人的資本への投資ベクトル$x=(x_1,\ldots,x_n)$を所与とするとき，企業の形成と収益分配の交渉によって実現する利得ベクトルを$B(\alpha|x)=(B_i(\alpha|x))_{i\in N}$とおく．このとき，各プレイヤー$i$の純益は$B_i(\alpha|x)-C_i(x_i)$となり，プレイヤー$i$は純益を最大にするように投資レベル$x_i$を選択する．Hart and Moore (1990)は，協力ゲーム理論の代表的な解であるシャープレイ値を用いて企業収益の分配を分析している．もし投資決定ゲームのナッシュ均衡点$x^e(\alpha)=(x_i^e(\alpha))_{i\in N}$が一意に存在するならば，資産の所有ルール$\alpha$のもとでの社会的便益は

$$W(x^e(\alpha))\equiv v(N,\alpha(N)|x^e(\alpha))-\sum_{i\in N}C_i(x_i^e(\alpha))$$

となり，社会的便益を最大にする企業資産の所有ルールが定まる．

例8.3 市場ゲーム

次のような $(m+1)$ 種類の財の交換経済を考える．$N=\{1,\ldots,n\}$ を経済主体の集合とし，主体 i の財の初期保有ベクトルを $w_i=(w_i^1,\ldots,w_i^m,w_i^{m+1})$ とする．ここで，$m+1$ 番目の財を貨幣と呼び，任意に分割可能とする．財ベクトル $x_i=(x_i^1,\ldots,x_i^m,x_i^{m+1})$ に対する主体 i の効用関数 $U_i(x_i)$ は

$$U_i(x_i^1,\ldots,x_i^m,x_i^{m+1}) = u_i(x_i^1,\ldots,x_i^m) + x_i^{m+1}$$

で表され，主体 i は貨幣に関して線形な効用をもつとする．経済主体の提携 $S \subset N$ が形成され提携内で財が交換されるとき，提携 S のメンバーの総効用は，

$$v(S) \equiv \max_{(x_i)_{i\in S}} \sum_{i\in S} u_i(x_i) + \sum_{i\in S} w_i^{m+1}$$
$$\text{s.t.} \quad x_i = (x_i^1,\ldots,x_i^m) \in \mathbb{R}_+^m, \quad \forall i \in S$$
$$\sum_{i\in S} x_i^j \leq \sum_{i\in S} w_i^j, \quad \forall j=1,\ldots,m$$

で与えられる．ただし，$\mathbb{R}_+^m$ は m 次元ユークリッド空間の非負象限を表す．このように定義される提携形 n 人ゲーム (N,v) を**市場ゲーム** (market game) という．

例8.4 CO_2 排出量の国際取引

二酸化炭素（CO_2）による地球温暖化を防止するため，1997年12月に京都で開催された「気候変動枠組み条約第三回締約国会議」（COP3）において，OECD加盟国および旧ソ連・東欧諸国に対して CO_2 排出削減目標を課すことが合意された．上記の諸国は2008年から2012年までの間に1990年での排出量を基準に全体として5.2％の CO_2 の排出量を削減しなければならない．また，主要国の削減率は，EU（8％），アメリカ（7％），日本（6％），ロシア・ウクライナ（0％）である．京都会議では CO_2 排出削減のための柔軟性措置として，国際的な排出量取引や排出削減の共同実施の導入が合意された．

CO_2 排出量の国際取引は，n 人提携形ゲームを用いて次のように定式化でき

る. $N=\{1,\ldots,n\}$をCO_2排出国の集合とし，排出国 i の基準年の排出量を E_i とする．$E=\sum_{i\in N}E_i$ は n 国全体のCO_2総排出量である．w_i を京都会議で合意された各排出国 i の排出量とし，$\overline{w}=\sum_{i\in N}w_i$ を合意された総排出量とする．すなわち，全体の削減率は $(E-\overline{w})/E=0.052$ であり，日本の削減率は $(E_i-w_i)/E_i=0.06$ である．

排出国 i のCO_2削減量を $x_i (0\leq x_i\leq E_i)$ とし，削減費用を $C_i(x_i)$ とする．排出国の提携を $S\subset N$ とし，提携 S の参加国の間でCO_2排出量の取引が行われるとする．このとき，提携 S によるCO_2排出量削減の総費用は

$$C^w(S) \equiv \min_{(x_i: i\in S)} \sum_{i\in S} C_i(x_i)$$
$$\text{s.t.} \quad \sum_{i\in S} x_i \geq \sum_{i\in S}(E_i-w_i)$$
$$0\leq x_i\leq E_i, \quad \forall i\in S$$

で与えられる．ここで，$w=(w_1,\ldots,w_n)$ は各国に割り当てられたCO_2排出量である．最初の制約式は，提携 S の参加国が全体として排出削減目標を達成することを意味する．排出量の国際取引によって各国が個別に削減目標を実現するよりも排出国全体としてより少ない費用で削減目標を実現することができる．Okada (1999) は日本，アメリカ，旧ソ連の実際のCO_2排出量のデータに基づいて 3 ヵ国によるCO_2排出量取引の均衡価格を算定し，京都会議で合意された排出削減量割当を考察している．

3. n 人交渉問題に対する 2 つのアプローチ：協力ゲームと非協力ゲーム

フォン・ノイマンとモルゲンシュテルンによってゲーム理論が確立されて以来現在まで，提携形成を含む n 人交渉問題の一般理論を構築することがゲーム理論の大きな研究課題であった．2 人による大著『ゲームの理論と経済行動』(1944) においてもおよそ 2/3（約400ページ）は提携形 n 人ゲームの分析に費やされている．n 人交渉問題に対するゲーム理論のアプローチは，フォン・ノイマンとモルゲンシュテルンによる**協力ゲーム** (cooperative game) の理論と

ナッシュによる**非協力ゲーム**（non-cooperative game）の理論に大別される．この節では，この2つのアプローチについて簡単に説明する．

　フォン・ノイマンとモルゲンシュテルンはミニマックス定理によるゼロ和2人ゲームの理論を確立した後，ゼロ和3人ゲーム（さらに，（非）ゼロ和n人ゲーム）へと分析対象を拡大していった．ゼロ和2人ゲームとゼロ和3人ゲームとの重要な違いは，ゼロ和2人ゲームでは2人のプレイヤーの利害は完全に対立しているが，ゼロ和3人ゲームでは3人のプレイヤーの利害は完全に対立しているわけではない．2人のプレイヤーは協力して残りのプレイヤーに対抗することが可能であり，誰と結託するかがゼロ和3人ゲームのプレイの大きな問題である．フォン・ノイマンとモルゲンシュテルンは，次のような3人単純多数決ゲームの例を提示して，ゼロ和3人ゲームにおける対立と協力の可能性を説明した．いま，3人のプレイヤーが独立に他の2人から1人をパートナーに選ぶ．お互いを選んだ2人が結託し，利得1を均等に分配する．このとき，残りのプレイヤーは利得1を失う．3人がそれぞれ別のプレイヤーを選んだ場合，いかなる結託も可能でなく3人の利得はゼロである．このゲームでは誰と結託するかが重要であり，プレイヤーによる結託の合意というゼロ和2人ゲームにはない新しい概念が生ずる．しかし，上のゲームのルールだけではプレイヤーがどのように結託するかは明らかでない．フォン・ノイマンとモルゲンシュテルンは，ゲームをプレイする前にプレイヤーは提携を形成することに合意するとし，そのような交渉はゲームの外の出来事であるとした[1]．

　事前に提携形成の拘束力のある合意が可能でありプレイヤー間で利得が譲渡可能であると仮定することにより，上の3人多数決ゲームは提携形ゲーム

$$v(\{1,2,3\})=0$$
$$v(\{1,2\})=v(\{2,3\})=v(\{1,3\})=1$$
$$v(\{1\})=v(\{2\})=v(\{3\})=-1$$

として表すことができる．ここで，たとえば，2人提携$\{1,2\}$の値は提携

---

[1] "We shall therefore, in the discussions which follow, make use of the possibility of the establishment of coalitions outside the game; this will include the hypothesis that they are respected by the contracting parties." (von Neumann and Morgenstern (1944), p.224).

{1,2}とプレイヤー3のゼロ和2人ゲームのマックスミニ値によって定まる．

フォン・ノイマンとモルゲンシュテルンの理論で重要な役割を果たすのが，配分間の支配関係である．提携形n人ゲームの**配分**とは，n人のプレイヤーの利得ベクトル$x=(x_1,\ldots,x_n)$で，(1) $x_i \geq v(\{i\})$, $i=1,\ldots,n$, (2) $\sum_{i=1}^{n} x_i = v(N)$, をみたすものをいう．2つの配分$x=(x_1,\ldots,x_n)$と$y=(y_1,\ldots,y_n)$に対して$x$が$y$を**支配する** (dominate) とは，次の2条件

(i) 提携Sが存在して$\sum_{i \in S} x_i \leq v(S)$である

(ii) すべての$i \in S$に対して$x_i > y_i$である

が成り立つときをいう．条件(i)は提携Sの形成によって配分xが実現可能であり，条件(ii)は提携Sのすべてのメンバーが配分xを配分yより選好することを意味する．配分xが配分yを支配するとき，提携Sのメンバーが協力して配分xを実現すると考える[2]．

このような提携行動を前提とするとき，3人多数決ゲームでの自然な結果はそれぞれの2人提携が形成されメンバーは利得1を均等に分配する，すなわち，3つの利得ベクトル$(1/2,1/2,-1)$, $(1/2,-1,1/2)$, $(-1,1/2,1/2)$が実現することである．ゲームのルールはどの提携が形成するかについての情報を含まないから，これらのうちどの利得ベクトルが実現するかを結論することはできない．3つの利得ベクトル全体が交渉の帰結として「安定」なものと見なされる．このような3人多数決ゲームでの考察をもとに，フォン・ノイマンとモルゲンシュテルンは次のようなゲームの解を提示した．

定義8.1 提携形n人ゲーム(N,v)における配分の集合Kがゲームの**解** (solution) であるとは，次の2つの条件が成り立つことである．

(1) 内部安定性：集合K内のどの2つの配分も互いに他を支配しない．

(2) 外部安定性：Kの外のどの配分もKの中のある配分によって支配される．

上の3人多数決ゲームで3つの利得ベクトルの集合$(1/2,1/2,-1)$, $(1/2,$

---

[2] "A parallelism of interests makes a cooperation desirable, and therefore will probably lead to an agreement between the players involved." (von Neumann and Morgenstern (1944), p.221)

$-1, 1/2$), $(-1, 1/2, 1/2)$ はゲームの（1つの）解であることが容易にわかる．

要約すると，フォン・ノイマンとモルゲンシュテルンによるアプローチは，(1) 提携の形成はゲームの外で（あるいはプレイの前に）行われると仮定し，交渉での合意や合意の拘束性がどのようなメカニズムで実現されるかは考察の対象としない，(2) 一定の提携行動を前提とするゲームの解概念によって交渉の安定状態を記述する，という特徴をもつ．フォン・ノイマンとモルゲンシュテルンの研究は以後多くの研究者によって受け継がれ，フォン・ノイマン／モルゲンシュテルン解（安定集合とも呼ばれる）の他にもコア，シャープレイ値，交渉集合，カーネル，仁など数多くの解が提示されその性質が明らかにされている．

一方，ナッシュ（J. Nash）はゲームを非協力ゲームと協力ゲームに分類し，n 人交渉問題に対してフォン・ノイマンとモルゲンシュテルンとは異なる研究アプローチを提示した．ナッシュの定義では，非協力ゲームとは，プレイヤーの間でコミュニケーションと拘束力のある合意が可能でないゲームであり，協力ゲームとはコミュニケーションと拘束力のある合意がともに可能であるゲームをいう．ナッシュはゼロ和 2 人ゲームの鞍点（saddle point）またはミニマックス戦略の拡張として，非ゼロ和 n 人ゲームにおける均衡概念（現在，ナッシュ均衡点と呼ばれている）を定式化し，均衡概念をもとに非協力ゲームの解を定義した．ゲーム理論の研究の初期には，非協力ゲームではその定義よりプレイヤーの間で協力は可能でなく，その理論は利害の対立や競争のみを分析するといわれることがあったが，これはナッシュの研究を誤解した考えであり正しくない．むしろ，フォン・ノイマンとモルゲンシュテルンによって始められた協力ゲーム理論が考察の対象外とした協力の合意に至る交渉プロセスや合意の実施メカニズムを非協力ゲーム理論を用いて適切に考察することができる．ナッシュは，ゲームのプレイの前に想定される交渉のプロセスを含むゲームの全状況を非協力ゲームとして定式化することによってプレイヤーの協力の可能性とその帰結を非協力ゲーム理論の枠組みで分析することを提唱し[3]，2 人交渉理論を確立した．協力の問題に対するこの研究プログラムは「ナッシュ・プログラム」と呼ばれている．ナッシュ以後，非協力ゲーム理論を用いた協力行動の分析はハルサニ（J. C. Harsanyi）とゼルテン（R. Selten）によって精

力的に進められた．

　プレイヤーによる提携の成立はそれぞれが独立した意思決定主体であるメンバーの合意に基づくものであるから，本来，提携や協力の成立はそれに参加する個々のプレイヤーの意思決定から説明すべきである．この意味では，非協力ゲーム理論の方が協力ゲーム理論より基礎的であるといえる．配分間の支配の概念が示すように，協力ゲーム理論は，「すべての当事者にとって有利であるならば協力は実現する」という考えを前提とする．協力に関するこの考えは直感的で自然であり，これまでパレート最適性やコースの定理など経済学の文献にも大きな影響を与えてきた．しかしながら，その妥当性は必ずしも明らかでない．プレイヤーの協力が実現するためには，行動（さらに互いの行動に関する期待）の協調（coordination）が必要である．一般に，協力の方法は1つとは限らず，たとえ協力によって全員の利得が増加するとしても協力の仕方や成果をめぐってプレイヤー間で利害の対立が起こる可能性がある．協力によってすべての参加プレイヤーの利得が増加することは，協力のための必要条件ではあるが十分条件ではない．個々のプレイヤーの意思決定を分析の基礎とする非協力ゲーム理論によって協力の成果ばかりでなくその合意に至るプロセス自体を適切に分析できる．フォン・ノイマンとモルゲンシュテルン自身も合意とその実施のメカニズムをゲームのルール自体が提供する可能性を示唆している[4]．

　提携形成を含む n 人交渉問題の非協力ゲーム分析は1970年代までは Harsanyi (1974) の研究を除いて大きな進展はなかったが，1980年代初期の Selten (1981) の研究以後現在まで活発に研究が行われている．次節では，非協力 n 人交渉の基本モデルを説明する．

4. 提携形成の非協力交渉ゲーム：基本モデル

　Selten (1981) は提携形 n 人ゲーム (N, v) における提携形成と利得分配をめ

---

[3] "One proceeds by constructing a model of the pre-play negotiation so that the steps of negotiation become moves in a larger noncooperative game [which will have an infinity of pure strategies] describing the total situation. ... Thus the problem of analyzing a cooperative game becomes the problem of obtaining a suitable, and convincing, non‐cooperative model for the negotiation." (Nash(1951), p.296)

ぐる交渉の非協力ゲームを提示した．ゲームのルールは次のようである[5]．
π をプレイヤー集合 N 上の任意の順序とする．

(1) 順序 π の第1番目のプレイヤー i が，提携 S ($i \in S \subset N, v(S) > 0$ をみたす) と提携 S の実現可能な利得ベクトル $x^S = (x_j^S)_{j \in S} \in \mathbb{R}_+^s$, $\sum_{j \in S} x_j^S \leq v(S)$，を提案する．

(2) 次に，提携 S の他のすべてのメンバーが π による順番でプレイヤー i の提案 (S, x^S) を受け入れるかまたは拒否するかを表明する．次の2つの場合が可能である．

(i) すべてのメンバーが提案を受け入れる場合：

プレイヤー i の提案が合意される．このとき，提携 S が形成されすべてのメンバー $j \in S$ は利得 x_j^S を得る．提携 S に参加しないプレイヤーの利得はゼロであり，交渉は終了する．

(ii) あるメンバー j が提案を拒否する場合：

プレイヤー i の提案は合意されない．次のラウンドでは，最初に拒否したプレイヤー j が (1) と同じルールで新しい提案 (T, y^T) を行う．以後，上と同じプロセスが合意が成立するまで続く．合意が成立しない場合，すべてのプレイヤーの利得はゼロである．

(3) 交渉の各手番でプレイヤーはそれ以前のすべての手番での選択の結果を完全に知ることができる．

以上のルールをもつ非協力交渉ゲームを $\Gamma^\pi(v)$ とおく．$\Gamma^\pi(v)$ はゲームの木が無限の長さをもつ展開形完全情報ゲームとして定式化できる．以下，混乱のない限り，$\Gamma^\pi(v)$ を単に Γ^π と書く．ゼルテンによる交渉ゲームはプレイヤーの提案と応答からなるため，**提案／応答モデル**とも呼ばれる．

交渉ゲーム Γ^π は，1つの提携の形成が合意されると (まだ提携外のプレイヤーが残っていても) 交渉は終了するという制限的なルール (one-stage 条件) をもつ．このルールは，政府の公共プロジェクトに参加する企業集団のように

---

[4] "There may be games which themselves – by virture of the rules of the game as defined in 6.1. and 10.1 – provide the mechanism for agreements and for their enforcement."(von Neumann and Morgenstern (1944), p.223)
[5] ゲームのオリジナルなルールはここで説明するルールより複雑であり，提案者が提案の権利を他のプレイヤーに譲渡したり提案者 (応答者) が次の応答者を指名する手番を含む．

物理的および制度的な理由から実際に形成可能な提携はただ1つである状況を想定している．次節では，この制限的なルールを仮定しない一般的な交渉モデルについて説明する．

交渉ゲーム Γ^π におけるプレイヤー i の純戦略 σ_i は，プレイヤー i のすべての手番で（ゲームの過去のプレイに依存して）とるべき行動を指定する行動計画である．ここでは，プレイヤーの純戦略のみを考え，純戦略を単に戦略という．プレイヤーの戦略の組 $\sigma=(\sigma_1,\ldots,\sigma_n)$ に対してゲームのプレイがただ1つ定まり，各プレイヤー i の利得 $F_i(\sigma)$ が定まる．交渉ゲーム Γ^π の非協力均衡概念として，定常部分ゲーム完全均衡点を考える．

定義8.2 交渉ゲーム Γ^π におけるプレイヤーの戦略の組 $\sigma^*=(\sigma_1^*,\ldots,\sigma_n^*)$ が**定常（部分ゲーム完全）均衡点**であるとは，σ^* が Γ^π の部分ゲーム完全均衡点であり各 σ_i^* が次の条件をみたすことである．

(1) プレイヤー i の提案はそれ以前のゲームのプレイに依存しない．

(2) 他のプレイヤーの任意の提案 (S,x^S)，$i\in S$，に対するプレイヤー i の応答は提案以前のゲームのプレイに依存しない．

交渉ゲーム Γ^π の定常均衡点では，各手番でのプレイヤーの行動選択は利得に関係する（payoff-relevant）要因のみに依存する．たとえば，プレイヤーが過去に自分の提案を拒否したプレイヤーに対して報復的行動を選択することは均衡プレイから除外される．

$\sigma^*=(\sigma_1^*,\ldots,\sigma_n^*)$ を交渉ゲーム Γ^π の定常均衡点とする．すべての $i=1,\ldots,n$ に対して，プレイヤー i の提案から始まる部分ゲームでプレイヤー i が得る利得を $q_i(\sigma^*)$ とおく．$q_i(\sigma^*)$ を，σ^* におけるプレイヤー i の要求（demand）といい，$q(\sigma^*)=(q_1(\sigma^*),\ldots,q_n(\sigma^*))$ を σ^* の要求ベクトルという．定常均衡点 σ^* の要求ベクトル $q(\sigma^*)$ は，協力ゲーム理論の次の解概念と密接に関係する．

定義8.3 (N,v) を提携形 n 人ゲームとする．利得ベクトル $d=(d_1,\ldots,d_n)\in\mathbb{R}^n$ が**半安定**（semi-stable）であるとは，(1) すべての $S\subset N$ に対して $\sum_{i\in S}d_i\geq v(S)$，および，(2) すべての $i\in N$ に対して i を含む提携 $S\subset N$ が存在して

$\sum_{j \in S} d_j = v(S)$, が成立することである.

半安定な利得ベクトル $d = (d_1, \ldots, d_n)$ はプレイヤーの利得の要求額または獲得目標 (aspiration) を意味する. 条件(1)は, もしプレイヤーが要求額を増加すれば, どの提携も要求額の増加を実現できないことを意味する. すなわち, すべてのプレイヤーはこれ以上利得を要求できない. 条件(2)は, どのプレイヤーに対してもプレイヤーを含むすべてのメンバーの要求額をみたす提携が少なくとも1つ存在することを示す. 半安定な利得ベクトルの概念は Albers (1975) による.

定理8.1 提携形 n 人ゲーム (N, v) に対して交渉ゲーム $\Gamma^\pi(v)$ のすべての定常均衡点 $\sigma^* = (\sigma_1^*, \ldots, \sigma_n^*)$ の要求ベクトル $q(\sigma^*) = (q_1(\sigma^*), \ldots, q_n(\sigma^*))$ は半安定である. 逆に, 提携形ゲーム (N, v) の任意の半安定な利得ベクトル $d = (d_1, \ldots, d_n)$ に対して $\Gamma^\pi(v)$ の定常均衡点 σ^* が存在して利得ベクトル d と σ^* の要求ベクトル $q(\sigma^*)$ は等しい.

証明 (前半) もしある提携 $S \subseteq N$ に対して $\sum_{i \in S} q_i(\sigma^*) < v(S)$ であると仮定し, $\varepsilon = (v(S) - \sum_{i \in S} q_i(\sigma^*))/|S| > 0$ とおく. ただし, $|S|$ は提携 S のメンバー数である. S のメンバー j による提案 (S, x^S), ただし,

$$x_i^S = q_i(\sigma^*) + \varepsilon, \quad \forall i \in S$$

を考える. ここで, $\sum_{i \in S} x_i^S = v(S)$ に注意する. 提案 (S, x^S) に対して, 最後の応答者 k の利得は, 提案を受け入れれば x_k^S, 拒否すれば (σ^* の定常性より) $q_k(\sigma^*)$ である. ゆえに, 応答者 k の最適応答は提案 (S, x^S) を受け入れることである. 同様の議論を繰り返すと, 後向き帰納法によって S のすべてのメンバーの最適応答はプレイヤー j の提案を受け入れることがわかる. ゆえに, プレイヤー j は (S, x^S) を提案することによって利得を $q_j(\sigma^*)$ から x_j^S に増加できる. これは, σ^* が $\Gamma^\pi(v)$ の部分ゲーム完全均衡点であることに矛盾する. したがって, すべての提携 $S \subseteq N$ に対して $\sum_{i \in S} q_i(\sigma^*) \geq v(S)$ である.

$i \in N$ を任意のプレイヤーとする. もし $q_i(\sigma^*) = 0$ ならば, v の 0-正規化条件より, $q_i(\sigma^*) = v(\{i\})$ である. もし $q_i(\sigma^*) > 0$ ならば, 交渉ゲーム Γ^π のルー

ルより，プレイヤー i の提案以後の均衡プレイでは，ある提案 (T, y^T) が合意され，

$$i \in T, \quad y_i^T = q_i(\sigma^*), \quad \sum_{j \in T} y_j^T \leq v(T)$$

が成り立つ．一方，T のすべてのメンバー $j(\neq i)$ に対して $y_j^T \geq q_j(\sigma^*)$ が成り立つ（もし $y_j^T < q_j(\sigma^*)$ ならば，σ^* の定常性よりプレイヤー j の最適応答は提案を拒否することである）．ゆえに，$\sum_{j \in T} q_j(\sigma^*) \leq v(T)$ が成り立つ．逆向きの不等式はすでに示したから，$\sum_{j \in T} q_j(\sigma^*) = v(T), i \in T$ がいえる．

（後半）$d = (d_1, \ldots, d_n)$ を提携形ゲーム (N, v) の任意の半安定な利得ベクトルとする．半安定性の定義より，任意のプレイヤー $i \in N$ に対して i を含む提携 S^i が存在して $\sum_{j \in S^i} d_j = v(S^i)$ が成り立つ．すべてのプレイヤー i の交渉ゲーム $\Gamma^\pi(v)$ における戦略 σ_i^* を次のように定義する．

(1) $(S^i, (d_j)_{j \in S^i})$ を提案する．

(2) 他のプレイヤーの提案 (T, y^T) を受け入れるのは，i 以後のすべての応答者 k （i を含む）に対して $y_k^T \geq d_k$ である場合かつその場合に限る．

戦略の組 σ^* では，プレイヤー i が提案者のとき提案 $(S^i, (d_j)_{j \in S^i})$ が合意されるから，$d = q(\sigma^*)$ である．σ^* の定常性は明らかだから，ゲームの各手番で σ^* がプレイヤーの最適行動を与えることを示す．

(i) もしプレイヤー i が $y_i^T > d_i$ なる提案 (T, y^T) をすれば，$\sum_{j \in T} y_j^T \leq v(T) \leq \sum_{j \in T} d_j$ より，T のあるプレイヤー $k(\neq i)$ に対して $d_k > y_k^T$ である．σ^* ではプレイヤー k は i の提案 (T, y^T) を拒否するから，i の利得は（次のラウンド以後提携に参加できるかどうかに依存して）d_i または 0 である．したがって，σ^* による i の提案は最適である．

(ii) プレイヤー i が他のプレイヤーの提案 (T, y^T) を拒否すれば利得は d_i である．一方，提案を受け入れるとき，i の利得は (2) の条件が成り立つかどうかによって，y_i あるいは高々 d_i である．ゆえに，σ^* での i の応答は最適である．
終

半安定な利得ベクトルの集合はゲームの**コア** (core) を含む．提携形ゲーム (N, v) のコアとは，すべての $S \subset N$ に対して $\sum_{i \in S} x_i \geq v(S)$ をみたす配分 $x =$

$(x_1,\ldots,x_n)$ の全体をいう．定理8.1より，提携形ゲーム (N,v) のすべてのコア配分は交渉ゲーム $\Gamma^\pi(v)$ の定常部分ゲーム完全均衡点によって実現されることがわかる．

半安定な利得ベクトルの集合はコア配分以外の利得ベクトルを含むことに注意する．たとえば，例8.1の3人ゲームで利得ベクトル $(2,5,4)$ は半安定である．プレイヤー1,2,3の要求額はそれぞれ2人提携 $\{1,2\}$（または $\{1,3\}$），$\{1,2\}$，$\{1,3\}$ によって実現可能であるが，3人の要求額を提携 $\{1,2,3\}$ によって実現することはできない．定理8.1の証明で，要求ベクトル $(2,5,4)$ をもつ交渉ゲーム Γ^π の定常均衡点では，

(1) 1が提案者のとき，$(\{1,2\},\{3\};(2,5,0))$ または $(\{1,3\},\{2\};(\{2,0,4\}))$
(2) 2が提案者のとき，$(\{1,2\},\{3\};(2,5,0))$
(3) 3が提案者のとき，$(\{1,3\},\{2\};(2,0,4))$

が交渉の帰結となる．この例は，特性関数 v が優加法的であっても交渉ゲーム $\Gamma^\pi(v)$ では必ずしもパレート効率的な全員提携が形成されないことを示している．

この節の最後に，どのような状況において交渉ゲーム $\Gamma^\pi(v)$ は必ずパレート効率的な配分（あるいはコア配分）を実現するかについて考える．Moldovanu and Winter (1994) は次の命題を示した．

命題8.1 提携形ゲーム (N,v) においてコアと半安定な利得ベクトルの集合が一致するための必要十分条件はゲームが凸であることである[6]．

この命題と定理8.1より，凸ゲームでは交渉ゲーム $\Gamma^\pi(v)$ の定常均衡利得ベクトルの集合とコアが一致することが予想されるが，次の例はこの予想が正しくないことを示す．

例8.5 凸ゲーム
次の3人凸ゲームを考える．

---

[6] 提携形 n 人ゲーム (N,v) が凸であるとは，$S\subset T$ である任意の2つの提携 S と T に対して $v(S)-v(S-\{i\})\leq v(T)-v(T-\{i\})$，$\forall i\in S$，が成り立つことをいう．

$$v(\{1,2,3\})=100$$
$$v(\{1,2\})=v(\{1,3\})=v(\{2,3\})=50$$
$$v(\{1\})=v(\{2\})=v(\{3\})=0$$

利得ベクトル$(50,25,25)$は半安定であり,さらにコア配分でもある.プレイヤー2とプレイヤー3の要求額25は3人提携の形成によっても可能であるが,2人提携$\{2,3\}$によっても実現可能である.ゆえに,定理8.1により交渉ゲーム$\Gamma^\pi(v)$の定常均衡点が存在して,プレイヤー2または3が提案者のとき2人提携$\{2,3\}$が形成されパレート非効率な利得分配$(0,25,25)$が合意される.

上の3人ゲームの均衡では,プレイヤー2と3は2人提携$\{2,3\}$でも3人提携$\{1,2,3\}$でも同じ利得25が得られるので,2人のプレイヤーは2人提携$\{2,3\}$と3人提携$\{1,2,3\}$の形成について無差別である.しかし,どちらの提携を形成するかは,プレイヤー1の利得さらに利得ベクトルの効率性にとって重要である.もしプレイヤー2と3が「利得が同じならばより大きな提携を好む」という辞書式選好をもつならば,コア配分$(50,25,25)$が実現する.

提携形ゲーム(N,v)と提携$S \subset N$に対して,組(S,v^s)を(N,v)の部分ゲームという.ただし,v^sはvのSへの制限である.Moldovanu and Winter (1994) は,次の定理を証明した.

定理8.2 提携形n人ゲーム(N,v)の交渉ゲーム$\Gamma^\pi(v)$において,もしすべてのプレイヤーが辞書式選好をもつならば,Nの任意の提携Sに対して(N,v)の部分ゲーム(S,v^s)のコアと交渉ゲーム$\Gamma^\pi(v^s)$の定常均衡利得ベクトルの集合が一致するための必要十分条件は,(N,v)が凸ゲームであることである.

5. 合意の遅れ

Seltenの交渉モデルΓ^πは1つの提携が形成された時点で交渉は終了するというルール (one-stage条件) をもつが,これは交渉でのプレイヤーの戦略的行動を分析するうえで制限的な条件である.このことを次の例で見てみる.

例8.6　4人ゲーム

次の特性関数をもつ4人ゲームを考える.

$$v(\{1,2,3,4\}) = 150$$
$$v(\{1,2\}) = v(\{1,3\}) = v(\{1,4\}) = 50$$
$$v(\{i,j\}) = 100, \quad i,j = 2,3,4$$

ここで，他のすべての提携は実現不可能とする．ゲームの特性関数よりプレイヤー1の貢献度（生産性）は他の3人のプレイヤーより低く，4人の間の交渉においてプレイヤー1の交渉力は弱いと考えられる．たとえば，他の3人のプレイヤーは互いに2人提携を形成することによって総利得100を得るからその半分の利得50を要求することは自然である．このとき，4人提携 $\{1,2,3,4\}$ を形成するとプレイヤー1の取り分は0である．実際，4人ゲームのコア配分は利得ベクトル $(0, 50, 50, 50)$ のみである．しかし，もしたとえばプレイヤー2と3が2人提携 $\{2,3\}$ を形成して利得分配 $(50, 50)$ に合意しゲームを退出するならば，残った2人のプレイヤー1と4は対等な立場であり提携 $\{1,4\}$ の利得50を均等に分配するのが自然である．すなわち，4人ゲームではプレイヤー1の立場は弱く正の利得を得ることは困難であるが，もし他の3人のプレイヤーのうち2人が提携を形成してゲームから退出すれば，残った1人とは対等の立場で交渉できるから正の利得を得ることができる．この事実を考慮すると，4人ゲームでプレイヤー1が提案者であるとき，拒否されるような提案を意図的に行い，他の2人のプレイヤーが提携を形成することを待つことがプレイヤー1にとって最適である．提携形成の one-stage 条件をもつ交渉ゲームでは故意に合意を遅らすようなプレイヤーの戦略的行動を考察することはできない．

Chatterjee et al. (1993) は，Selten の交渉ゲームを拡張して複数の提携が逐次的に形成可能な非協力交渉モデルを提示した．Chatterjee et al. による交渉モデルでは Selten の交渉モデル Γ^π に次のルールが加わる．

(1) ある提案 (S, x^S) が合意されたとき，もし $v(N-S) > 0$ ならば，次のラウンド以後，交渉ゲーム $\Gamma^\pi(v^{N-S})$ がプレイされる．もし $v(N-S) = 0$ ならば，交渉は終了する．

(2) 提案 (S, x^S) が t 回目の交渉ラウンドで合意されるとき,プレイヤー $i \in S$ の利得は $\delta^{t-1} x_i^S$ とする.ここで,δ $(0 \leq \delta < 1)$ は将来利得の割引因子である.

Chatterjee et al. による交渉モデルでは1つの提案が形成されても残りのプレイヤーの間で正の利得をもつ提携が可能である限り交渉は続行される.$n=2$ のとき,ゲームは Rubinstein (1982) の2人逐次交渉モデルと同一である.もし将来利得の割引がなければ,プレイヤーにとって合意のタイミングは利得に影響せず,合意を遅らす戦略的行動を分析するのに適当ではない.

例8.6の4人ゲームにおいて合意の遅れが Chatterjee et al. による交渉モデルの均衡プレイで生ずることを見てみる.

例8.7 合意の遅れ

例8.6の4人ゲームを再び考える.交渉のルールは順序 $\pi = (1, 2, 3, 4)$ をもつ逐次交渉ゲームとし,次のようなプレイヤーの戦略 σ^* を考える.

(1) 4人ゲーム $\Gamma^\pi(v)$ での行動:

(i) プレイヤー1は $(\{1,2\}, (50, 0))$ を提案する.プレイヤー 2, 3, 4 はそれぞれ $(\{2,3\}, (100/(1+\delta), 100\delta/(1+\delta)))$,$(\{3,4\}, (100/(1+\delta), 100\delta/(1+\delta)))$,$(\{2,4\}, (100\delta/(1+\delta), 100/(1+\delta)))$ を提案する.

(ii) 各プレイヤー i は提案 (T, y) に対して,

$$y_j \geq a_j, \quad \forall \in T, j \geq i$$

のとき提案を受け入れ,そうでないときは提案を拒否する.ただし,$a_1 = 50\delta^3/(1+\delta)$,$a_2 = a_3 = a_4 = 100\delta/(1+\delta)$ である.

(2) 2人ゲーム $\Gamma^\pi(v^{\{i,j\}})$ での行動:

プレイヤー i と j は Rubinstein (1982) による2人逐次交渉ゲームの(一意な)部分ゲーム完全均衡戦略を用いる.すなわち,プレイヤー i は分配 $(v(\{i,j\})/(1+\delta), v(\{i,j\})\delta/(1+\delta))$ を提案し,相手のプレイヤー j の提案 $(\{i,j\}, y)$ に対して $y^i \geq v(\{i,j\})\delta/(1+\delta)$ ならば,提案を受け入れる.

戦略 σ^* による交渉のプレイは次のようである.

(1) ラウンド1:プレイヤー1の提案はプレイヤー2に拒否される.

(2) ラウンド2:プレイヤー2はプレイヤー3と提携を形成し利得ベクトル

$(100/(1+\delta), 100\delta/(1+\delta))$ に合意する．

(3) ラウンド 3 : プレイヤー 1 はプレイヤー 4 と提携を形成し利得ベクトル $(50/(1+\delta), 50\delta/(1+\delta))$ に合意する．

戦略 σ^* に対するプレイヤーの割引利得は

$$\left(\frac{50\delta^2}{1+\delta}, \frac{100\delta}{1+\delta}, \frac{100\delta^2}{1+\delta}, \frac{50\delta^3}{1+\delta}\right)$$

である．δ が限りなく 1 に近いとき，戦略 σ^* が交渉ゲームの定常均衡点であることがわかる．プレイヤー 1 のラウンド 1 での提案 $(\{1,2\}, (50,0))$ が σ^* のもとで最適行動であることのみを確認する．もしプレイヤー 1 の提案がラウンド 1 で受け入れられるとき，プレイヤー 1 の利得は高々

$$150 - 3 \times \frac{100\delta}{1+\delta} = 150\frac{1-\delta}{1+\delta}$$

である．この値は δ が十分 1 に近いときほとんど 0 であり，戦略 σ^* でのプレイヤー 1 の割引利得 $50\delta^2/(1+\delta)$ より小さい．ゆえに，プレイヤー 1 の提案 $(\{1,2\}, (50,0))$ は最適である．

上の交渉ゲームの例において，合意の遅れの大きな要因となるのが，プレイヤーが提案を拒否した以後に期待できる利得であり，これを交渉の**継続利得** (continuation payoff) という．例 8.7 の交渉ゲームで δ がほとんど 1 に等しい場合,「強い」プレイヤーは提案を拒否して自分自身が提案者になれば他の「強い」プレイヤーと 2 人提携を形成して利得 50 を獲得できる．すなわち,「強い」プレイヤーにとって交渉の継続利得は 50 である．3 人の「強い」プレイヤーは 50 より小さな利得には満足しない．したがって,「弱い」プレイヤー 1 にとって 3 人の「強い」プレイヤーと 4 人提携を形成することはなんらの利点もなく，2 人の「強い」プレイヤーが提携を形成しゲームを退出するのを待つことが最適な行動となる．

以上の議論をまとめると，Chatterjee et al. による交渉ゲームでは，提案を拒否したプレイヤーが次のラウンドで確実に提案者になれるため応答者の交渉の継続利得は（提案者の観点からは）必要以上に高くなり，均衡プレイで合意の遅れが生ずる可能性がある．

交渉モデルのもう1つの問題点は提案者の順序 π が外生的に固定されていることである．一般に，交渉の逐次モデルでは交渉の結果は提案者の順番に大きく依存するとともに，最初の提案者が有利なことが多い．このとき，提案の順番をめぐってプレイヤーの間で利害の対立があり，提案者を決定する妥当なルールがなければ交渉は実現可能でないかもしれない．

以上のようなこれまでの交渉モデルの2つの問題点を解消するために，ゲームのルールを次のように修正する．

(1) 最初のラウンドで n 人のプレイヤーの中から1人の提案者が等確率で選ばれる．提案に対する応答者の順序は固定されているが，応答者の順序は交渉の均衡結果に本質的な影響を及ぼさない．

(2) 提案が拒否された場合，交渉は次のラウンドに進み，再び n 人のプレイヤーから1人の提案者が等確率で選ばれる．

(3) ある提案が合意された場合，残されたプレイヤーによって正の利得をもつ提携が可能であれば，交渉は次のラウンドに進み，新しい提案者が残されたプレイヤーの中から等確率で選ばれる．以後，同じプロセスが続く．

(4) 上記以外のルールは Chatterjee et al. のモデルと同一である．

上のルールをもつ交渉ゲームを，提携形ゲーム (N, v) に対する**ランダムな提案者をもつ交渉ゲーム** (bargaining game with random proposers) あるいは単に **RP 交渉ゲーム**といい，$\Gamma^N(\delta)$ で表す．ランダムな提案者をもつ交渉ゲームは Okada (1996) によって定式化された．

RP 交渉ゲーム $\Gamma^N(\delta)$ におけるプレイヤー i の戦略は，各ラウンド $t(=1,2,\ldots)$ でのプレイヤー i の戦略 σ_i^t の列 $\sigma_i=(\sigma_i^t)_{t=1}^{\infty}$ で与えられる．ここで，σ_i^t はラウンド t 以前のすべての可能なプレイの履歴に対して，(1) プレイヤー i の提案 (S, x^S)，と(2) プレイヤー i の応答ルール(他のプレイヤーによるすべての可能な提案に対して yes, no を指定する)，を対応させる写像である．戦略の組 $\sigma=(\sigma_i)_{i \in N}$ に対してプレイヤー i の割引利得の期待値が定まる．

定義8.4 RP 交渉ゲーム $\Gamma^N(\delta)$ の戦略の組 $\sigma^*=(\sigma_1^*,\ldots,\sigma_n^*)$ が**定常均衡点**であるとは，σ^* が $\Gamma^N(\delta)$ の部分ゲーム完全均衡点であり，すべてのプレイヤー i のラウンド $t(=1,2,\ldots)$ における戦略 σ_i^{*t} がラウンド t の交渉でのプレイヤー

集合N^tのみに依存することである.

RP 交渉ゲーム $\Gamma^N(\delta)$ における定常均衡点では,交渉に残っているプレイヤーの集合が同じである限り,プレイヤーは(過去の交渉経過や交渉のラウンド数によらず)同じ戦略(提案と応答ルール)に従う.RP 交渉ゲーム $\Gamma^N(\delta)$ に関して次の基本定理が成り立つ (Okada (1996)).

定理8.3 RP 交渉ゲーム $\Gamma^N(\delta)$ のすべての定常均衡点 $\sigma^* = (\sigma_1^*, \ldots, \sigma_n^*)$ では,すべてのプレイヤー $i \in N$ は最初のラウンドで最大問題

$$(P) \quad \max_{(S,y)} \left[v(S) - \sum_{j \in S, j \neq i} y_j \right]$$
$$\text{s.t.} \quad \text{(i)} \quad i \in S \subset N, \quad y \in \mathbb{R}_+^S,$$
$$\text{(ii)} \quad \sum_{j \in S} y_j \leq v(S),$$
$$\text{(iii)} \quad y_j \geq \delta v_j, \quad \forall j \in S, j \neq i,$$

の解 (S_i, y^{S_i}) を提案する.ただし,$v_j(j \in N)$ はプレイヤー j の σ^* での期待利得である.また,プレイヤー i の提案 (S_i, y^{S_i}) は合意される.

証明 すべての $i,j = 1, \ldots, n$ に対して,均衡点 σ^* においてプレイヤー i が提案者に選ばれるときのプレイヤー j の条件付き期待利得を x_j^i とする.(P) の最適値を m^i とおく.交渉ゲーム $\Gamma^N(\delta)$ のルールと特性関数 v の優加法性より,

$$v_i = \frac{1}{n} \sum_{k \in N} x_i^k \geq 0, \quad \forall i \in N$$

$$\sum_{j \in N} v_j = \frac{1}{n} \sum_{j \in N} \sum_{k \in N} x_j^k = \frac{1}{n} \sum_{k \in N} \sum_{j \in N} x_j^k \leq v(N)$$

であるから,$v_i \leq m^i$ である.

$x_i^i = m^i$ を証明する.最初に,$x_i^i \leq m^i$ を示す.$y_i^S > m^i$ なる (S, y^S) をプレイヤー i がラウンド1で提案するとする.このとき,

$$m^i < y_i^S \leq v(S) - \sum_{j \in S, j \neq i} y_j^S$$

より，ある $j \in S (j \neq i)$ が存在して $y_j^s < \delta v_j$ である．(m^i は (P) の最適値だから)．このとき，プレイヤー i の提案 (S, y^s) はプレイヤー j（あるいは後の応答プレイヤー）に拒否されるから，プレイヤー i の割引利得は δv_i である．$\delta v_i \leq v_i \leq m^i$ より，$x_i^i \leq m^i$ がいえる．次に，$x_i^i \geq m^i$ を示す．(P) の最適解 (S, y^s) は，

$$m^i = v(S) - \sum_{j \in S, j \neq i} y_j^s$$

$$y_j^s = \delta v_j, \quad \forall j \in S, j \neq i$$

をみたす．ここで，$(N, (\delta v_1, \ldots, \delta v_n))$ は (P) の実行可能解だから，

$$m^i \geq v(N) - \delta \sum_{j \in N, j \neq i} v_j$$

である．

$$v(N) \geq \sum_{j \in N, j \neq i} v_j \geq \delta \sum_{j \in N, j \neq i} v_j$$

より，もし

$$v(N) = \delta \sum_{j \in N, j \neq i} v_j$$

ならば，上の不等式が等式で成立する．このとき，$\delta < 1$ より，

$$v(N) = \sum_{j \in N, j \neq i} v_j = \delta \sum_{j \in N, j \neq i} v_j = 0$$

となる．これは，$v(N) > 0$ に矛盾するから，$v(N) > \delta \sum_{j \in N, j \neq i} v_j$ である．これより，$m^i > 0$ がいえる．十分小さい $\varepsilon > 0$ に対して

$$z_i^s = m^i - \varepsilon, \quad z_j^s = y_j^s + \frac{\varepsilon}{|S| - 1}, \quad \forall j \in S, j \neq i$$

を定義する．プレイヤー i が (S, z^s) を提案するならば，すべての $j \in S (j \neq i)$ に対して $z_j^s > \delta v_j$ より，(S, z^s) は受け入れられる．ゆえに，$x_i^i \geq z_i^s = m^i - \varepsilon$ である．ここで ε は任意に小さくとれるから，$x_i^i \geq m^i$ である．以上の議論より，$x_i^i = m^i$ がいえた．

もしプレイヤー i の均衡提案 (S, y^s) がラウンド 1 で合意されるならば，(S, y^s) は (P) の最適解である．最後に，プレイヤー i の提案はラウンド 1 で合意されることを示す．このためには，$\delta v_i < m^i$ を示せばよい．もし $\delta v_i = m^i$

ならば，$\delta v_i \leq v_i \leq m^i$ より，$m^i = v_i = 0$ となり，$m^i > 0$ に矛盾する． **終**

定理8.3により，RP交渉ゲーム $\Gamma^N(\delta)$ ではラウンド1で提携形成の合意が成立し合意の遅れはないことがわかる．このことは次のように説明できる．RP交渉ゲーム $\Gamma^N(\delta)$ では，プレイヤーがある提案を拒否すると，次のラウンドで必ずしも提案者になれるとは限らず提携に参加できないリスクがある．このリスクは応答者にとって交渉の継続利得を低くし合意可能な提案を行うことが提案者にとって最適となる．実際，定理の証明が示すように，提案者は全員提携 N を形成することによって他のすべてのプレイヤー j の要求額（＝継続利得の割引値 δv_j）をみたすことができ，合意可能な提案によって得る最大利得 m^i は提案が拒否された場合の割引期待利得 δv_i より厳密に大きい．したがって，RP交渉ゲーム $\Gamma^N(\delta)$ では拒否される提案を意図的に行い合意を遅らすことは提案者にとって最適な戦略ではない．

6. 効率性原理

RP交渉ゲームの定常均衡点によるプレイでは最初の交渉ラウンドで提携の合意が成立するが，必ずしもパレート効率的な（最大の提携値をもつ）提携が形成されるとは限らない．公共経済学におけるコースの定理や協力ゲーム理論など資源配分の交渉に関する従来の研究に大きな影響を与えてきた考え方に，**効率性原理** (efficiency principle) と呼ばれる次のような命題がある：「情報の非対称性および交渉費用が存在しない状況では，合理的な個人間の自発的な交渉によってパレート効率的な資源配分が実現される」．この節では，RP交渉ゲームを用いて効率性原理の妥当性を再検討する．

例8.7 非効率な合意

次の3人ゲームを考える．

$$v(\{1,2,3\}) = 10$$
$$v(\{1,2\}) = v(\{1,3\}) = v(\{2,3\}) = 9$$
$$v(\{1\}) = v(\{2\}) = v(\{3\}) = 0$$

プレイヤーの交渉はRP交渉ゲーム$\Gamma(\delta)$のルールに従うものとし,利得の割引因子δは限りなく1に近いものとする.

プレイヤーの次の戦略σ^*を考える.

(1) 提案:プレイヤー1は$(\{1,2\},(6,3,0))$,プレイヤー2は$(\{2,3\},(0,6,3))$,プレイヤー3は$(\{1,3\},(3,0,6))$を提案する.

(2) 応答ルール:どのプレイヤーも利得3以上の提案をすべて受け入れる.それ以外の提案はすべて拒否するものとする.

戦略σ^*による各プレイヤーの期待利得は3であるから,割引因子δが限りなく1に近いときσ^*の応答ルールは各プレイヤーにとって最適である.次に,(2)の応答ルールを所与とするとき,各プレイヤーは3人提携$\{1,2,3\}$を提案すると利得は高々4($=10-3-3$)であるから,σ^*の提案は最適である.ゆえに,戦略σ^*はRP交渉ゲーム$\Gamma(\delta)$の定常均衡点であり,σ^*による均衡プレイでは非効率な2人提携が合意される.

例8.7の3人ゲームのコアは空であり,3人のプレイヤーの間で誰と(2人)提携を形成するかについて利害の対立がある.提携形成をめぐって利害が対立する状況では部分提携の形成によって効率性原理は必ずしも成立しない.

次に,どのような条件のもとでパレート効率的な合意が成立するかを見る.その準備として次のことに注意する.提携形ゲーム(N,v)に対するRP交渉ゲーム$\Gamma^N(\delta)$においてある提携Sが形成された以後に始まる部分ゲームは,提携形ゲーム$(N-S, v^{N-S})$に対するRP交渉ゲーム$\Gamma^{N-S}(\delta)$と(展開形ゲームとして)同一のゲーム構造をもつ.ここで,v^{N-S}はvの$N-S$への制限である.

定義8.5 RP交渉ゲーム$\Gamma^N(\delta)$の定常均衡点$\sigma^*=(\sigma_1^*,\ldots,\sigma_n^*)$が**部分ゲーム効率的**であるとは,$N$の任意の提携$S$($N$を含む)をプレイヤー集合にもつRP交渉ゲーム$\Gamma^S(\delta)$において$\sigma^*$のプレイでは提案者に無関係につねに提携$S$が

形成されるときをいう．

 RP交渉ゲーム $\Gamma^N(\delta)$ の定常均衡点 σ^* が部分ゲーム効率的であるならば，σ^* の均衡パスで効率的な全員提携 N が形成されるだけでなく，均衡パス以外でも提携 S が形成された以後に始まる部分ゲーム $\Gamma^{N-S}(\delta)$ で（残っているプレイヤーにとって）効率的な提携 $N-S$ が形成される．

定理8.4 (N,v) を提携形 n 人ゲームとし，δ を1に限りなく近い任意の割引因子とする．RP交渉ゲーム $\Gamma^N(\delta)$ の部分ゲーム効率的な定常均衡点が存在するための必要十分条件は，任意の提携 $S\subset N$ に対して

$$\frac{v(S)}{|S|} \geq \frac{v(T)}{|T|}, \quad \forall T \subset S$$

が成り立つことである．

証明 （必要性）$\sigma^* = (\sigma_1^*, \ldots, \sigma_n^*)$ を $\Gamma^N(\delta)$ の部分ゲーム効率的な定常均衡点とする．N の任意の提携 S に対して σ^* は $\Gamma^S(\delta)$ の定常均衡点を導き，σ^* のプレイでは提携 S が形成される．v_i を $\Gamma^S(\delta)$ におけるプレイヤー i の σ^* による期待利得とする．このとき，$\Gamma^S(\delta)$ の交渉ルールと定理8.3より，

$$v_i = \frac{1}{|S|}\left[v(S) - \delta \sum_{j \in S, j \neq i} v_j\right] + \frac{|S|-1}{|S|}\delta v_i, \quad \forall i \in S$$

が成立する．この連立方程式は $\delta < 1$ に対して唯一の解 $v_i = v(S)/|S|, i \in S$，をもつ．さらに，定理8.3より，すべての $i \in S$ と $i \in T \subset S$ なるすべての T に対して

$$v(S) - \frac{|S|-1}{|S|}\delta v(S) \geq v(T) - \frac{|T|-1}{S}\delta v(S)$$

が成り立つ．この不等式を変形すると，

$$(1-\delta)v(S) + \frac{|T|}{|S|}\delta v(S) \geq v(T)$$

である．不等式の両辺で $\delta \to 1$ とすれば，定理の条件が成立する．

（十分性）すべての $S \subset N$ に対して，

$$\frac{v(S)}{|S|} \geq \frac{v(T)}{|T|}, \quad \forall T \subset S$$

が成立するとする．$v(S) \geq v(T)$ に注意すると，上式よりすべての $\delta \in [0,1)$ に対して

$$(1-\delta)v(S) + \frac{|T|}{|S|}\delta v(S) \geq v(T)$$

すなわち，

$$v(S) - \frac{|S|-1}{|S|}\delta v(S) \geq v(T) - \frac{|T|-1}{|S|}\delta v(S)$$

がいえる．$\Gamma^N(\delta)$ におけるプレイヤー i の戦略 σ_i^* を次のように定義する：すべての部分ゲーム $\Gamma^S(\delta)$ に対して，(i) 提携 S と分配 $(x_i = \frac{|S|-1}{|S|}\delta v(S), x_j = \frac{\delta}{|S|}v(S), j \in S, j \neq i)$ を提案する，(ii) 提案 (T, y^T) に対して $y_i^T \geq \frac{\delta}{|S|}v(S)$ のときに限り (T, y^T) を受け入れる．上の不等式に注意すると，戦略の組 $\sigma^* = (\sigma_1^*, \ldots, \sigma_n^*)$ は $\Gamma^N(\delta)$ の部分ゲーム効率的な定常部分ゲーム完全均衡点であることを示せる．**終**

定理8.4より，将来利得に対する割引因子 δ が限りなく1に近い場合，メンバー1人当たりの提携値 $v(S)/|S|$ が提携 S のサイズに関して単調増加であるならば，RP交渉ゲーム $\Gamma^N(\delta)$ は部分ゲーム効率的な定常均衡点をもつことがわかる．定理の条件は，任意の提携 $S \subset N$ に対して均等分配 $(v(S)/|S|, \ldots, v(S)/|S|)$ が提携形ゲーム (S, v^S) のコアに属することを意味する．部分ゲーム効率的な定常均衡点ではゲーム $\Gamma^N(\delta)$ およびすべての部分ゲーム $\Gamma^S(\delta)$ において提案者に無関係に効率的な提携の形成と提携利得の均等分配が合意される．また，定理の条件は，Chatterjee et al. の交渉ゲームで提案者の順序 π に無関係にパレート効率的な定常均衡点が存在するための必要十分条件でもあることが知られている．したがって，定理8.4で与えられる合意の効率性の条件は，交渉での提案者の決定ルールの違いに影響されない．

7. 最近の研究動向

非協力 n 人交渉ゲームの理論の最近の研究動向について簡単に述べる．内容

を，(1) 協力ゲームの解概念の非協力交渉ゲームによる基礎づけ，(2) 再交渉，提携の外部性，コミットメントなどの交渉モデルの研究，(3) 政治・経済問題への応用，に分ける．

(1) 協力ゲーム解の非協力交渉ゲームによる基礎づけ

Nash (1953) が2人交渉問題のナッシュ交渉解を要求ゲーム (demand game) の非協力均衡点として特徴づけたように，ナッシュ・プログラムの主要な研究テーマはさまざまな協力ゲームの解概念が暗黙に想定している交渉プロセスを明示的に非協力ゲームとして定式化し，協力解を交渉ゲームの非協力均衡点として特徴づけることである．これによって，協力ゲームの解の「交渉均衡」としての性質が個々のプレイヤーの利得最大化行動のレベルで基礎づけられるとともに，どの協力解がどの交渉状況でより適切に応用可能であるかを明確に考察することができる．コアの非協力交渉モデルの研究として，Perry and Reny (1994)，Moldovanu and Winter (1995)，Okada (1992)，Okada and Winter (1995)，Evans (1997)，などがある．コアとともに代表的な協力解であるシャープレイ値の非協力交渉モデルとして，Gul (1989) と Hart and Mas-Colell (1996) がある．

(2) 再交渉，提携の外部性，コミットメントなどの交渉モデルの研究

第6節で非協力交渉ゲームではゲームが優加法的であってもパレート効率的な合意は必ずしも実現しないことを見た．合意が非効率であるとき，プレイヤー全員にとってより有利な合意が可能であるから，最初の合意を全員にとって有利な新しい合意に書き直すよう試みることは自然な考えである．非協力 n 人交渉ゲームでこのような再交渉 (renegotiation) の可能性を考察した研究に，Seidmann and Winter (1998) と Okada (2000) がある．Okada (2000) は，再交渉の導入によってパレート効率的な利得分配は提携の段階的な拡大を通じてつねに合意可能であるが，再交渉の可能性自体が提案者に「最初に部分提携を形成する」戦略的誘因を与え，利得分配の公平性を阻害する可能性を明らかにしている．

第2節では提携形ゲームのモデルを用いて n 人交渉問題を定式化したが，提携形ゲームでは提携の値は提携のメンバーのみによって定まり，提携の外でどのような提携が形成されるかには依存しない．1つの提携の形成が他の提携の

値に影響を与えるような提携の外部性が存在する状況は分割関数形ゲームで表現され,非協力ゲームによる研究として,Bloch (1997) や Yi (1997), Montero (2000) がある.また,本章では,Selten による提案／応答モデルを中心に交渉モデルを解説したが,他の交渉モデルとしてプレイヤーがそれぞれ要求額を表明しコミットした後で要求額をみたす提携が形成される交渉ルールの研究に,Selten (1992) や Bennett and van Damme (1991) がある.

(3) 政治・経済問題への応用

非協力 n 人交渉ゲームの理論を応用して提携形成を分析する最近の研究として次のものがある.経済学の分野では,企業の研究開発投資のための共同事業の形成に関する Block (1995), Yi (1998), Yi and Shin (2000) の研究,国際経済における関税同盟の形成に関する Yi (1996) の研究などがある.政治学の分野では,議会や委員会での交渉ルールや多数決ルールに関する Baron and Ferejohn (1989) や Baron and Kalai (1993) の研究,戦後イタリアの連立政権の成立に関する Merlo (1997) の研究などがある.

8. おわりに

本章では n 人交渉問題に対する非協力ゲームの理論の最近の研究成果を概説した.最後に,非協力 n 人交渉ゲームの理論の研究アプローチを批判的に再検討するとともに,今後に残された研究課題について述べる.

非協力 n 人交渉ゲームの理論の検討すべき点として,非協力ゲーム理論全般に関わるものと交渉モデルに関わるものがある.現在の非協力ゲーム理論の主要な解概念はナッシュ均衡点(およびその精緻化)であり,ナッシュ均衡点の問題として,均衡の多様性,動学的基礎づけ,現実の行動主体がもつ限定合理性 (bounded rationality) との整合性などがある.均衡の多様性は,非協力 n 人交渉ゲームのモデルでより顕著に現れる.提携形成の逐次交渉モデルでは,将来利得に対する割引因子が 1 (あるいはほとんど 1)であるとき,(定常性を仮定しない)部分ゲーム完全均衡点による利得ベクトルの集合は,提携形 n 人ゲームの個人合理的な配分の集合と一致し交渉の帰結に関して有意味な結論が得られない.この理由から,非協力 n 人交渉ゲームに関するほとんどすべて

の研究では均衡概念に定常性を仮定するが，定常均衡点を解概念として採用することの妥当性は研究者の間でも異なる意見がある[7]．交渉ゲームの定常均衡点の特徴はプレイヤーの行動は payoff-relevant なゲームの要素のみに依存するというものであり，交渉モデルによってはマルコフ均衡点とも呼ばれる．一般的な展開形ゲームの理論では，Harsanyi and Selten (1988) によって定義された部分ゲーム整合性 (subgame consistency) の条件に含まれる．Harsanyi and Selten の均衡選択の理論では，部分ゲーム整合性は非協力ゲームにおけるプレイヤーの（理想的な）合理的行動を記述する解の性質として提唱されている．また，交渉ゲームの文脈では定常均衡点は交渉主体の報復的行動を除外していて，本章で述べた非協力 n 人交渉ゲームの結果は，交渉主体による報復的行動は協力の合意を実現するのに望ましくないことを意味している．交渉行動の戦略的複雑性と交渉結果の関係についての最近の研究に，Chatterjee and Sabourian (2000) がある．

　ナッシュ均衡点の動学的基礎づけの問題は，過去10年の間，多くの研究者によって精力的に研究されている分野である．とくに，進化や学習のメカニズムを組み入れたゲームの動学プロセスの安定な定常状態としてナッシュ均衡点を特徴づける研究の進展が顕著である．Kandori, Mailath, and Rob (1993) や Young (1993) による確率的進化ゲームの理論を用いて，非協力 n 人交渉ゲームにおける提携形成と利得分配を考察する最近の研究に Agastya (1997, 1999) がある．

　非協力 n 人交渉ゲームの理論結果が現実の交渉行動や交渉の帰結をどの程度有効に説明（さらに予測）することができるかは重要な問題であり，現在，ゲームの実験研究が多くの研究者によって精力的に行われている．提携形成の実験研究に，Okada and Riedl (1999, 2000) がある．交渉実験の被験者の行動は，プレイヤーの（理想的な）合理性を前提とする伝統的な非協力ゲーム理論の理論予測とは必ずしも整合的でない実験例が数多く報告されている．利他主義，互恵主義などの動機や認知と適応行動など現実の行動主体がもつ限定合理性を記述する交渉理論の研究が今後ますます必要であると思われる．

　次に，非協力 n 人交渉ゲームの理論に特有な問題として，交渉プロセスのモ

---

[7] 交渉ゲームの定常均衡点の分析に批判的な議論に，Rubinstein (1991) がある．

デル選択がある．フォン・ノイマンとモルゲンシュテルンが述べているように，戦略形ゲームや提携形ゲームを（交渉を含まない）原モデルと見る限り，ゲームのルールは交渉プロセスに関してなんらの情報も含まない．ナッシュが強調する交渉の suitable で convincing な models の発見は，研究者のモデル構築の能力に委ねられているのが実情である．この一方で，非協力 n 人交渉ゲームの理論が進展するにつれて，さまざまな特徴をもつ交渉ルールの研究が数多く行われ，交渉ルールの比較分析も可能な研究段階に近づきつつある．非協力交渉ゲームの理論に対してよく見かけられる批判として，交渉ゲームの均衡がゲームの（あまり重要でないと思われる）手番の順序などルールの詳細な点に sensitive であるというものがある[8]．しかし，交渉ルールのさまざまな要素の中でどれが交渉結果に重要であり重要でないかに関する理解と知識は，非協力交渉ゲームの理論の研究が進むにつれてより深まるものである．この意味からも，今後交渉ルールの比較分析や交渉ルールの生成や選択などの研究が活発に行われることが期待される．非協力 n 人交渉ゲームを用いてアメリカ合衆国の議会内議決ルール（オープンルールとクローズドルール）の比較分析を行った研究に，Baron and Ferejhon (1988) がある．

　非協力 n 人交渉ゲームの理論によるナッシュ・プログラムを社会的選択における implementation の研究の一部と見なす研究者もいるが，この見方は正しくない．表面上は，ナッシュ・プログラムの研究，とくに協力ゲーム解の非協力ゲーム均衡による基礎づけは，1つの交渉ルール（メカニズム）を展開形ゲーム（あるいは戦略形ゲーム）として設計して協力ゲーム解（社会的選択関数の結果）をゲームの均衡点として特徴づけるという一連の手続きに沿って行われ，implementation 理論と類似性がある[9]．しかしながら，それぞれの理論の分析対象は大きく異なるので注意する必要がある．ナッシュ・プログラムの研究は，メカニズムを設計し個人の選好に関する情報を集計し社会的選択を実施する central planner が存在する社会状況を想定しない．ナッシュ・プログラムの研究対象はプレイヤーの自発的な交渉であり，協力の実現はプレイヤー

---

[8] この点については Aumann (1989) を参照．
[9] ナッシュ・プログラムと implementation 理論との関係についての最近の論説に，Serrano (1997) がある．

の合意によるものであり外部の主体による仲裁やメカニズム設計に頼るものではない．

非協力 n 人交渉ゲームにおいて，交渉ルールの生成や選択は交渉行動の研究とともに重要な研究テーマである．人々が従う交渉ルールがどのようにして定まるかは一通りでなく，その背景には多様な社会的，文化的メカニズムが考えられる．市場における財の交換や取引の交渉のように文化や慣習によってそれぞれの経済社会に特有な交渉のやり方やルールが時間をかけて徐々に定着すると考えられる場合もある．また，投票ルールのように交渉ルールを集団意思決定のルール（手続き）と見なすならば，人々が自発的な合意によって交渉ルールを選択する場合もある．いずれの場合でも，交渉ルールはある特定の個人がデザインしたり計画するものでなく社会的および歴史的なプロセスや交渉するプレイヤーの選択の結果である．また，プレイヤーの行動は交渉ルールに依存する．このような意味で，ゲームのルールとプレイヤーの行動は相互に関連する．さらに，交渉ルールを所与とするのではなく，プレイヤーが協力の進展につれて修正，変更を加える状況の分析も今後の重要な研究テーマであり，そのためには社会発展や成長などを含む交渉モデルの動学化が求められる．

本章では非協力 n 人交渉ゲームの理論の最近の研究動向を概説してきたが，上で述べたように今後に残された問題は数多くいずれもが現在，ゲーム理論の主要な研究課題となっている．

参考文献

Agastya, M. (1997), "Adaptive Play in Multiplayer Bargaining Situations," *Review of Economic Studies* 64, pp.411-426.

Agastya, M. (1999), "Perturbed Adaptive Dynamics in Coalition Form Games," *Journal of Economic Theory* 89, pp.207-233.

Albers, W. (1975), "Zwei Lösungskonzepte für kooperative Mehrpersonenspiele, die auf Anspruchsniveaus der Spieler basieren," *OR-Verfahren*, XXI, Meisenheim, pp.1-13.

Aumann, R. (1989), "Game Theory," in J. Eatwell et al., eds., *The New Palgrave: Game Theory*, Macmillan Press, pp.1-53.

Baron, D., and J. Ferejohn (1989), "Bargaining in Legislatures," *Amer-*

ican Political Science Review 83, pp.1181-1206.

Baron, D., and E. Kalai (1993), "The Simplest Equilibrium of a Majority-Rule Division Game," *Journal of Economic Theory* 61, pp.290-301.

Bennett, E., and E. van Damme (1991), "Demand Commitment Bargaining:- The Case of Apex Games -," in R. Selten, ed., *Game Equilibrium Models III - Strategic Bargaining*, Springer-Verlag, Berlin, pp.118-140.

Binmore, K. G. (1985), "Bargaining and Coalitions," in A. E. Roth, ed., *Game Theoretic Models of Bargaining*, Cambridge University Press, Cambridge, pp.269-304.

Bloch, F. (1995), "Endogenous Structures of Association in Oligopolies," *Rand Journal of Economics* 26, pp.537-556.

Bloch, F. (1996), "Sequential Formation of Coalitionsin Games with Externalities and Fixed Payoff Division," *Games and Economic Behavior* 14, pp.90-123.

Chatterjee, K., and H. Sabourian (2000), "Multiperson Bargaining and Strategic Complexity," *Econometrica* 68, pp.1491-1509.

Chatterjee, K., B. Dutta, D. Ray, and K. Sengupta (1993), "A Non-Cooperative Theory of Coalitional Bargaining," *Review of Economic Studies* 60, pp.463-477.

Evans, R. (1997), "Coalitional Bargaining with Competition to Make Offers," *Games and Economic Behavior* 19, pp.211-220.

Gul, F. (1989), "Bargaining Foundations of the Shapley Value," *Econometrica* 57, pp.81-95.

Harsanyi, J. C. (1974), "An Equilibrium-Point Interpretation of Stable Sets and a Proposed Alternative Definition," *Management Science* 20, pp.1422-1495.

Harsanyi, J. C., and R. Selten (1988), *A General Theory of Equilibrium Selectionin Games*, MIT Press, Cambridge.

Hart, O., and J. Moore (1990), "Property Rights and the Nature of the Firm," *Journal of Political Economy* 98, pp.1119-1158.

Hart, S., and A. Mas-Colell (1996), "Bargaining and Value," *Econometrica* 64, pp.357-380.

Kandori, M., G. Mailath, and R. Rob (1993), "Learning, Mutation, and Long-Run Equilibria in Games," *Econometrica* 61, pp.29-56.

Merlo, A. (1997), "Bargaining over Governments in a Stochastic Environment," *Journal of Political Economy* 105, pp.101-131.

Moldovanu, B., and E. Winter (1994), "Core Implementation and Increasing Returns to Scale for Cooperation," *Journal of Mathematical Economics* 23, pp.533-548.

Moldovanu, B., and E. Winter (1995), "Order Independent Equilibria," *Games and Economic Behavior* 9, pp.21-34.

Montero, M. (2000), "Endogenous Coalition Formation and Bargaining," Doctoral Dissertation, Tilburg University.

Nash, J. F. (1951), "Non-cooperative Games," *Annals of Mathematics* 54, pp.286-295.

Nash, J. F. (1953), "Two-Person Cooperative Games," *Econometrica* 21, pp.128-140.

Okada, A. (1992), "Noncooperative Bargaining and the Core of an n-Person Characteristic Function Game," *Control and Cybernetics* 21, pp.231-250.

岡田章 (1996), 『ゲーム理論』有斐閣.

Okada, A. (1996), "A Noncooperative Coalitional Bargaining Game with Random Proposers," *Games and Economic Behavior* 16, pp.97-108.

Okada, A. (1999), "A Cooperative Game Analysis of CO_2 Emission Permits Trading: Evaluating Initial Allocation Rules," KIER DP. No.495, Kyoto University.

Okada, A. (2000), "The Efficiency Principle in Non-cooperative Coalitional Bargaining," *Japanese Economic Review* 51, pp.34-50.

Okada, A., and A. Riedl (1999), "Inefficiency and Social Exclusion in a Coalition Formation Game: Experimental Evidence," KIER DP. No. 491, Kyoto University.

Okada, A., and A. Riedl (1999), "When Culture Does Not Matter: Experimental Evidence from Coalition Formation Ultimatum Games in Austria and Japan," KIER DP. No.497, Kyoto University.

Okada, A., and E. Winter (1995), "A Noncooperative Axiomatization of the Core," KIER DP No.421, Kyoto University.

Perry, M., and P. J. Reny (1994), "A Noncooperative View of Coalition Formation and the Core," *Econometrica* 62, pp.795-817.

Rubinstein, A. (1982), "Perfect Equilibrium in a Bargaining Model," *Econometrica* 50, pp.97-109.

Rubinstein, A. (1991), "Comments on the Interpretation of Game Theory," *Econometrica* 59, pp.909-924.

Seidmann, D. J., and E. Winter (1998), "A Theory of Gradual Coalition Formation," *Review of Economic Studies* 65, pp.793-815.

Selten, R. (1981), "A Noncooperative Model of Characteristic Function Bargaining," in V. Boehm and H. Nachthanp, eds., *Essays in Game Theory and Mathematical Economics in Honor of Oscar Morgenstern*, Bibliographisches Institut, Manheim/Wien/Zurich, pp.139-151.

Selten, R. (1992), "A Demand Commitment Model of Coalition Bargaining," in R. Selten, ed., *Rational Interaction: Essays in Honor of John C. Harsanyi*, Springer-Verlag, Berlin, pp. 245-282.

Serrano, R. (1997), "A Comment on the Nash Program and the Theory of Implementation," *Economics Letters* 55, pp. 203-208.

von Neumann, J., and O. Morgenstern (1944), *Theory of Games and Economic Behavior*, Princeton University Press, Princeton (銀林浩・橋本和美・宮本敏雄監訳『ゲームの理論と経済行動』全5冊, 東京図書, 1972-73).

Yi, S. S. (1996), "Endogenous Formation of Customs Unions under Imperfect Competition: Open Regionalism is Good," *Journal of International Economics* 41, pp.153-177.

Yi, S. S. (1997), "Stable Coalition Structures with Externalities," *Games and Economic Behavior* 20, pp.201-237.

Yi, S. S. (1998), "Endogenous Formation of Joint Ventures with Efficiency Gains," *Rand Journal of Economics* 29, pp.610-631.

Yi, S. S. and H. Shin (2000), "Endogenous Formation of Research Coalitions with Spillovers," *Intenational Journal of Industrial Organization* 18, pp.229-256.

Young, H. P. (1993), "The Evolution of Conventions," *Econometrica* 61, pp.57-84.

第9章 戦略的協力ゲームと事前交渉*

今井　晴雄

1. はじめに

　協力ゲームは，本来，展開ゲームないしは戦略ゲームにおける，（意図的な）「"協力"の結果」を分析するためのプログラムだと考えられる．この目的のため，「特性関数」が，これらのゲームモデルから導出され，それに対する解を研究するのが，従来の協力ゲーム理論の中心プログラムであった．これに対して，直接に戦略ゲームに即して，「"協力"の結果」を分析する試みを，ここでは**戦略的協力ゲーム分析**と呼ぶことにする．

　より抽象的に言えば，Γ_Nを戦略ゲームとしたとき，Γ_Nから特性関数と呼ばれる関数が定義され，これが協力ゲームのモデルを与える．Γ_Nに対して定義される特性関数を$C(\Gamma_N)$と書けば，協力ゲームの解fは，Cに対して定義される．したがって，間接的に協力ゲームの解fはΓ_Nに対して定義されているとみなせる．

　これに加えて近年では，ナッシュ・プログラムという呼ばれる考え方によって，協力ゲームの解に，背後にある交渉過程を戦略ゲーム（より正確には展開ゲーム）のモデルによって表現して，その非協力ゲームの解（ナッシュ均衡や完全均衡）によって正当化を与え，また，逆に，新たな協力ゲームの解をこの手続きによって求める，というアプローチが盛んになっている．交渉ゲームをBと書き，その対象となる交渉問題が特性関数Cで表されているものとし，さ

＊　本章の準備において，編者をはじめ，穂刈亨，中川（堀江）真由美，中川訓範，下村研一の各氏に，誤りの指摘をはじめとするご助力を賜ったことを，ここに感謝します．

らに，非協力ゲームの解を g によって表せば，ナッシュ・プログラムは，$g(B(C))=f(C)$ が成立するような g, B, f を求めるプログラムだともいえる．

　本章で取り上げる問題は，協力ゲームの研究プログラムを直接 Γ_N に即して構築するアプローチであり，協力ゲームと非協力ゲームを接合していくうえで重要な課題だと考えられるが，その途次に現れる問題について1つの視点から検討することを目的としている．具体的には，$B(C(\Gamma_N))$ が1つの非協力ゲームであることから，$f(\Gamma_N)=g(B(C(\Gamma_N)))$ と $f(B(C(\Gamma_N)))$ の関係を考察しようと考える．

　ただし，以下では，抽象的なフレームワークを直接考えるわけではなく，近年の Ray and Vohra に始まる分析を，具体的な例に即して取り上げ，その結果に基づきながら，上述のような視点をどのように定式化できるかを検討する．

2. 戦略的協力ゲーム分析と Ray and Vohra 型の解法

戦略的協力ゲーム分析

　戦略ゲーム $[N, \{A_i\}_{i \in N}, \{u_i\}_{i \in N}]$ を考える．$N=\{1,2,\ldots,n\}$ は，プレイヤーの集合であり，各 $i \in N$ について，A_i は（純）戦略の集合，そして，$A = \times_{i \in N} A_i$ として，$u_i: A \to \mathbb{R}$ が，利得関数である．戦略のプロファイル $a = (a_1, \ldots, a_n) \in A$ がナッシュ均衡（点）となるのは，任意の $i \in N$ に対して，$u_i(a_i, a_{-i}) \geq u_i(a_i', a_{-i})$ が任意の $a_i' \in A_i$ に対して成立する場合である．このとき，各プレイヤーは，戦略プロファイル a から逸脱するインセンティブがない．（ただし，各 i について，$a = (a_i, a_{-i})$ という表記法を用いるものとする．）（なお，以下では純戦略ナッシュ均衡に絞って話を進める．したがって，存在の問題等は，一般的には保証されない．）

　ナッシュ均衡は，通常，「非協力ゲーム分析」の出発点となる．これに対して，「協力ゲーム分析」では，任意の戦略プロファイル a を，実行時点で強制できる可能性があると想定する．たとえば，囚人のジレンマにおいて，各プレイヤーが，協調的行動を選ぶことができると考える．（いかにしてそう想定できるのかは，ここでは問わない．）しかし，何らかの形で，プレイヤーは，協調的行動を選ぶことについて，合意するものと考える．たとえば，戦略プロフ

ファイル a において，プレイヤー i と j には逸脱するインセンティブがあるとしよう．このとき，a が実現するためには，プレイヤー i と j を含むグループにおいて，a の要素として含まれる各プレイヤーの行動について，合意ができているものと考える．このような，合意が形成されているプレイヤーの集合を，ここでは**提携**と呼ぶ．この意味で，協力ゲーム分析の解は，何らかの提携のもとで合意するインセンティブがあるような，戦略プロファイルだと考えることができる．提携による戦略の実行を視野に入れた，戦略ゲームの解として，知られたものに，強均衡がある．

提携 S とは N の空でない部分集合を指す．任意の提携 S に対して $A_S = \times_{i \in S} A_i$ を提携 S の戦略集合とする．戦略プロファイル $a = (a_1, \ldots, a_n) \in A$ が，強均衡 (Aumann(1959)) であるのは，任意の提携 $S \subset N$ について，$u_i(x_S, a_{-S}) > u_i(a_S, a_{-S})$ がすべての $i \in S$ について成立するような $x_S \in A_S$ が存在しない場合である．以下では，この条件を，提携にとっての最適性を示す条件として用いる．

周知のように，強均衡は存在するとは限らず，囚人のジレンマやクールノー・ゲームには強均衡はない．

この概念の明らかな限定性は，戦略の実行時点において，当該の戦略に対する強制力が働いていないことを想定している点である．これに対して，逸脱する提携には戦略の強制力が保証されている，と解釈できる．このアンバランスを解消しようとしたのが，提携プルーフ均衡 (Bernheim, Peleg, and Whinston (1987)) であり，ここでは詳しくはふれないが，逸脱する提携の戦略からの，提携メンバーによる逸脱インセンティブがないことを要求する概念である．

これに対して，以下で取り上げる考え方は，戦略実行時点においては，任意の戦略実行を保証する強制装置が存在すると想定する．しかし，各プレイヤーが合意しない限り，強制装置は設置されない．この合意が実現する範囲が，先にも述べたように，ここで考える提携である．(後述のように，提携という名前のもとで，さまざまな組織体制が意味されることがあるために，このように強調している．)

Ray and Vohra 型の解法

このような考え方を推進した1つの例として Ray and Vohra による一連の研究があり，Ray and Vohra (1997) では，戦略ゲームを出発点として，プレイヤーが自由に契約を交わすことができる状況を想定して，到達するであろう合意（均衡合意）に対応する解を求める，とされている．また，Ray and Vohra (1999) では，戦略ゲームからは出発していないが，同様の合意形成プロセスを記述する交渉ゲームによって，もたらされる提携構造を調べている．以下で，戦略的協力ゲーム分析として取り上げるのは，これら2つのアプローチを接合したものである．すなわち，交渉を完全情報型の戦略ゲームとして定式化する点では Ray and Vohra (1999) に，そして，戦略ゲームそのものを対象とするという点では Ray and Vohra (1997) に基づいている．ただし，ゲームのルールは，前者の考え方によって，一部簡略化している．また，Ray and Vohra (1999) の応用においては，戦略ゲームに即して解が適用されることもあり，そのような例として Cho, Jewell, and Vohra (2000) が挙げられる．（他の応用例として Ray and Vohra (2001) も挙げておく．）

このような想定のもとでは，事前の提携合意形成過程が，戦略的協力ゲームの中心的な分析対象となるであろう．まず，非自発的な合意を排除するという意味で，提携が合意するアクションは，メンバー全員の賛成が必要となる．このため，合意されるアクションは，「最適」でないといけない．必ずしも全員からは構成されない提携が形成されるとき，「最適」なアクションは，提携外のメンバーの行動に依存する．このため，合意されるアクションは，「最適反応」となっていなければならない．

したがって，戦略ゲームの解として，各提携単位でみたとき，戦略プロファイルはナッシュ均衡になっていなければならない．（このような考え方の先駆として Ichiishi (1981), Zhao (1992) を挙げることができる．ただし，提携内部でみたすことが要請される条件は，必ずしも同じではない．）また，提携構造は，アクション実行前に，公開情報となっている．このため，均衡は，提携構造に応じて異なったものとなりうる．

提携構造を前提としたナッシュ均衡を所与とするとき，各提携構造のもとで，おのおのの提携に対して，実現する利得配分が割り当てられる．これを，分割

型の特性関数，あるいは，分割型関数と呼ぶ．Ray and Vohra (1999) では，サイドペイメント（利得の再配分）が可能であるような状況での分割型関数を前提として交渉ゲームが規定される．したがって，利得配分が直接の交渉事項であって，背景にある戦略ゲームでの戦略の実行という側面は，直接的には扱われない．しかし，ここでは，Ray and Vohra (1997) に即して，交渉の対象は，戦略ゲーム実行時のアクションであるものとして扱う．したがって，交渉において利害が対立しうるのは，ある提携構造のもとでのナッシュ均衡において，当の提携が採択すべき戦略についてである．サイドペイメントが可能な場合には，均衡のもとでの多様なサイドペイメントの可能性それぞれが，提携の均衡戦略となる．しかし，これは，提携S外のプレイヤーの戦略a_{-S}を所与としたとき，交渉の対象となる提携戦略a_Sは，(a_S, a_{-S})が，提携構造のもとでのナッシュ均衡となるという範囲から選ばれねばならないことを要求するものであり，かなり強い要請である．この，一種の交換可能性に関する要請は，提携内部の交渉は，基本的に，均衡選択とは独立であることが必要であるために生じる．これがみたされないと，均衡が複数存在するようなゲームでは，提携間の行動に不整合性が生じる危険性がある．以下で取り上げるクールノー・ゲームにおいては，提携内配分を別とすれば均衡が一意に決まり，実質上のサイドペイメントの可能性が存在するために，この制約は制約的とはならない．(ただし，事前交渉ゲームでは，この制約は大いに影響を与える．) 戦略ゲームによっては，このために提携内部の利害対立が，著しく限定されることがありうる．また，提携構造のもとでのナッシュ均衡は，実現する提携構造のみに依存して決まり，それ以外の歴史（ゲーム中において，当の時点までに観察された情報の総体）には依存しないとRay and Vohra (1999) では想定されていた．ただし，この仮定は，完全均衡の趣旨からみれば，整合的とは必ずしもいえず，むしろ均衡の選択基準の1つとして考えた方が妥当であろう．

　Ray and Vohra (1999) では，分割型関数を所与として，提携形成ゲームが行われる．本章でも大部分は，そこでのルールを継承する．元来，提携形成過程には，さまざまなものが想定され，また，構築されてきており，いわゆるナッシュ・プログラムに属する多くのゲームがこれに該当する（本書の第8章，Okada (2000) などを参照のこと）．Ray and Vohra (1999) では，まず，全体

による合議の場が出発点において想定され，そこで，propose-and-response モデル，すなわち，あらかじめ与えられている一定の順序にしたがって提携とその行動が提案され，メンバーが応答するというプロセスが採用される．提案された提携のメンバー全員が合意すれば，その提携が形成される．もし，提案が拒否されると，提携形成を含む代替案が拒否したメンバーによって提案されるが，この場合の新提案の提携として提案できる提携は，拒否した提案にあった提携の内部からしか選べない．(この点は，Ray and Vohra (1997) に沿って，簡略化している.) すなわち，最初に全体提携が存在して，合意の過程で，より細分化される方向にのみ，新しい提携が形成される．(もちろん，残されたメンバー間では，再度提携形成の合意が行われ，全員の所属する提携が決まるまで継続される．このような下降的な提携形成プロセスは，必ずしも一般的なものではなく，さまざまなプロセスが提案されてきている中の1つである．他の特徴的なアプローチとして，Jackson and Wolinsky (1996) や，また，Ray and Vohra に近い考え方から出発しながら，より一般的な提携形成過程を考えたモデルとして，Konishi and Ray (2000) が挙げられる．)

　彼らの交渉ゲームルールを本章の目的に合わせて，一部改変したものを以下に記述する．交渉ゲームは，あるプレイヤー i が， i を含む提携 S と，提携アクションプラン α を提案し， S の他のメンバーがそれに対する諾否を提示することからなる"ラウンド"の連続から構成される．各状況において残されたメンバーに対する提案を行い，また，それに対して回答する，プレイヤーの順番は，何らかの形で事前に与えられているものとする．以下では，プレイヤーには番号通りの順番が与えられており，最初の提案者は1であり，1の提案に回答するのは，2, 3, の順に，提案された提携に含まれるプレイヤーが回答し，プレイヤー i が拒否して，別の提案をした場合には， $i+1, i+2,$ そして， n の次は $1, 2$ という順番に，提案された提携に含まれるプレイヤーが回答し，提携が合意に達すると，当初の順番のもとで，その提携に含まれていない，最初のメンバーが次の提案を行うという順番を考える．

　提案は，最終的に形成される提携構造のもとでの，提携メンバーのアクション選択についてである．これを，提携 S に対する提案 α_S とする． α_S は，交渉ゲームのアウトカム（この場合，交渉ゲームで観察された各プレイヤーのアク

ションの全体を指す）それぞれに対してSのアクション戦略プロファイルa_Sを対応させる写像であるが，先に述べた単純化仮定として，任意の提携構造Pに対して1つのa_Sを対応させる写像として表せるものと仮定される．また，提案される戦略プロファイルは，交渉ゲームのそれぞれのアウトカムのもとで実現する提携構造Pを所与として，提携構造のもとでのナッシュ均衡が与えられており，そのナッシュ均衡を構成する提携戦略になっていなければならない．

提案が，提案に含まれる提携Sのメンバー全員によって承諾されれば，提携Sと提案に盛り込まれた提携戦略に関する合意が実現し，残された$N-S$のメンバーによる，$N-S$内の提携を対象とした交渉になる．もし，プレイヤー$i \in S$が提案を拒否したなら，iが，次の提案を，S内部の提携中から選んだ提携メンバーに対して行う．

提案が拒否されるごとに，一定の時間が経過し，以後発生する利得は，割引因子δ ($\in (0,1)$) によって割り引かれる．

このゲームの，定常的なサブゲーム完全均衡で，実現する経路上では，すべての提案が拒否されないような均衡を用いて，δを1に収束させる（より相応しくは，提案が拒否されて，次の提案がなされるまでの経過時間を0に収束させる）ときに得られる均衡のもとで実現する提携構造や，アクション（の収束先）についてRay and Vohraは調べた．以下で取り上げる単純な例でも，同様の性質を備えた解を求めることになる．

ここでは，Ray and Vohra (1997, 1999)と同様の結果を，1つの例に即して検討することが主目的なので，一般的な結果の紹介は行わない．2人ゲームでは上述のルールは通常の2人交渉ゲームとなり，囚人のジレンマでは，協調解が結果として実現することがみてとれるであろう．

クールノー・ゲーム

以下で取り上げるのは，線形クールノー・ゲームであり，これらの概念によって，提携形成に関わる興味ある結果が導出されている．ここでは単純に，費用0で線形（逆）需要関数$p = 1 - Q$（ただし$Q = \sum x_i$）で与えられるクールノー・ゲームを考える．Qは総生産量であり，戦略x_iは企業iの生産量である．企業iの利得は，$(1-Q)x_i$で与えられる．

提携構造$P=\{S_j\}_{j=1}^m$はプレイヤーの集合$N=\{1,...,n\}$の分割である．（すなわち$\emptyset \neq S_j \subset N$，$j \neq j'$なら$S_j \cap S_{j'} = \emptyset$，$\cup S_j = N$をみたす．）クールノー・ゲームのナッシュ均衡は，各企業の最適反応関数が，$b_i(x_{-i})=(1-\sum_{j\neq i} x_j)/2$によって与えられることから，$x=(x_1,...,x_n)=(1/(n+1),1/(n+1),...,1/(n+1))$で与えられる．各企業の均衡利得は，$1/(n+1)^2$となる．

提携構造$P=\{S_j\}_{j=1}^m$のもとでのナッシュ均衡は，各S_jの戦略がx_{S_j}のときに，提携生産量を$q_{S_j}=\sum x_j$として，$q_{S_j}=1/(1+m)$となるような任意の提携戦略x_{S_j}から構成される．（この場合，各プレイヤーの利得には，生産量の調整によって，ある範囲では実質上の譲渡可能性が成立している．）とくに，線形効用下の（極限）交渉アウトカムの候補となるのは，対称的生産量$x_i=1/[m_j(1+m)]$を$i \in S_j$が生産する提携戦略であり，iの利得は，$1/[m_j(1+m)^2]$となる．（ただし，m_jはS_jの要素の数である．）

次に均衡について考える．$P=\{S_j\}_{j=1}^m$を添字の順序が合意形成の順序を表すものと考えてみる．さらに，S_mと$\cup_{j<m} S_j$までが合意に達し，最後に残されたプレイヤーの集合を表すものと考え，この状態を(P,S_m)で表す．$\iota(P,S_m)=i$を，この状態で最初に提案を行うプレイヤーだとする．iが選ぶ提案は，提案がもたらすS_mの再分割を含む提携構造の中で，iにとって最も有利な提案となっているはずである．この関係は，再帰的に定義できる．

S_mが1人提携の場合は，戦略プロファイルは提携構造Pのもとでのあるナッシュ均衡a_Pに決まっているので，当然ながら，選択の余地はなく交渉は終結している．

S_mが2人，すなわち$S_m=\{i,j\}$の場合は，$\iota(P,S_m)=i$は，jと協力して，Pを最終的な提携構造として，Pのもとでのナッシュ均衡a_Pを構成する．jとS_mとしての戦略について，交渉するか（もちろんこの場合，いかなる提案も拒否されるという意味でこの提携が形成されず，別の提案者のもとで，別の提携構造に帰着するケースも含まれる），それとも，単独で，提携構造$P'=(P-\{S_m\})\cup\{\{i\},\{j\}\}$のもとでのナッシュ均衡$a_{P'}$を実現させるかを決める．クールノー・ゲームでは，これは$m+1$人ゲームの1プレイヤーとなるか，m人ゲームのm番目のプレイヤーをjと2人で構成するか，の選択である．iによる最適な選択によって導かれる最終的な提携構造を$P^0(P,S_m)$と書く．

一般に，S_m が k 人の場合にも $\iota(P, S_m) = i$ は，各 $S'(i \in S' \subset S_m)$ が行き着く提携構造 $P^0((P-S_m) \cup S' \cup (S_m - S'), S_m - S')$ (ただし，$S' \neq S_m$) と，P のもとで，S_m を提案した場合の帰結とを比較して，最適な提案を決める．これによって $P^*(P, S_m)$ が決まる．同様にして，$P = \{N\}$ の場合の $P^*(\{N\}, N)$ が均衡アウトカムを与える．

2人ゲームの場合から類推されるように，事前の行動調整を許すという想定は，まず，全体提携の形成に有利に働く．クールノー・ゲームの場合でも，全体提携は，共同して独占企業として行動することを意味するので，合計利潤は最大となる．このため，4人までのクールノー・ゲームでは，全体提携が形成される．しかし，$n = 5$ において，全体提携が形成されなくなる．この結果は，ルールは一部変えているが，Ray and Vohra (1999) と同じ構造となる．ただし，提案の順番からみた提携のメンバーは異なる．以下では，$n = 5$ のケースを確認するにとどめる．(この他 Bloch (1996) での分析も同様の問題を扱っている．ただし，Bloch (1996) では利得の割引を考えないという前提が設けられている．)

	1	2	3	4	5
(5)	1/20	1/20	1/20	1/20	1/20
(1,4)	1/9	1/36	1/36	1/36	1/36
(2,3)	1/18	1/18	1/27	1/27	1/27
(1,1,3)	1/16	1/16	1/48	1/48	1/48
(1,2,2)	1/16	1/32	1/32	1/32	1/32
(1,1,1,2)	1/25	1/25	1/25	1/50	1/50
(1,1,1,1,1)	1/36	1/36	1/36	1/36	1/36

上述のように，クールノー・ゲームでは，提携の人数だけに，利得等は依存する．したがって，提携構造は，含まれる提携のサイズだけで特長づけられる．昇順で表せば，5人ゲームの提携構造は，(5), (1,4), (2,3), (1,1,3), (1,2,2), (1,1,1,2), (1,1,1,1,1) の7パターンに分類される．それぞれの，各提携内で対称的なナッシュ均衡利得は，上表で与えられる．

δ が十分に1に近いとき，期待利得は，これらの値に十分近いので，以下ではもっぱらこれらの極限利得を用いて記述する．また，各提携構造が与えられたときには，その提携構造に関しては，上表の各列に対応する順でプレイヤー

が名づけられ，最後の提携の最初のプレイヤーが最初の提案者であるものとする．したがって，(1,1,1,2) のとき，残されているのは，{4,5} であり，$\iota(\{1\},\{2\},\{3\},\{4,5\}),\{4,5\}) = 4$ だとして記述する．この場合，1/50 < 1/36 なので，$P_0((\{1\},\{2\},\{3\},\{4,5\}),\{4,5\})$ は，(1,1,1,1,1) となる．また，(1,2,2) の場合（最初の 2 つの提携の形成順序は，ここでの結果には，影響しない点にも注意）も，プレイヤー 4 は，単独行動によって，(1,1,1,2) のパターンに移行して利得 1/25 を獲得できる．このため，実現するのは (1,1,1,2) の構造となる．

3 人残されている状態では，(1,1,3) のとき，プレイヤー 3 は，2 人提携を主導すれば，拒否されてしまう．1 人提携を提案すれば，(1,1,1,2) になり，最終的には (1,1,1,1,1) となる．1/36 > 1/48 なので，3 人提携を提案した場合も，結局，(1,1,1,1,1) となる．この結果，(1,1,3) からは，(1,1,1,1,1) に帰着することがわかる．

(2,3) から出発すると，単独で離脱すれば (1,2,2) となり，最終的に (1,1,1,2) のもとで 1/25 が得られる．2 人提携形成では，拒否されるので，結局 (1,1,1,2) が最終結果となる．

4 人残されているのは (1,4) の場合であるが，単独離脱は (1,1,3) となり，最終的には (1,1,1,1,1) となり，利得は 1/36 で不変である．（ただし，δ が 1 に収束する前の段階では，提案者には，より大きな提携を選ぶインセンティブが存在するので，4 人提携の方が選ばれる．）2 人提携提案は拒否される．3 人提携は上と同じく (1,1,1,1,1) となり，利得のうえでは無差別である．この結果，(1,4) は均衡となりうることがわかる．

最後に全体提携では，提案者が代わりに単独で離脱すれば，上述の結果より，1/9 が期待できる．これに対して，5 人提携を成立させるためには，残りの 4 人の合意を取り付けなければならない．しかしながら，それぞれのプレイヤーは，拒否して単独離脱を提案すれば，やはり 1/9 を得ることができる．このため，総計 5/9 の利得を生み出せないと，5 人提携提案は，通らない．最大の合計利潤は独占利潤である 1/4 だから，これは不可能である．したがって，均衡では全体提携は，形成されない．

以上の結論は，カルテルが形成されるときには，アウトサイダーとなる利益

の方が高いため，全員からなるカルテルが不安定となる，という，よく知られた現象に対応しているものと考えられる．このような分析としては，例えばSelten (1973) があるが，ここでの分析は，Rubinstein (1982)，Binmore (1985) 等と同様に，完全情報ゲームにいったん変換するとアウトカムが絞れる事実を利用して純戦略解を得やすくし，またこれを戦略ゲーム一般に適用していることが特徴である．また，ナッシュ・プログラムとの関連からみれば，対象を特性関数ゲームから，戦略ゲーム一般に変えたものとみることができる．(ただし，既述のように，Ray and Vohra (1999) は，分割型関数を対象として分析している．)

Ray and Vohra (1997) では，同様の設定に対して，ブロックと呼ぶ概念を用いて，「均衡合意」という解を定義している．ここで取り上げた対称的なクールノー・ゲームに対しては，たとえば，提携構造Pとそのもとでの各提携内部で対称的なナッシュ均衡a_Pのペアを(P, a_P)と書く．(P, a_P)が均衡合意のアウトカムとなる条件を表すために

(1) 最も細かな提携構造 $(1,1,1,1,1)$ をP_0と書くと，(P_0, a_{P_0})は，均衡合意アウトカムである．
(2) 任意の(P, a_P)に対して，Pの再分割となるP'で，$S \in P'$かつ，Sの全メンバーが，a_Pより，$a_{P'}$のアウトカムをより選好するような，均衡合意アウトカム$(P', a_{P'})$が存在するとき，(P, a_P)はブロックされるという．

と定義する．ブロックされない(P, a_P)が均衡合意である．

5人クールノー・ゲームでは，$(1,1,1,1,1)$ のほかに，提携構造 $(1,2,2)$ のみが均衡合意アウトカムを構成する．全体提携が均衡として出現しないのは，同様であるが，形成を予想される提携構造が異なる．これは，上述の提携交渉モデルでは，$(1,2,2)$ を形成しようとしても，いったん最初の2人提携が合意されると，後でもう1つの2人提携を結ぶインセンティブがなくなるのに対して，ブロックの概念では，一方の分裂は，もう一方の分裂をも招くと，想定されるためである．

解の検討

　以上のような分析に対しては，その一般性に対する疑問が生じるであろう．とくに，全体提携のもとで，合計利潤が最大となるのに，それが必ずしも実現しないのに対して，いかなる契約も自由に書けてかつ実行できるという想定からは，最も効率的な結果が達成できるという予想が生まれると考えられるからである．Ray and Vohra (1997) が言及している Coase の定理が示唆するのはまさにこのような予想であった．

　ここでの結果に寄与している大きな要因は，採用された提携形成交渉のルールであり，次いでは，提携構造のもとでのナッシュ均衡という解である．とくに，いったんある提携形成の提案が行われれば，以降はより大きな提携への復帰はないという規定は，解の特定を容易にする代わりに，全体提携の形成をより困難なものにしている．他方，提携構造のもとでのナッシュ均衡という考え方は，提携間での交渉という事後的な再交渉の可能性を塞いでいる．これらの点のより一般的な観点からの解決については，本書の前章で論じられているのでここではふれない．ここでは，ここでの試みが，戦略ゲームに即した合意形成を考えるという枠組みであることに着目して，合意形成ゲームを対象とした合意形成を再び考えるというテストを考える．

　このようなテストが，上述の疑問に解決を与えるという保証は必ずしもない．しかし，プレイヤーが自由に契約を結べるという想定のもとでは，合意の内容には，単に提携の形成とアクションあるいは利得に関する合意を結ぶだけではなく，より広い範囲の工夫をめぐらした合意を対象とできるはずである．これは，大きな組織が，組織形成や維持に何の費用や障害もないときには，小さな組織でできることはすべて自らの内部で再現できるはずだという考え方と共通する発想であり，ここでも，大きな提携を形成する費用や障害は捨象して考えている．したがって，より複合的な，提携内外のメンバーに対して，離脱するインセンティブがある場合には，提携メンバーがある行動をとる，といった約束が本来は可能な合意に含まれるかもしれない．そしてこのような約束によって，プレイヤーのインセンティブを変更する余地があるかもしれない．そして，このような約束によって，たとえば，全体提携のような大きな提携が，分裂を防ぐ工夫を講じられるかもしれない．このような可能性を，事前の交渉を考え

ることによって，自動的に取り入れることができる．

　他方，方法的には，対象となるゲームが展開ゲームであり，相応しい解が完全均衡であることから，いくつかの問題が存在する．このために，以下では，かなりの簡便化仮定を設けたうえでの例を作成している．このもとでは，全体の提携の形成は，必然的なものでは必ずしもなく，その意味での説得性は，弱いといわざるをえない．

3. 事前交渉

事前交渉ゲーム

　上で考えた提携交渉ゲームも，1つの戦略（正しくは展開）ゲームである．（ただし，Ray and Vohra (1997) は，戦略ゲームから出発しているが交渉ゲームを考察せず，Ray and Vohra (1999) では，戦略的交渉ゲームは考察されているが出発点は分割関数型ゲームであるため，方法論的にはここでのテストは，本章で取り上げた，接合ヴァージョンに対してのみ，妥当する．）したがって，それに先立つ交渉ゲームを考えることは，決して不自然ではないだろう．必ずしも，これによって交渉ルールの個別的な特異性を一般化できるわけではないが，少なくとも一部のルールに対しては，補完できることになるのではないかと期待される．

　具体的には，この交渉ゲームに先立つ交渉ゲームを，**事前交渉ゲーム**と呼んで，その後の交渉ゲームを**本交渉ゲーム**と呼んでみる．このゲームで提案されるのは，提携と，本交渉ゲームでの戦略である．事前交渉ゲームでのプレイヤーの順番は，次段階での本交渉ゲームと同じである必要はない．しかし，ここでは，どのような歴史で事前交渉ゲームが終わっても，本交渉ゲームは，n人で開かれ，かつ，プレイヤーの順番も，以下で述べる修正を除いては，同じであるものとする．

　ここでは，提携構造のもとでの完全均衡を，以下の設定のもとで定義して考察する．

　事前交渉のルールは，基本的には本交渉のルールと同じであるが，以下に述べるようなディテールにおいて異なる．事前交渉終了の直後から本交渉が始ま

る．

　本交渉においては，事前交渉において成立した提携の内部に対してのみ，提携形成が提案できる．提案の中身は，事前交渉で形成する提携 S と，S の本交渉ゲームでの戦略のプラン β_S である．本交渉ゲームでの戦略はもちろん，S 内部での提携形成と，クールノー・ゲームでのアクションについての提案とそれに対する諾否であるが，実行に移される戦略は，事前交渉でできる提携構造 Π に依存する．

　さらに，事前交渉で成立した提携構造の順序で，本交渉が推移するように，提案者の順序が変更される．事前交渉でできあがった提携構造 Π に対して，本交渉ゲームでの完全均衡が1つ対応して，アウトカムを与える．すなわち，Π の要素 S が選ぶ戦略 y_S は，S 外のプレイヤーの本交渉ゲームでの完全均衡戦略 y_{-S} を所与として，本交渉ゲームでの順序のうえで S に先行する提携の任意の戦略それぞれを所与として，最適に選ばれていなければならない．ここでは，前半でふれたように，本交渉ゲームにおいて先行する（事前交渉で形成された）提携が再分割されるパターンにのみ依存するような戦略から構成される完全均衡に限定する．そして，このような完全均衡において，先に述べた交換可能性が成立する範囲での戦略が事前交渉ゲームでの交渉の対象である．前にも述べたように，事前交渉でのサイドペイメントは考えないために，交換可能性の要請は，交渉の範囲を小規模提携に対しては著しく制限することになる．このほか，完全均衡は，逆向き推論によって求めるが，提携の最適性基準に照らして，最適反応は多数存在することがありうる．この場合，どの最適反応が選ばれてもよい．それぞれに対して1つの完全均衡が対応することになるので，多数の完全均衡の出現が予想される．

　（以上の定義の中で，とくに，事前交渉の提携が，本交渉の提携の制約となるという点は，満足のいくものではないだろう．提携の制約を維持するのもしないのも，内生的に決めることができるはずである．この意味では，Ray and Vohra と同じタイプの制約をより強化する方向で導入したことになる．また，最も細かな提携構造は，自動的に交渉する事項がないことを意味し，本交渉でも，同じ構造が実現することを意味する．本来なら，この提携構造のもとで，上述の (1,4) のパターンが実現すると期待されてもおかしくない．デ

フォルトの提携構造とは，このパターンだからである．実際問題，上述の仮定のもとでは，(1,4) のパターンは，事前交渉のいずれの提携構造からも生まれないという結果になる．

　しかし，残念ながら，この制約がない場合の，「提携構造のもとでの完全均衡」の定義には，幾多の未解決の課題が残っている．単に，考慮しなければならないサブゲームが多数出現するのも事実であるが，それだけではなく，成立しているはずの提携のメンバーによって，均衡以外の行動がとられた場合に，提携内の別メンバーの行動を規定するという問題を解決する必要がある．このため，ここでは，上述の定義で話を進める．少なくとも，交渉の機会が十分に与えられれば，全体提携の形成に有利に作用するはずだという見解をサポートするという目的を，部分的にはせよ，果たすことができる．)

　本交渉ゲームでの順序について，より具体的に述べると，提携構造 $\Pi = \{S_1,\ldots,S_m\}$ が，事前交渉ゲームにおいて成立したとしよう．この場合，本交渉ゲームにおいて，交渉の順番は，本交渉ゲーム本来の順番を元としながら，Π のもとで形成される提携が順番に合意を形成するように修正したものとなる．

　例えば，ここでは本交渉ゲームで最初に提案するプレイヤーが，プレイヤー 1 だとしているが，そのとき，1 の属する Π のメンバーを，S_1 だとする．すると，本交渉ゲームでは，1 の提案（S_1 内の提携 S_1'）が採択された次に提案するのは，$S_1 - S_1'$ が空でないときには，そのメンバー本来の順番の中で，最も早く提案するはずだった $S_1 - S_1'$ のメンバー j が，また $S_1 - S_1'$ が空である場合には，$N - S_1$（これが空でないものとして）が残されていた場合の，本来の順番で，提案するプレイヤー i が提案を行う．後者の場合，i が属する Π のメンバーを S_2 とすれば，再び上述のように，S_2 内で本交渉ゲームが進行し，$N - S_2$ が残された後には，再び，本来の順番から次の提案者が選ばれ，その属する Π のメンバー内で本交渉ゲームが進行する．（このように修正された本交渉ゲームは，実質上の交渉の機能を多分に欠いてしまっているので，この点でも満足のいくものではないのかもしれない．)

　さきほどの議論からもわかるであろうが，提携構造 $\Pi = \{S_1,\ldots,S_m\}$ のもとでの完全均衡は，実質上，各 S_i 内部の提携構造（と対応するクールノー・ゲーム戦略と）が，Π の順番に，完全均衡となるように最適に定められた Π の再分

割Pとして与えられる．(クールノー・ゲーム戦略の具体的内容は，事前交渉において定められるが，提携構造Pのもとでのナッシュ均衡となっていること以外には，利得再配分の可能性が限定されるため，小規模提携ではほとんど対称利得配分となる．)

なお，複数の完全均衡が存在する場合，提携を提案するプレイヤーに選択権を認める定式化もありうるが，ここでは，複数性からくる不整合性を避ける目的で，事前に1つ各提携の最適反応(提携内に生じる提携構造)が与えられているものとする．さらに，ここで，歴史依存性を認めることによって，繰り返しゲームのフォーク定理で知られている，一種の制裁戦略が可能になり以下の例では，これを利用する．(これらの定義には，当然，改善すべき，あるいは改善可能な点が多くあると考えられ，ここでは，あくまでも，例を1つ挙げることが第一目的となっている．)

クールノー・ゲームでの提携構造のもとでの完全均衡

これらの設定に対応して，5人クールノー・ゲームの例において，事前交渉ゲームの解を求めてみる．まず，事前交渉ゲーム終了後にできあがる提携構造をΠとして，本交渉ゲームの，「Πのもとでの完全均衡」を求める(かつ，複数の場合は定める)必要がある．この完全均衡を，本交渉ゲームのもとでできる提携構造$P(\Pi)$によって表すことにする．

まず，1人提携が事前交渉で形成される場合，この提携のクールノー・ゲームでの行動は，本交渉での順番とは独立に，本交渉において他のプレイヤーがどのような提携構造になるかだけに依存して定まっている．したがって，完全均衡を求める逆向き推論の過程からは，1人提携の行動は，決定済みとして外してよい．とりわけ，Πが，前に述べた例においての$(1,1,1,1,1)$に対応する場合，$P(\Pi)$は自動的に$(1,1,1,1,1)$となる．

Πが$(1,1,1,2)$に対応する場合も，逆向き推論の過程において，未決定なのは2人提携だけなので，本交渉ゲームでの順番のどこに2人提携が位置付けられているかとは無関係に，提携構造のもとでのクールノー均衡利得の性質と効率性から，クールノー・ゲームでの2人提携維持はありえず，やはり，$P(\Pi)$が$(1,1,1,1,1)$となることも確認できる．

同様に，(1,1,3) の場合でも，3人提携の分裂パターンのみが問題となる．この場合の，提携構造のもとでの完全均衡には，3人提携が3つに分裂した場合のクールノー均衡を導く均衡と，3人提携が (1,2) に分裂した場合のクールノー均衡を導く均衡との，2つがある．次頁の表では，複数の最適反応がある場合には，各提携内提携構造に対して，最終的な各提携に発生する利得を表示し，最適反応は〇で表してある．複数プレイヤーを含む提携の利得は ( ) 内に記入している．さらに，対応する完全均衡と，提携ごとに発生する利得を右の列に表示している．

次に，(1,2,2) の場合を考える．この場合，やはり，2人提携の最適反応は，残りのパターンが (1,2) の場合も (1,1,1) の場合も，いずれも1人ずつに分裂することになる．したがって，(1,1,1,1,1) が本交渉での均衡アウトカムとなる．

(2,3) の場合は，プレイヤー1が，いずれに属するかによって，分類して調べる．

プレイヤー1が2人提携に属する場合：2人提携が (1,1) となる場合の3人提携の最適反応は，(1,1,1) と (1,2) の2つがある．2人提携が (2) の場合には，3人提携の最適反応は，(3) または (1,2) となる．これらの組み合わせによって，4通りのパターンが出てくる．2人提携のこれらに対する最適選択との組み合わせである完全均衡は，最終的なアウトカムである，本交渉の結果の提携構造（プレイヤー名を無視した）によって分類しただけで3通りある．もちろん，歴史依存型の完全均衡は，誰が (1,2) の中の1人提携となるかに対応してより多数に分類される．

プレイヤー1が3人提携に属する場合：この場合，3人提携には，(3)，(1,2)，(1,1,1) のそれぞれへと分裂するオプションがある．これに対して，2人提携の方の最適反応は，(3) に対しては，(1,1)（利得統計が，$1/8 (>1/9)$ となる．）(1,2) に対しては，(1,1)，(1,1,1) に対しては，(1,1) となる．最適反応のもとでの3人提携の利得配分を比較すると，最適なパターンは，(1,2) または (1,1,1) となる．対応して，2つの完全均衡のパターンが識別される．（上と同様のコメントが適用される．）

(1,4) の場合は，プレイヤー1の所属によってはパターンは分かれないが，

Π	プレイヤー1	最適反応の比較 ○：最適反応	Pと完全均衡利得（提携ごとに表示） ●：例で採用したパターン
(1,1,1,1,1)			(1,1,1,1,1) 1/36,1/36,1/36,1/36,1/36
(1,1,1,2)			同上
(1,1,3)		3人提携：利得 (1,1,1)　1/36,1/36,1/36　○ (1,2)　　1/25, (1/25)　　○ (3)　　　　(1/16)	同上　　　　　● or (1,1,2) 1/25,1/25,1/25(1/25)
(1,2,2)			同上
(2,3)	2人提携	3人提携：利得 (1,1)→(1,1,1)　1/36,1/36,1/36　○ 　　　(1,2)　　1/25, (1/25)　○ 　　　(3)　　　(1/16) (2)→(1,1,1)　1/36,1/36,1/36 　　(1,2)　　　1/16, (1/16)　○ 　　(3)　　　　(1/9)　　　　○	同上　　　　　● or (1,1,2) 1/25,1/25,1/25(1/25) or (2,3) (1/9),(1/9)
[(3,2)]	3人提携	2人提携：利得 (1,1,1)→(1,1)　1/36,1/36　○ 　　　　(2)　　(1/25) (1,2)　→(1,1)　1/25,1/25　○ 　　　　(2)　　(1/16) (3)　　→(1,1)　1/16,1/16　○ 　　　　(2)　　(1/9)	(1,1,1,1,1)　　● 1/36,1/36,1/36,1/36,1/36 or (1,1,1,2) 1/25,1/25,1/25(1/25)
(1,4)	1人提携	4人提携 (1,1,1,1)　1/36,1/36,1/36,1/36 (1,1,2)　　1/25,1/25, (1/25)　○ (1,3)　　　1/16, (1/16)　　　　○ (2,2)　　　(1/16), (1/16)　　　○ (4)　　　　(1/9)	(1,1,1,2) 1/25,1/25,1/25, (1/25) or (1,1,3) 1/16,1/16, (1/16) or (1,2,2)　　　● 1/16, (1/16), (1/16)
[(4,1)]	4人提携	同上	(1,1,1,2)　　● 1/25,1/25,1/25, (1/25) or (1,1,3) 1/16,1/16, (1/16) or (1,2,2) 1/16, (1/16), (1/16)
(5)			(5) (1/4)

第9章　戦略的協力ゲームと事前交渉　　259

以下での例を作成する便宜を考えて，表では1の所属で2通りに分けて表示してある．4人提携が $(1,3), (1,1,2), (2,2)$ へとそれぞれ分裂する提携構造が完全均衡となる．

最後に，全体提携の場合には，完全均衡は，利得総計が最大となり，かつ，利得の再配分が自由にできる(5)となることがわかる．実際，このケースが，唯一，分裂に対して，分裂をくい止めるだけの余剰が合計利得に発生し，かつ，サイドペイメントが実質上可能なケースとなる．以下ではそのような例を選んで示す．

事前交渉ゲームの均衡

事前交渉ゲームでの均衡を考えよう．

ここでは，表において●で示された完全均衡が，各Ⅱに対応して出現するという場合の事前交渉ゲームを考える．したがって，3人提携以下のサイズの提携しかないケースは $(1,1,1,1,1)$ へと最終的に分裂することが予想される．さらに，4人提携が事前交渉で形成される場合，1が所属する場合には，4人提携はさらに $(1,1,2)$ へと分裂するが，1が所属しない場合には，4人提携は $(2,2)$ へと分裂する．

事前交渉では，プレイヤー1がやはり最初の提案者である．単独で分離した場合，残されたプレイヤーにとって，もっとも有利なのは4人提携として，$(1,4)$ に対応するⅡを実現する場合であり，プレイヤー1の利得は1/16，他は1/32となる．プレイヤー1による2人提携と3人提携の提案は，1の利得は1/36にしかならない．プレイヤー1による4人提携提案は，他のプレイヤーに利得1/50となる者がいるため，受け入れられない．

以上の結果，残されるのが，5人提携提案である．まず，他のプレイヤーiがプレイヤー1の提案を拒否した場合を考えてみる．この場合，このプレイヤーiが単独分離したとしよう．残された4人は，4人提携ではプレイヤー1以外が不利なため，3人以下の提携しか可能性が残らない．しかし，これらはすべて本交渉の結果を $(1,1,1,1,1)$ とする．

iが2人提携もしくは3人提携を提案した場合，やはり本交渉の結果は $(1,1,1,1,1)$ に終わる．iが4人提携を提案する場合も，プレイヤー1を含ま

なければ本交渉の結果の利得は1/32となり，プレイヤー1を含む場合には，誰かが（自身の場合もありうる）1/50となるので，受け入れられない．以上から，プレイヤー1以外の各プレイヤーを5人提携による事前交渉に留めるためには1/32以上の利得を得る展望が必要だとわかる．

他方，プレイヤー1は，単独分離によって利得1/16が達成可能なため，有効なアウトサイドオプションとなり，1/16以下の提案は受諾しない．

以上の，結果の割り当てから，事前交渉ゲームの（提案が受諾され，定常的な）完全均衡のもとでは，全体提携の形成が実現し，利得が $(1/16, 3/64, 3/64, 3/64, 3/64)$ となることがわかる．

他の均衡も上述のパターンにならって，構築することができる．上の例では，全体提携が形成され，かつ，非対称な利得配分が実現するような均衡であった．これに対して，Π が $(1,4)$ の場合にも $(1,1,1,2)$ が完全均衡アウトカムである場合には，均衡では，すべてのプレイヤーが対称的なポジションに位置するため，全体提携が形成され，対称利得 $(1/20, 1/20, 1/20, 1/20, 1/20)$ が実現する．

同様に，Π が $(1,4)$ の場合つねに $(1,2,2)$ が完全均衡アウトカムであるケースには，単独分離の利益が存在するため，プレイヤー1が分離し $(1,2,2)$ が，最終的な提携構造となる．

均衡の性質

上では，効率的な全体提携の形成をともなう均衡が可能であり，かつ，対称的な利得配分をもたらす均衡解の他に，非対称的な配分をもたらす均衡解も可能であることを示した．もちろん，均衡は，ここでの提携構造のもとでの完全均衡の定義を反映して，多数出現し，非効率的な提携構造をもたらす均衡解が存在することも示された．

上での均衡構築方法から，ただちにいくつかの他の均衡のパターンを求めることもできる．上では，全体提携のもとで非対称な利得配分が実現する均衡では，プレイヤー1が他のプレイヤーよりよい利得を達成できたが，任意のプレイヤーiが同じ立場に立つ均衡を構成できる．すなわち，iが1人で残りのプレイヤーが4人提携を構成して，事前交渉でΠが $(1,4)$ となる場合には，

(1,2,2) が $P(\Pi)$ となるが，i が 4 人提携に属する場合には，(1,1,1,1,1) が $P(\Pi)$ になるように均衡戦略を構築すればよい．この事実はプレイヤー 1 の順番から発生する優位性が，事前交渉によって一部うち消されることを物語る．この結果，均衡のパターンは，Ray and Vohra (1997) の均衡合意に，より近接したアウトカムに立脚したものとなる．もっとも，これは，前述のように，完全均衡の割り当てにおいて，(1,4) を最終的にもたらすような事前交渉のもとでの提携構造がないという設定にもたぶんに由来している．

非対称均衡のパターンは，上述のものにとどまらないことも容易に了解できるであろう．$3 \times (1/16) + 2 \times (1/32) = 1/4$ から，2 ないし 3 プレイヤーに 1/16 を与えるような利得配分も，全体提携形成をともなう均衡のもとで実現できることになる．

他方，非効率な均衡は，よりパターンが限られる．この関係は，実際に均衡アウトカムとして選ばれうる最終的な提携構造が，(5), (1,2,2) のほかには (1,1,1,1,1) しかないことから，推察できるであろう．しかも，この場合には，プレイヤー 1 の優位は残ったままとなる．

4. おわりに

伝統的な協力ゲーム分析を，経済学からみた場合の特長をいくつかリストアップしてみよう．

第 1 には，協力を保証するメカニズムについては，通常明示的には示されない．

第 2 に，解（もしくは公理）が多数併存して，採否の基準が必ずしも明確ではない．

第 3 に，解は，利得配分の形で与えられて，背後にある戦略が明示的にとらえられず，また，特性関数によって，戦略的相互依存関係自体が隠されてしまっている．

第 4 には，提携という概念が分析上 1 つのキーとなり，提携形成そのものが分析対象となることもあるが，それぞれの研究において，提携によって意味される内容が同一ではないように見受けられる．

第5として，不確実性，非対称情報，動学といった，戦略ゲームでは重要な作用をもたらし，経済学からの関心の的となってきた諸要因をとらえる方法の整備が遅れていた．

本章で取り上げた戦略的協力ゲームの視点は，これらの中の第3の要因に関して，非協力ゲーム分析との接近を試みるアプローチだといえる．（そのために，逆に，ナッシュ均衡概念への依存性を高めることが，マイナスの効果をもつという見解はありうるだろう．）そして，具体的な例を通じて，第4の課題について，整理する糸口にもなればと期待する．とくに，事前交渉に基づいて作成した解においては，事前交渉で形成された提携が，本交渉において，再分裂するというパターンが（実現しない経路上ではあるが）出現している．このような構造は，先にふれた提携内分権化にも対応する現象を示唆するとも解釈できる．また，提携が，ある意味で，課題ごとに形成される一過性の存在であり，したがって，合意対象事項ごとに分析する，契約単位のアプローチと，提携単位でのアプローチを統一的に理解できるような分析へのヒントを与えるものかもしれない．

他の項目についてもふれておけば，第2の項目については，方法論的には問題はないはずだが，多数の解や公理の併存は，果たして広い合意が得られる回答が，そもそも存在するのかについて，いささか疑問に思える証拠だと考えられなくもない．第1と第5の性質については，本章では伝統的なままにしたが，これらの各フロントにおいても，非協力ゲームとの接合性をより高めるような試みが一部では進められており，それらの成果に期待したい．

参考文献

Aumann, R. (1959), "Acceptable Points in General Cooperative n-Person Games," in H. W. Kuhn and R. D. Luce, eds., *Contributions to the Theory of Games IV*, Princeton University Press, Princeton, pp.287-324.

Bernheim, D., B. Peleg, and M. Whinston (1987), "Coalition-Proof Nash Equilibria: Concepts," *Journal of Economic Theory* 42(1), pp.1-12

Binmore, K. (1985), "Bargaining and Coalitions," *Game-Theoretic Models of Bargaining*, Cambridge University Press, Cambridge, New York and Sydney, pp.269-304,

Bloch, F. (1996), "Sequential Formation of Coalitions in Games with Externalities and Fixed Payoff Division," *Games and Economic Behavior* 14, pp.90-123.

Cho, I., K. Jewell, and R. Vohra (2000), "A Simple Model of Coalitional Bidding," mimeo.

Ichiishi, T. (1981), "A Social Coalitional Equilibrium Existence Lemma," *Econometrica* 49, pp.369-377.

Jackson, M., and A. Wolinsky (1996), "A Strategic Model of Social and Economic Networks," *Journal of Economic Theory* 71 (1), pp.44-74.

Konishi, H., and D. Ray (2000), "Coalition Formation as a Dynamic Process," mimeo.

Okada, A. (2000), "The Efficiency Principle in Non-cooperative Coalitional Bargaining," *Japanese Economic Review* 51(1), pp.34-50

Ray, D., and R. Vohra (1997), "Equilibrium Binding Agreement," *Journal of Economic Theory* 73, pp.30-78.

Ray, D., and R. Vohra (1999), "A Theory of Endogenous Coalition Structures," *Games and Economic Behavior* 26, pp.286-336.

Ray, D., and R. Vohra (2001), "Coalitional Power and Public Goods," *Journal of Political Economy* 109, pp.1355-1384.

Rubinstein, A. (1982), "Perfect Equilibrium in a Bargaining Model," *Econometrica* 50, pp.97-109.

Selten, R. (1973), "A Simple Model of Imperfect Competition, where Four Are Few and Six Are Many," *International Journal of Game Theory* 2, pp.141-201

Zhao, J. (1992), "The Hybrid Solutions of an N-Person Game," *Games and Economic Behavior* 4, pp.145-160.

索　引

ア 行

アドバース・セレクション　4, 155, 161, 162
安定集合　64, 68, 71, 78
安定状態　64
暗黙の協調　4, 89, 90, 92, 95, 100, 112
1-支配均衡　79
遺伝的組み換え　21
インセンティブ規制　153, 156-158, 161,
　　162, 167, 171
羽化日　41, 42
エージェント　161
応報戦略　180, 183

カ 行

隠された行動　155, 161
隠された知識　155, 161
確率進化アプローチ　84
カルテル　90, 91, 95, 100, 110-112
完全モニタリング　93, 95, 102, 104
完全予見均衡経路　74
完全予見動学　59, 73, 77, 78, 80, 83
完備情報ゲーム　117, 127, 128, 130
危険支配　80, 82, 85
儀式的威嚇　34
擬傷　28
吸収的　78, 81, 82, 84
強制的プレイ　183
協調　4, 216
協調ゲーム　66
共有知識　5, 9, 120, 122, 123, 127, 128
協力　206
協力ゲーム　5, 212, 241
均衡合意　251
均衡選択　5, 78, 84

近視眼的　64
均等報酬原理　159
空間構造　48
空間生態学　51
繰り返しゲーム　4, 89, 92, 95, 99, 101, 110,
　　112, 113
credible neologism　66
継続利得　225
血縁度　30, 31
血縁淘汰　28
限定合理性　5, 234
コア　220
格子モデル　48
公的シグナル　98
公的モニタリング　89, 99, 111
効率性原理　13, 229
効率性定理　92, 93, 101, 102, 105, 107, 108,
　　112
コストプラス契約　163, 165, 167
固定価格契約　163
子供の世話　32, 33
コミット期間　64, 74
コリシン　48, 49, 51
コントロール幻想　193-201

サ 行

再交渉　233
最適反応経路　63
最適反応動学　59, 62, 64, 68, 71
最適捕食理論　15
最小条件集団　196, 198
最小条件集団実験　194, 198, 199
市場ゲーム　211
事前交渉ゲーム　253

自然淘汰　　19,26
実験ゲーム研究　　176-178,180,181,184,185
実効割引率　　74,81
私的シグナル　　98,103,105,108
私的モニタリング　　89,90,99-101,110,112
支配　　214
社会ゲーム　　57,58,59
社会性昆虫　　28
社会的カテゴリー　　198
社会的ジレンマ　　175-180,182-190,201,202
社会的動機　　182,183
弱支配均衡　　79
囚人のジレンマ　　93,96,105
　順序付き——　　191
生涯繁殖成功度　　23,53
条件付き独立性　　107,108,112
情報頑健均衡　　118,132,133
進化ゲーム　　19,20,27,28,57,58
進化ゲーム理論　　4,16
進化心理学　　183,188,190
進化的に安定　　7,22
進化的に安定な戦略（ESS）　　4,33,35,42
性比　　38-40
セカンドベスト　　159,167,172
0-支配均衡　　79
線形安定　　77,80,82
選択的プレイ　　183-186
戦略空間　　60
戦略分布　　61,62
相加遺伝分散　　25
相互交換可能性(条件)　　104,105,107

タ 行

対称$n \times n$ゲーム　　59,60,73,78
大数の法則　　63
ダーウィン適応度　　22,29
タカ・ハトゲーム　　34,35,37
タンパク質　　19
チキン・ゲーム　　65
DNA　　19,21
提案／応答モデル　　217

提携　　5,206,207,243
提携形ゲーム　　207
定常均衡点　　218,226
適応度　　23,53
動学最適化モデル　　16
到達可能　　64
　大域的に——　　77,82,84
特性関数　　207
特性関数形ゲーム　　207
凸ゲーム　　221
突然変異　　21
トリガー戦略　　93,94,97,101,103

ナ 行

内集団ひいき　　194,195,197,198,201
ナッシュ均衡(点)　　59,62,62,77,175,215,242
　——の精緻化　　132
　強——　　62,78,80,83
　パレート劣性な——　　175,176
ナッシュ・プログラム　　5,215,241
1/2未満-支配均衡　　81,82,85
認知モジュール　　188
neologism-proof　　67
粘液腫ウイルス　　18

ハ 行

配分　　214
ハミルトン性比　　39,40
パレート劣性　　175
半安定　　218
p-共有信念　　136
p-支配　　78-80,84
　——均衡　　79,80
　強——均衡　　79
　強——的　　81
p-支配行動　　134,144
p-自明　　136
非完全情報ゲーム　　117
非完備情報ゲーム　　117,129
非協力ゲーム　　5,213

索　引

非合理的な行動　186
被支配戦略の繰り返し削除　118-121, 125
費用代替性　163, 169, 170
費用補完性　163, 169
表明原理　162
頻度依存淘汰　28
ファーストベスト　156, 159, 164, 165, 167, 168, 171
フォーク定理　8, 92, 83, 95, 101, 103, 104, 107, 112
フォン・ノイマン／モルゲンシュテルン解　215
不完全モニタリング　95-97
不備情報アプローチ　85
複製子　26
部分ゲーム効率的　230
プリンシパル　160, 161
　複数——　160, 162, 167
ブルジョア戦略　37
文化進化　26
包括適応度　31
ベイジアン・ナッシュ均衡　129
ポテンシャル関数　84, 85
ポテンシャル・ゲーム　83, 85, 140, 141

マ　行

摩擦度　75, 80, 81, 83, 84

マメゾウムシ　17
ミニチュア模型　177-179, 184, 185, 201
ミニマックスポイント　92
模倣のダイナミックス　26, 27
模倣の力学　52
モラル・ハザード　4, 155, 161, 165, 168

ヤ　行

誘因両立制約　165, 166, 168
有性生殖　21

ラ　行

ラチェット効果　157
ランダムな提案者をもつ交渉ゲーム　226
利己的遺伝子　40
利己的利他主義　187, 190
利他行動　28, 29, 31, 52
利他的利己主義　181, 182, 187
利得関数　60
量的遺伝学　26
レヴュー戦略　106-108
レプリケータ・ダイナミックス　26, 27, 52
レプリケータの力学　27

ワ　行

ワーカー　29

執筆者紹介 (執筆順)

今井　晴雄 (いまい　はるお)
1949年, 京都府に生まれる. スタンフォード大学にて Ph.D.取得. 南カリフォルニア大学経済学科講師, 助教授を経て, 現在, 京都大学経済研究所教授.
主著, "Individual Monotonicity and Lexicographic Maxmin Solution'" *Econometrica* 51 (1983), 389-401, "Representative Bargaining Solution for Two-Sided Bargaining Problems," *Mathematical Social Sciences* 39 (2000), 349-365 (with H. Salonen).

岡田　章 (おかだ　あきら)
1954年, 和歌山県に生まれる. 東京工業大学理学部卒業, 同大学総合理工学研究科博士課程修了. 東京工業大学理学部助手, 埼玉大学大学院政策科学研究科助教授, 京都大学経済研究所助教授を経て, 現在, 京都大学経済研究所教授.
主著, 『ゲーム理論』(有斐閣, 1996年), 『経済学・経営学のための数学』(東洋経済新報社, 2001年).

巌佐　庸 (いわさ　よう)
1952年, 大阪府に生まれる. 京都大学理学部卒業, 同大学院理学研究科博士課程修了. スタンフォード大学・コーネル大学研究員, 九州大学理学部助手を経て, 現在, 九州大学大学院理学研究院教授.
主著, 『数理生物学入門』(共立出版, 1998年), 『生物の適応戦略』(サイエンス社, 1981年).

尾山　大輔 (おやま　だいすけ)
1974年, 神奈川県に生まれる. 東京大学教養学部卒業, 同大学大学院経済学研究科修士課程修了. 現在, 同大学大学院経済学研究科博士課程.

松井　彰彦（まつい　あきひこ）
1962年，東京都に生まれる．東京大学経済学部卒業，ノースウエスタン大学 M.E.D.S.にて Ph.D.取得．ペンシルバニア大学経済学部助教授を経て，現在，東京大学大学院経済学研究科助教授．
主著，『ミクロ経済学：戦略的アプローチ』（日本評論社，共著，2000年）．

松島　斉（まつしま　ひとし）
1960年，東京都に生まれる．東京大学経済学部卒業，同大学大学院経済学研究科博士課程修了，経済学博士．筑波大学社会工学系助教授を経て，現在，東京大学大学院経済学研究科教授．
主著，"Multimarket Contact, Imperfect Monitoring, and Implicit Collusion," *Journal of Economic Theory* 98 (2001), 158-178, "Bayesian Monotonicity with Side Payments," *Journal of Economic Theory* 39 (1993), 107-121.

宇井　貴志（うい　たかし）
1963年，仙台市に生まれる．東京大学大学院工学系研究科修士課程修了，スタンフォード大学にて Ph.D.取得．日本銀行金融研究所副調査役，筑波大学社会工学系講師を経て，現在，横浜国立大学経済学部助教授．
主著，"Robust Equilibria of Potential Games," *Econometrica* 69 (2001), 1373-1380.

梶井　厚志（かじい　あつし）
1963年，広島県に生まれる．一橋大学経済学部卒業，ハーバード大学にて Ph.D.取得．ペンシルバニア大学助教授を経て，現在，筑波大学社会工学系助教授．
主著，『ミクロ経済学：戦略的アプローチ』（日本評論社，共著，2000年）．

伊藤　秀史（いとう　ひでし）
1959年，石川県に生まれる．一橋大学商学部卒業，スタンフォード大学ビジネス・スクールにて Ph.D.取得．京都大学経済学部助教授，大阪大学社会経済研究所助教授を経て，現在，一橋大学大学院商学研究科教授．
主著，『日本の企業システム』（東京大学出版会，編著，1996年），『日本企業変革期の選択：ガバナンス，戦略，イノベーション』（東洋経済新報社，編著，2002年）．

山岸　俊男（やまぎし　としお）
1948年，名古屋に生まれる．一橋大学社会学部卒業，同大学院社会学研究科修士課程修了，ワシントン大学にて社会学博士取得．同大学社会学部助教授，北海道大学文学部助教授を経て，現在，北海道大学大学院文学研究科教授．
主著，『信頼の構造』（東京大学出版会，1998年），『安心社会から信頼社会へ』（中公新書，1999年）．